조선시대 양반과 선비

❷

삶 그리고 이상

조선시대
양반과
선비

❷

삶 그리고 이상

정진영 지음

산처럼

이 책을

부모님과 형제자매, 가족,

가르쳐주신 선생님

그리고 격려와 용기와 영감을 주었던 모든 분께

감사의 마음을 담아 바칩니다.

책머리에 붙여

정년을 앞두고 한 학술발표회장에서 농담 반, 진담 반으로 퇴직하면 절필하겠다고 말했다. 안 하면 그만이지 굳이 공개적으로 절필 선언까지야 할 것이 있겠느냐고 할지 모른다. 사실은 남에게 한 말이 아니라 필자 자신에게 한 말이었다. 선배 교수들이 퇴직 후에도 왕성한 학문 활동으로 후배들의 귀감이 되기도 했지만, 더러는 학문적 신비주의에 빠지거나 나이를 권위 삼아 새롭지도 않은 이야기나 자기주장을 반복해 되뇌는 것이 민망했기 때문이다.

살면서 무수한 약속을 지키지도 못 했고, 해야 할 일이나 역할도 제대로 못 했지만 절필 약속만은 잘 지킬 수 있으리라 자신했다. 그러나 마음 한구석에는 그간의 연구를 마무리하지 못한 아쉬움이 잠시 비치는 붉은 저녁놀처럼 가끔씩 나를 충동질해댔다. 아, 저렇게 찬연히 마지막까지 불태울 수 있다면!

그뿐이 아니었다. 그냥 지내면 편할 줄 알았다. 그런데 가끔씩은 이래도 되는 건지 스스로에게 반문해야만 했다. 연구자로서, 그것도 역사 연구자로서 세상에 대한 최소한의 책무나마 다한 건지 자문해 보지 않을 수 없었다. 마음이 편치 않았다.

용기를 내기로 했다. 그러나 그간의 연구 주제를 다시 마무리하기에는 너무 늦은 듯했다. 남은 문제는 또 다른 연구자의 몫으로 남겨 두고 그간 관심을 가져왔던 주제를 정리해 보다 많은 사람과 소통해 보기로 했다. 이 역시 늘 꿈꿔왔던 일이었으니 마음의 빚 하나쯤은 덜 수 있겠다는 생각에서였다.

주제는 '양반과 선비'였다. 조선시대 연구자로서 양반과 선비는 피할 수 없는 주제다. 어떤 이들은 지배층 중심의 역사관을 가진 것은 아닌지 의심하기도 한다. 연구자들 역시 자신의 주제에 애정을 가지게 마련이니 간혹 그것으로만 세상을 보려는 어리석음을 범하기도 한다. 필자 또한 이를 전적으로 부정하기 어려울지 모른다.

필자는 역사 연구를 19세기 민중운동으로부터 시작했다. 그러나 그것은 곧 한계에 부딪히고 말았다. 공부가 미진했으니 당연한 것이긴 했지만, 더 구체적으로는 민중의 삶과 그들의 꿈을 이해하지도, 민중에 대한 지배와 억압의 구조를 제대로 파악하지도 못했기 때문이다.

한때 민중에 대한 막연한 환상과 상상은 우리를 들뜨게 했다. 세상을 바꿀 수 있을 것만 같았다. 그러나 그것은 결코 우리 현실에 보탬이 되지 못했다. 도리어 실망과 좌절감만 더 보태는 결과를 가져오고 말았다. 그것은 마치 있지도 않은 또 실현할 수도 없는 절대화되고 이상화된 '선비정신'을 현실인 양 마구 읊어대는 것과 조금도 다름이 없다. 양반과 민중은 우리 역사를 구성하는 동전의 앞뒷면이다. 어느 하나를 배제할 수도, 소외해서도 안 된다. 이런 생각은 이 책에서도 여전히 유효하다.

처음에는 몇 편의 글로 조그만 책 한 권 펴내려는 계획이었다. 그러나 이런저런 생각에 밤잠을 설치는 동안 어느덧 그것이 두툼한 분량으로 바뀌었고, 마침내는 예상치도 못한 두 권이 되고 말았다. 마무리된 글은 그 자체로 생명력을 가진 주체인 양 필자를 유혹했다. 과감하게 덜어내거나 버리지 못했다. 목동이 우물에 비친 제 모습에 스스로 도취했듯이 필자도 그랬다. 목동은 고운 수선화로 피어났지만, 필자는 이름 모를 들꽃이나마 피울 수 있을지 이제야 걱정이 된다.

이 책, 『조선시대 양반과 선비: 삶 그리고 이상』은 제목 그대로 조선시대 양반과 선비의 삶과 이상을 펼쳐낸 것이다. 양반과 선비는 구태의연한 주제일 수도 있다. 특히 젊은 세대는 너무 고리타분하고 까마득한 옛 봉건제의 유물로만 치부하여 아예 관심조차 두려 하지 않을지도 모른다. 그러나 조선시대를 이해하기 위해서는 피해갈 수 없는 문제다. 그렇다고 박제된, 아니면 공허한 제도나 사상을 나열하고자 한 것은 아니다. 어느 때 없이 진지하고 치열할 수밖에 없는 삶으로 접근하고자 한다. 삶은 계속될 수밖에 없다. 그리고 삶을 이해할 수 있다면 우리는 역사 앞에 좀 더 겸손해지게 될 것이다. 역사에 대한 무관심은 역사와의 단절을 의미한다. 이것은 결국 자신에 대한 부정과 자기 비하로 귀결되기 마련이다. 역사는 계승과 함께 극복되어야 한다. 이 책이 이에 조금이라도 부응할 수 있길 기대한다.

어떤 이들은 또 이렇게도 이야기한다. 지나간 과거, 사라진 양반과 선비가 오늘날과 같은 이런 세상에 무슨 도움이 되느냐고. 그렇다. 과거는 멀리 지나가버렸고, 양반과 선비도 저만치 사라지고 없다. 그러나 역사의 과거는 늘 살아 있다. 그것으로 언제나 오늘의 우리를, 우리 사는 세상을 비춰볼 수 있다. 오늘이 궁금하다면 말이다. 죽어버린 양반과 선비를 위해 헌사獻辭를 쓸 생각은 없다.

한동안 생활사라는 이름의 책이 많이 출간되었고, 이를 통해 대중의 역사에 대한 관심도 크게 높아졌다. 그러나 그 주제들은 개별적이었고, 또 그 대상은 하층의 노비로부터 왕실에 이르기까지 다양했다. 따라서 이를 통해 개별적인 삶을 이해하거나 살필 수는 있었지만, 조선시대 역사상을 그리거나 역사의 큰 흐름 속에서 그들의 삶이 가지는 의미를 되새겨보기에는 한계가 있었다.

조선시대는 양반의 사회였고, 선비의 시대였다. 양반과 선비는 국정을 주도하고 세상을 이끌어갔다. 법과 제도를 만들고, 그들 아래의 신분층을 지배했다. 그리고 이들 또한 일상생활을 꾸려가야 했다. 이런 양반과 선비의 삶은 결국 사회 전반에 두루 걸쳐진다. 따라서 이들 삶을 통해 역사에서 무엇보다 중요한 구체성과 실증성의 확보는 물론 파편화된 일상이 아니라 조선시대 전체사의 구조와 변화를 조망할 수 있게 될 것이다.

양반과 선비는 유학을 그들의 학문적·정치적 이념으로 삼았다. 이들은 지식인으로서 그리고 치자治者로서 유학적 이상理想을 실현하기 위해 부단히 노력했다. 그것은 국정 운영에서뿐만 아니라 향촌 사회나 가정생활에서도 그러했다. 따라서 이런 양반과 선비의 삶을 맹목적인 일상의 행위로서만 서술할 수는 없다. 아니 그들의 이상을 헤아리지 못한다면, 그들의 삶 또한 알맹이 없는 껍데기에 불과하게 된다. 유학적 이상이 오늘날 우리에게 의미 없다 하더라도, 우리가 이를 무시할 권리를 가진 것은 아니다. 유자儒者에게 삶과 이상은 분리될 수 없다. 이 책에서 삶과 함께 이상을 주목한 이유는 바로 여기에 있다.

역사란 과거를 위해 존재하는 학문이 아니다. 역사가 오늘날의 삶에 의미를 주지 않고 우리가 우리의 현실을 역사에 비추어보지 않는다면, 그것은 아무도 없는 장례식장에서 추도사를 읽는 것이나 다름없다. 따라서 이 책에는 필자의 삶과 생각이 은연중에 혹은 드러나게 투영되어 있다. 혹시나 읽는 이들이 그냥 지나칠까 조바심이 난 탓이다. 이를 통해 독자 또한 나름의 '역사 읽기'를 할 수 있길 기대한다.

이 책은 8부 40장으로 구성되어 있다. 8부로 구분한 것은 그냥 편의적일 뿐이다. 따라서 부와 장이 잘 조화되지 못한 부분도 있다. 엄밀한 학술 논문이 아니니 그런대로 봐줄 만할 것이다. 40장의 주제는 공부하는 과정에서 관심을 가졌던 문제들이다. 더러는 개별 논문으로도 발표되었다. 그렇다고 논문을 그대로 옮겨놓은 것은 아니다. 일반 독자의 눈높이에 맞추고자 했지만, 그건 너무 어려운 일이었다. 공부를 한다고 했지만, 제대로 되새김하지 못한 탓이다.

헤아려보니 역사에 입문한 지 반세기가 되었다. 짧지 않은 시간인 듯하다. 그동안 관심을 가졌던 이런저런 문제를 '양반과 선비'라는 이름으로 이 책에 담았지만, 많은 부분은 선배나 동료 또는 후배의 학문적 성과로부터 얻어온 것이다. 그러면서도 책의 성격상 그 성과 하나하나를 드러내지 못했다. 대신에 장마다 그리고 마지막에 필자의 연구 목록을 정리해놓았다. 연구자라면 한 번쯤 자신을 정리해봐야 한다는 생각에서였다. 혹 필요하다면, 번거롭긴 하지만 들추어본다면 열거하지 못한 그 소중한 성과를 확인할 수 있을 것이다.

필자가 빚진 것은 이뿐만이 아니다. 더 크게는 우리 시대를 온몸으로 살아온 많은 이들의 희생이다. 어디 그뿐이랴. 그저 묵묵히 자신의 삶을 살아온 우리 아버지, 어머니 또한 그러하다. 이 책은 이런 희생과 삶에도 크게 빚지고 있다. 그 빚을 조금이라도 감당하기에 필자의 능력은 턱없이 부족했고, 삶은 너무 미미했다. 어쩔 수 없는 일이다. 다만 그 숭고한 삶을 크게 왜곡하지나 않았기를 바랄 뿐이다.

이 책으로 어느 것 하나 제대로 하지도, 이루지도 못한 한 연구자의 학문적 또는 세상에 대한 빚을 조금이라도 덜고자 한다. 감히 표현하자면, 꿩 대신 닭인 셈이다. 그런데 닭이 필자의 빚을 대신 변명해주기에는 세상이 너무 많이 앞서가고 있다. 시계가 너무 흔한 세상이라 닭이 외치는 새벽을 아무도 귀 기울여주지 않는다. 도리어 소음에 불과하다. 그래서 차라리 노랗고 예쁜 병아리이길 바랄 뿐이다. 다만, 병아리에게도 보잘것없지만 그 나름의 삶이 있음을 명심해주길 바란다. 이제 병아리를 키울지 말지는 독자 여러분의 몫이다. 키운다면 삶이 더 풍성해질지 모른다.

이 책은 한 역사 연구자의 70여 년 삶을 버무린 것이다. 감히 학문적 자서전이라 부르고 싶다. 그래서 희망한다. '역사'로 썼지만 보잘 것없더라도 필자의 '삶'과 '이상'으로 읽어주길 바란다.

2024년 1월 10일

원림院林 우거寓居에서

'역사텃밭' 텃밭지기 정진영

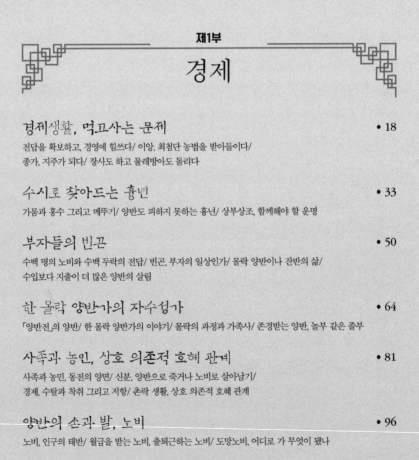

●
차
례

책머리에 붙여 • 5

제1부
경제

경제생활, 먹고사는 문제 • 18
전답을 확보하고, 경영에 힘쓰다/ 이앙, 최첨단 농법을 받아들이다/
종가, 지주가 되다/ 장사도 하고 물레방아도 돌리다

수시로 찾아드는 흉년 • 33
가뭄과 홍수 그리고 메뚜기/ 양반도 피하지 못하는 흉년/ 상부상조, 함께해야 할 운명

부자들의 빈곤 • 50
수백 명의 노비와 수백 두락의 전답/ 빈곤, 부자의 일상인가/ 몰락 양반이나 잔반의 삶/
수입보다 지출이 더 많은 양반의 살림

한 몰락 양반가의 자수성가 • 64
「양반전」의 양반/ 한 몰락 양반가의 이야기/ 몰락의 과정과 가족사/ 존경받는 양반, 놀부 같은 졸부

사족과 농민, 상호 의존적 호혜 관계 • 81
사족과 농민, 동전의 양면/ 신분, 양반으로 죽거나 노비로 살아남기/
경제, 수탈과 착취 그리고 저항/ 촌락 생활, 상호 의존적 호혜 관계

양반의 손과 발, 노비 • 96
노비, 인구의 태반/ 월급을 받는 노비, 출퇴근하는 노비/ 도망노비, 어디로 가 무엇이 됐나

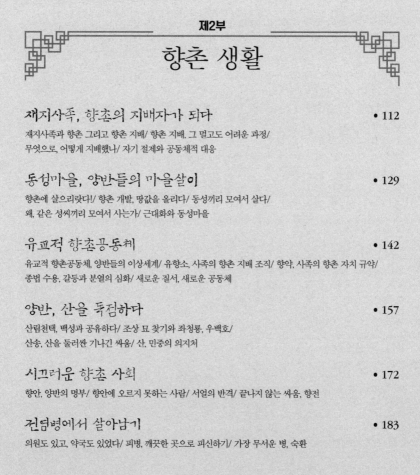

제2부

향촌 생활

재지사족, 향촌의 지배자가 되다 • 112

재지사족과 향촌 그리고 향촌 지배/ 향촌 지배, 그 멀고도 어려운 과정/
무엇으로, 어떻게 지배했나/ 자기 절제와 공동체적 대응

동성마을, 양반들의 마을살이 • 129

향촌에 살으리랏다!/ 향촌 개발, 땅값을 올리다/ 동성끼리 모여서 살다/
왜, 같은 성씨끼리 모여서 사는가/ 근대화와 동성마을

유교적 향촌공동체 • 142

유교적 향촌공동체, 양반들의 이상세계/ 유향소, 사족의 향촌 지배 조직/ 향약, 사족의 향촌 자치 규약/
종법 수용, 갈등과 분열의 심화/ 새로운 질서, 새로운 공동체

양반, 산을 독점하다 • 157

산림천택, 백성과 공유하다/ 조상 묘 찾기와 좌청룡, 우백호/
산송, 산을 둘러싼 기나긴 싸움/ 산, 민중의 의지처

시끄러운 향촌 사회 • 172

향안, 양반의 명부/ 향안에 오르지 못하는 사람/ 서얼의 반격/ 끝나지 않는 싸움, 향전

전염병에서 살아남기 • 183

의원도 있고, 약국도 있었다/ 피병, 깨끗한 곳으로 피신하기/ 가장 무서운 병, 숙환

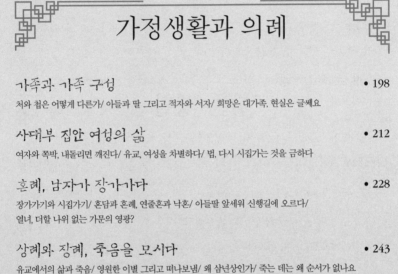

제3부

가정생활과 의례

가족과 가족 구성 • 198

처와 첩은 어떻게 다른가/ 아들과 딸 그리고 적자와 서자/ 희망은 대가족, 현실은 글쎄요

사대부 집안 여성의 삶 • 212

여자와 쪽박, 내돌리면 깨진다/ 유교, 여성을 차별하다/ 법, 다시 시집가는 것을 금하다

혼례, 남자가 장가가다 • 228

장가가기와 시집가기/ 혼담과 혼례, 연줄혼과 낙혼/ 아들딸 앞세워 신행길에 오르다/
열녀, 더할 나위 없는 가문의 영광?

상례와 장례, 죽음을 모시다 • 243

유교에서의 삶과 죽음/ 영원한 이별 그리고 떠나보냄/ 왜 삼년상인가/ 죽는 데는 왜 순서가 없나요

후손의 책무 • 254

제사가 일상인 세상/ 문집과 족보의 편찬/ 불천위로 모시다

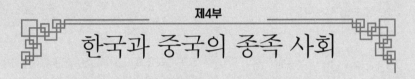

제4부

한국과 중국의 종족 사회

한국과 중국의 종족 사회, 그 같고 다름 • 270

수평적 · 개방적 사회와 수직적 · 폐쇄적 사회/ 종족 사회의 형성 과정과 물적 토대 그리고 사회신분제도/
한국의 종족 사회에 대한 오해와 이해

옛 문서를 통해 본 한국과 중국의 종족 사회 • 287

한국과 중국의 옛 문서 교류전/ 규모의 경쟁, 그 궁색함/ 옛 문서를 통해 본 한국과 중국의 종족 사회

미 주 • 303

참고문헌 • 309

찾아보기 • 320

차 례

조선시대 양반과 선비 1

책머리에 붙여

제1부 신분

양반은 누구이고, 선비란 무엇인가
양반의 조건, 성과 이름
족보, 양반의 가계 기록
양반이 되고자 한 '새로운 세력'
신분제 개혁 방안, 실학자의 생각
양반과 선비, 야유와 조롱의 대상이 되다
'상놈', 붓대를 잡다: 옛 문서를 통해 본 양반과 상놈

제2부 학문과 과거

공부와 학교
과거, 출세의 관문
한양 천 리 길, 길을 나서다
유교 문화의 유물·유적
서원, 또 하나의 '하늘': 양반이 아닌 사람들에게 서원이란 무엇인가

제3부 정치

머나먼 귀양길
벼슬에서 물러나다
의병, 몸을 던져 나라를 구하다
상소, 유생들의 정치 활동

제4부 시대와 인물

16세기 비판적 재야지식인의 현실 인식과 대응
17세기 말, 한 영남 선비의 정치 역정
19세기 한 향촌 지식인의 실천적 삶
1894년 동학농민전쟁기 향촌 지배층의 동향
혁신 유림, 신학문을 배우다

미 주
참고문헌
찾아보기

제
1
부

경제

경제생활, 먹고사는 문제

전답을 확보하고, 경영에 힘쓰다

조선시대에 토지는 기본적인 생산수단이고, 부와 신분의 상징이었다. 토지를 많이 소유한 계층은 부유한 양반이었고, 토지가 없는 사람은 이들의 지배를 받는 노비나 작인作人이 될 수밖에 없었다. 나라의 재정도 토지에서 거두어들이는 세금에 절대적으로 의존했다. 그렇지만 조선 전기에는 토지보다 노비가 더 중요했다. 노비를 많이 보유하면 토지를 획득하는 것이 그리 어려운 일은 아니었다. 황무지가 곳곳에 널려 있었기 때문이다. 아무튼 양반에게 토지와 노비는 중요한 경제적 기반이었다.

16세기에 신분적 지위를 확고히 한 양반은 많은 노비를 확보하기 위해 다양한 방법을 동원했다. 한편으로는 무거운 세금을 견디지 못해 몰락하는 농민을 포섭하여 노비로 삼았고, 다른 한편으로는 노비에게 양인과 혼인하도록 강요했다. 양인과 혼인하지 못한 노비는 아주 큰 죄를 지은 것처럼 생각했다. 노비가 양인의 처 혹은 남편을 맞이하는 것을 양천교혼良賤交婚이라 한다. 농민을 노비로 포섭하는 것이나 양천교혼 모두 법으로 금지된 일이었다. 그럼에도 양반은 이러한 방법을 통해 노비를 급격히 늘려갔다.

양반은 이렇게 확보한 노비의 노동력을 동원해 적극적으로 토지를 개간했다. 16세기 초반만 하더라도 읍치邑治 지역에서 멀리 떨어진 곳은 아직 본격적으로 개발되지 않았다. 양반은 이런 곳을 개척하여 새로운 거주지로 만들어 나갔다. 그뿐 아니라 묵혀둔 땅陳田을 자신들의 소유로 삼기도 했다. 이런 과정을 통해 확보된 대규모의 토지를 당시 사람들은 농장農庄이라고 했다.

농장의 구조는 고래 등 같은 양반 주인집을 중심으로 그 주위에 노비의 집 10여 채가 자리하고, 하천이나 계곡의 물을 이용해 쉽게 관개할 수 있는 곳을 따라 크고 작은 전답이 흩어져 있는 형태였다. 양반은 이런 농장을 여러 곳에 가지고 있었다. 자녀균분상속이 이루어지고 개간이 활발히 진행된 결과였다.

농장이 각처에 산재했기 때문에 양반은 농장의 위치에 따라 관리 형태를 달리했다. 집 근처에 있는 농장은 지주인 양반 자신이 노비를 동원해서 직접 경영했다. 이런 경영 형태를 가작家作이라 했다.

가작은 양반이 소유한 노비를 동원해 논밭갈이에서부터 씨를 뿌리고, 김을 매고, 거름을 주는 전 과정을 직접 지시하고 감독하는 경영 형태였다. 양반은 농업경영에 아주 열심이었다. 농사철에는 오래 집을 비우는 것도 삼갔다. 농사의 성패는 전적으로 지주 자신의 책임이었기 때문이다. 조선시대 양반이 먹고사는 데 관심이 없었다는 것은 전혀 근거가 없는 이야기다. 양반 지주는 가작지 경영을 통해 더 많은 소출을 얻을 수 있었다. 그러나 그것은 집 부근의 농장에서나 가능한 일이었다.

　먼 곳에 있는 농장은 작개제作介制라는 방식으로 경영했다. 작개제란 농장의 토지를 작개지와 사경지私耕地로 나누어 작개지는 주인이, 사경지는 노비가 수확물을 차지하는 경영 형태를 말한다. 물론 농사를 짓는 것은 노비다. 노비가 주인의 땅을 경작해주는 대신에 사경지를 받아서 먹고사는 것이다. 머슴에게 1년 단위로 주는 품삯을 '새경'이라 한 것은 여기서 유래한 말이다.

　가작지를 제외한 대부분의 농장은 작개제로 경영됐다. 작개지의 소출은 가작지에 미치지 못했다. 노비는 당연히 양반의 작개지보다 자신의 몫이 되는 사경지에 더 많은 정성과 시간을 투자하고자 했고, 멀리 있는 양반의 눈을 피해 수확물을 숨기기도 했다. 그래서 양반은 면적당 일정한 기준을 정해두고 여기에 미달한 노비에게는 매질을 가하기도 했다. 그럴수록 노비의 태업과 저항은 거세졌다.

　노비의 노동에 근거한 가작이나 작개 경영과는 다른 병작제도 있었다. 병작제란 지주와 작인의 계약에 따라 이루어지는 경영 형태를 말한다. 즉 지주는 땅과 종자와 소를 제공하고, 작인은 경작을 책임지는 것이다. 경영에 함께 참여했으니 수확물도 지주와 작인이 똑같이 나누어 가졌다. 계약 기간, 곧 농사철이 끝나면 작인을 바꾸거나 경작을 포기할 수도 있었다.

　조선 전기 양반의 농장은 이런 다양한 형태로 경영됐다. 그러나 병작은 아직 극히 일부에서만 실시될 뿐이었다. 16세기에 들어와서는

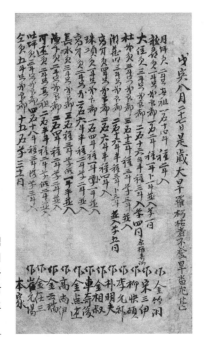

추수기 추수기(秋收記)는 토지의 소재지, 면적(두락), 지대량, 종자, 경작인 등을 기록한 것이다. 어느 정도 토지를 집적한 지주들은 해마다 이런 추수기를 작성했다. 이를 통해 경영의 합리화를 꾀하며 수입 등을 파악하고, 작인을 교체했다. 단계 태허루 소장.

점차 토지소유권이 확립되어갔다. 이전에는 토지를 함부로 사고팔 수가 없었다. 토지소유권이 확보되자 지주는 농장 경영을 노비에게만 의지할 필요가 없게 됐다. 토지를 병작지로 대여하더라도 지대를 거두어들일 수 있는 법적 권리가 확보된 것이다. 점차 병작 경영이 확대됐고, 17세기에 이르러 작개제는 거의 소멸했다.

이앙, 최첨단 농법을 받아들이다

조선의 양반이 인仁, 의義 또는 이理, 기氣 등의 문제에만 몰두했던 것은 아니다. 먹고사는 문제에도 많은 관심을 두었다. 생존에 필요한 현실 문제뿐만 아니라, 보다 근본적인 문제도 고민했다. 앞에서도 언급했듯이 가작지 경작을 진두지휘했을 뿐만 아니라 논농사를 크게 발전시키기 위한 새로운 농법을 도입하는 데도 앞장섰다.

새로운 농법이란 이앙법移秧法을 말한다. 16세기까지만 하더라도 벼를 재배하는 방법은 물을 채운 논에 발아한 볍씨를 파종하는 직파법直播法이 전부였다. 그러나 이앙법은 못자리에서 키운 모를 뽑아 논에 옮겨 심는 것을 말한다. 이것은 중국의 강남 지방에서 성행하던 농법이었는데, 경상도 북부 지역의 양반들에 의해 적극적으로 도입됐다.

이앙법은 직파법에 비해 김매는 횟수뿐만 아니라 노동력도 크게 줄여주었다. 무엇보다 이앙법의 가장 큰 매력은 같은 면적에서 더 많은 벼를 수확할 수 있다는 데 있었다. 또한 벼 재배가 끝난 후에는 보리농사를 지음으로써 1년에 두 번 추수할 수 있는 기쁨도 누릴 수 있었다.

경상도 북부 지역은 주곡이 보리였다. 양반도 대부분 보리로 연명했다. 흔히들 경상도 '보리 문둥이'라고 표현한다. 이 말은 다름 아닌 보리를 주식으로 삼는 학동, 즉 '보리 문동文童'에서 나온 것이다. 경상도 선비가 서울에 발을 들여놓기 시작한 것은 15세기 후반부터였는데, 기껏 보리밥이나 먹고 촌티도 벗지 못한 경상도의 젊은 선비가 그 모양새와 달리 학문 수준이 높고 예의범절이 깍듯해 서울의 관료를 깜짝 놀라게 한 것에서 붙여진 말이 보리 문동이다.

아무튼 이앙법은 이제 논에서도 벼와 함께 보리 수확을 가능하게 했다. 봄부터 시작되는 굶주림의 대명사인 보릿고개라는 말 또한 보리 수확과 함께 사라지게 됐다.

보릿고개! 아마 이 말이 우리에게 아주 깊이 각인된 것은 일제강점기부터였을 것이다. 일제강점기 조선의 쌀은 생산 원가에도 미치지 못하는 가격에 일본으로 마구 실려 나갔다. 일제는 쌀을 안정적·폭력적으로 확보하기 위해 '공출供出'이라는 제도도 만들었다. 말하자면 마을마다 집집마다 무조건 팔아야 할 할당량을 미리 책정해놓은 것이다. 식량이 부족했던 조선의 백성은 대신 일제가 헐한 값에 사서 아주 비싸게 파는 저질의 만주산 잡곡을 사 먹어야 했다. 이중 수탈이다. 농민은 풀뿌리나 나무껍질 또는 보리죽으로 연명할 수밖에 없었다.

보리죽, 어릴 때 어른들로부터 "이놈아, 보리죽 한 그릇도 못 얻어먹었냐"는 꾸중을 자주 듣곤 했다. 무척 비실비실했던 모양이다. 그런데 오늘날 보리로 죽을 어떻게 쑤는지 아는 사람은 별로 없다. 보리를 아무리 끓이고 삶아보아도 그저 땡글땡글할 뿐이다. 쌀과 달리 보리는 죽이 되지 않는다. 보리죽은 보리가 토실한 쌀이 되기 전 덜 여문 보리 꼬투리를 따서 방아에 찧으면 하얀 즙이 나오는데, 그 즙으로 쑤는 것이란다. 옛날 옛날에 궁금해서 할머니께 여쭤본 것이다. 필자도 먹어보진 못했다. 며칠만 더 견디면 잘 익은 보리를 수확할 수 있는데, 익지 않은 보리 꼬투리를 따야 하는 그 심정은 생자식을 죽음으로 내모는 것이나 마찬가지란다.

다시 돌아가, 이앙법은 밭농사에도 큰 영향을 미쳤다. 같은 밭에서 한 해에 보리와 콩을 교대로 경작하는 그루갈이와 보리가 자라는 봄에 조나 콩을 함께 파종하는 섞어짓기를 빠르게 확산시켰다. 이앙법으로 논농사에서 일손을 덜 수 있었기 때문에 밭농사에도 더 많은 손길을 줄 수 있었던 것이다. 이앙법이 농민의 삶에 얼마나 큰 보탬이 됐는지는 더 이상 설명이 필요하지 않을 것이다.

이앙법은 당시로서는 최첨단 농법이었다. 이 농법을 수용하고 보급한 것은 영남의 양반이었다. 동시에 영남의 선비는 이 최첨단 농법을 통해 16세기 후반 국정을 주도하는 정치세력으로 성장하는 물적 토대를 확보할 수 있었다. 어느 시대나 성장의 동력을 장악하는 세력이 정치적 주도권을 쥘 수가 있었다.

그러나 이앙법은 위험부담이 높았다. 모내기 시기에 물을 얻지 못하면 농사를 그르치게 된다. 따라서 국가에서는 이를 적극 금했다. 이앙을 요행을 바라는 행위로 생각했다. 경상도 양반은 산골짜기에 흐르는 내를 막아 천방川防이나 보洑를 설치함으로써 이를 극복해 나갔다. 이앙법은 이런 과정을 거쳐 17세기경에는 전국에 일반적인 농법으로 정착됐다.

태백산 남쪽 자락에 위치한 경상도 북부 지역에는 산골짜기를 흐르는 조그만 내가 발달했다. 이곳을 막는 데는 그리 큰 힘이 들지 않았다. 위쪽을 막아 아래쪽 계단식 논에 얼마든지 물을 공급할 수 있었다. 이런 곳이 이앙에 최적지였다. 산업이 발달하는 곳에는 사람이 모이기 마련이다. 양반은 이런 산골을 개척하여 마을을 이루어 나갔다. 오늘날 양반의 집 대부분이 읍내가 아닌 산자락 몇 굽이 돌아들어가는 산골에 있는 것은 이앙법의 보급과도 밀접한 관련이 있다.

양반이 거주하기 시작한 산골마을이 16세기를 거치면서 세상의 중

계단식 논 이앙은 오늘날 안동과 예안 등지를 중심으로 한 경상북도 북부 지역에서 가장 먼저 실시됐다. 이앙을 위해서는 물 확보가 가장 중요했다. 산간 계곡을 따라 흐르는 도랑을 위쪽에서 막아 그 물을 아래로 내려보내는 형식이다. 그래서 이앙은 초기에 산간 계곡에서 발달했고, 이것은 오늘에까지 이르고 있다. 김복영 사진.

심이 되고, 점차 동성마을로 발전했다. 그러나 상업이 발달하면서 점차 서울과 읍내에 밀리게 되고, 산업사회가 도래한 이후에는 더욱 빠르게 쇠락했다. 농업은 이제 사양 산업이 됐다. 산골짝에 위치한 옛날 옥토는 그 역사적 소임을 다하고 대부분이 다시 자연으로 돌아가게 됐다. 더불어 사람도 떠났다.

공장에 값싼 노동력을 제공하기 위해서는 농촌의 젊은 일꾼을 도시로 내몰아야만 했다. 방법은 간단했다. 저곡가 정책이다. 쌀값을 낮은 수준에서 통제해버리면 열심히 일할수록 손해를 보게 된다. 거대한 국가권력 앞에 농민은 너무나 무기력했다. 결국은 농촌을 떠날 수밖에 없었다. 오늘날 우리 사회가 이룩한 산업화는 농촌과 농민의 희생이라는 큰 빚을 지고 있다. 그러나 그 어디에도 농촌과 농민의 몫은 기억되지 못한다. 다만 황폐한 농촌과 늙고 무기력한 모습으로만 남아 있을 뿐이다. 그래도 이앙법은 500년 동안 우리 삶을 지탱해 주었다.

종가, 지주가 되다

양반은 많은 토지를 소유하고 있었다. 특히 16~17세기에는 더욱 그러했다. 지방의 많은 양반이 중앙의 벼슬자리에 나아갔고, 개간이나 매득도 활발하게 이루어졌기 때문이다. 물론 편차는 컸지만, 영남 양반은 대체로 수백 두락에 이르는 토지를 소유했던 것으로 파악된다. 이러한 토지는 할아버지, 아버지뿐만 아니라 할머니, 어머니로부터 물려받았거나 처가에서 상속받은 것이었다. 여기에 자신의 대에 이르러 개간이나 매득을 통해서도 많은 토지를 모았다. 이렇게 늘어난 토지는 다시 아들과 딸에게 상속됐다.

조선 전기에는 재산을 자식에게 상속할 때 법적으로든 실제로든 아들과 딸의 차별이 없었다. 이를 흔히 자녀균분상속제라고 한다. 부모의 생시에 혹은 사후에 자식에게 토지뿐 아니라 노비와 집, 세간살이 등을 똑같이 분배하는 것이다. 그 방법은 들員이나 지역별로 나누는 것이 아니라, 대개 필지 단위로 나누었다. 이렇게 세분하는 것이 관리하기에 편했고, 만약의 사태에도 대비할 수 있었기 때문이다. 누군가 소송이라도 걸어오면 혼자가 아니라 여러 아들딸이 함께 대응할 수 있었다. 그리고 이렇게 확보해서 상속한 땅은 '조상에게 물려받은 물건世傳之物'이라 하여 다른 사람에게 넘기지 말라고 당부하는 것도 잊지 않았다.

그러나 17세기 중반 이후에는 종법 제도가 일반화되면서 점차 적장자 중심으로 상속 제도가 바뀌어갔다. 종법이란 장자가 가계를 계승하여 조상의 제사를 받드는 것을 말한다. 이전에는 아들딸이 돌아가면서 조상의 제사를 모셨고, 아들이 없으면 외손봉사도 흔하게 행해졌다.

또한 17세기를 거치면서 지방 양반은 관료로 진출하는 데 한계가 있었고, 이에 따라 토지의 소유 규모도 크게 줄어들었다. 반면에 자손은 계속 늘어갔다. 똑같이 나누다가는 모두 가난해질 테고, 그러면 조상의 제사를 받드는 것도 어려워질 형편이었다. 이것은 큰 문제가 아닐 수 없었다. 대책이 필요했다. 그래서 장자에게 더 많은 토지와 제사에 드는 비용을 충당하기 위한 전답祭位田을 주어 가문을 지키고 제사를 받들게 했다. 이제 종가 자체가 지주가 됐다. 이런 지주를 '종가형 지주'라고도 한다.[1]

오늘날 우리가 보는 큰 기와집은 대부분 이렇게 장자가 계승해온 종가다. 물론 종가나 종손이 아닌 집에서도 장자 중심의 상속 제도를 따랐다. 따라서 종가나 종손 또는 장자가 아닌 양반의 토지 소유 규모는 더욱 영세해질 수밖에 없었다. 이런 일이 계속되면서 점차 더 많은 양반이 생계조차 잇기 어려운 몰락 양반으로 내몰리게 됐다. 몰락 양반은 가난한 농민과 마찬가지로 종가와 종손에게 의지할 수밖에 없었다. 명문 양반가에서는 제위전이나 문중답門中畓·종계답宗契畓 등 일종의 공동기금을 마련해 가난한 지손支孫의 생계를 보전해주어야 했다. 이런 사정에서 가난한 양반은 대대로 살아오던 터전을 쉽게 떠날 수 없었다. 더욱이 신분제도가 허물어져가는 상황에서 가난한 양반이 종가나 종손의 위세에 힘입지 않고는 흥부처럼 멸시를 받을 수밖에 없었다.

인구 증가는 토지 부족을 심화시켰다. 이에 토지를 가진 지주가 더욱더 유리해졌다. 이제 종가와 종손은 지주로서 병작 제도를 자신들에게 유리하게 이끌어갔다. 점차 종자도 부담하지 않았고, 토지세도 경작 농민인 작인에게 떠넘겼다. 그러면서도 수확량의 반을 챙겼다. 경우에 따라서는 도지賭地라는 이름으로 미리 액수를 못 박아두기도 했다. 가까운 곳이라면 수확을 반분하는 타작이 유리했지만, 먼 곳의 토지는 도지가 편리했기 때문이다. 병작지의 작인은 점차 노비에서 상민이나 양반으로 바뀌었다. 지주는 작인을 이런저런 잡일에 무상으로 동원할 수도 있었다.

집 부근의 전답은 역시 가작으로 경작했다. 가작지 경영에는 여전히 노비가 필요했다. 그러나 굳이 노비에게만 의존할 필요는 없었다. 이제 옛날처럼 많은 노비가 필요하지 않았다. 따라서 양반의 노비에 대한 관심과 보호는 상대적으로 덜할 수밖에 없었다. 이와 함께 노비의 도망은 아주 폭넓게 전개됐다.

장사도 하고 물레방아도 돌리다

앞서도 언급했지만, 양반의 중요한 경제적 기반은 토지와 노비였다. 즉 양반은 토지를 경영하고 노비의 노동력이나 몸값인 신공을 받아서 가계를 꾸려갔다. 그러나 잦은 흉년은 삶의 가장 기본적인 식량마저 제대로 공급받지 못하게 했다. 그뿐만 아니라 봉제사와 접빈객 비용에서부터 누정이나 정사 같은 건축물의 조성비에 이르기까지 양반의 씀씀이는 적지 않았다. 토지와 노비로 인한 수입만으로는 턱없이 부족한 경우도 많았다. 가계에 보탬이 되는 또 다른 수입원이 필요했다. 양반은 다양한 경제활동을 했다. 돈이나 쌀을 밑천 삼아 고리대를 놓기도 했고, 베를 짜서 옷감으로 사용하기도 했다. 간혹 상업 활동도 노비를 통해 드러나지 않게 했다.

조선에서 상업은 양반이 할 일이 아니라고 생각했다. 상업 활동은 시세차익, 곧 말리末利를 추구하는 것이기 때문이었다. 농업에 근본을 둔 유교적인 발상이었다. 그러나 중국에서는 사대부라 해도 상업을 천시하지 않았다. 이른바 유상儒商이 된 자손도, 유학을 공부하여 과거를 보고 관인官人이 된 자손과 크게 차별받지 않았다. 과거를 통해 출세를 하거나, 상업 활동으로 많은 돈을 벌어 고향에 사당을 짓고 족보를 편찬하며 장학 사업을 하거나 둘 다 가문을 빛내고 조상을 현양顯揚하는 것이니 다를 바가 없다고 생각했다. 모두 효를 실천하는 것이고, 다만 그 방법이 다를 뿐이라고 생각했다. 심지어 돈으로 벼슬길에 나아가는 것조차 부끄럽게 생각하지 않았다. 이들은 유상이라 표현되듯이 기본적으로는 유학에서 출발했다. 신분 또한 관리와 다를 것이 없었다. 이 같은 생각은 주자朱子(1130~1200)의 고향 휘주徽州의 유학이 제공한 논리였다. 휘주의 유학, 곧 휘주이학徽州理學은 기존의 유학을 현실에 맞게 창조적으로 재해석해냈다.

조선에서는 상상도 할 수 없는 일이었다. 조선의 유학은 누가 더 주자의 학설을 맹목적으로 고수하느냐를 두고 경쟁했다. 그래서 양반은 비록 굶어 죽는 한이 있더라도 상업에는 발을 들여놓을 수 없었다. 그 순간 '쌍놈'이 되는 것이니, 그가 만약 양반 동성마을의 구성원이라면 마을에서도 쫓겨날 수밖에 없었다. 조선의 상인은 상놈에서 출발했으니 중국의 유상과는 다를 수밖에 없었고, 이들이 설혹 벼슬을 사더라도 실직에 나아갈 수 없었다.

그러나 상업과 상업 활동이 억압됐다 하여 그 자체가 금지된 것은 아니었다. 자급자족이 불가능한 현실에서 필요한 생활용품은 외부에서 공급받지 않을 수 없었다. 반대로 남아도는 것이 있다면 그것도 처분해야 했다. 이래저래 상업 활동은 필요했다.

양반의 일상에서 꼭 필요한 물품은 특히 어염魚鹽, 곧 소금과 어물魚物이었다. 소금은 일상생활의 필수품이었고, 어물은 제사의 필수품이었다. 이 두 가지는 노비를 통해 인근의 장시場市나 산지産地에서 구입했다. 그런데 산지와 장시 간의 가격차는 적지 않았다. 농한기에 노비를 보내 산지에서 어염을 사 와서 판다면 상당한 수입을 얻을 수 있었다. 적지 않은 양반가에서 노비를 이용한 이러한 상업 활동에 참여했다. 이조 참판 등을 역임했던 경상도 칠곡의 이담명 집안도 그중 하나였다.[2]

벼를 쌀로 만드는 도정 과정은 예나 지금이나 일상생활에서 빼놓을 수 없는 일이다. 오늘날과 달리 조선시대에는 이 작업이 아주 힘들었다. 도정 작업에는 주로 절구나 디딜방아, 연자방아가 이용됐다. 디딜방아가 널리 보급되어 이용되고는 있었지만, 모두 소유할 수 있었던 것은 아니다. 따라서 소농은 주로 절구를 이용했다. 절구로는 한두 끼니 먹을 쌀 정도를 얻을 수 있었지만, 디딜방아로는 두세 명이 하루 종일 도정한다면 벼 두세 가마니, 연자방아로는 역시 동일한 인력을 투입해 두 시간 정도면 벼 한 가마니를 처리할 수 있었다. 물론 연자방아를 이용하려면 소나 말이 있어야 했다.

조선 후기에 농업과 상품화폐경제가 발달하고 대동법大同法이 실시되면서 정미 작업은 개별 농가 단위의 일상에서만 볼 수 있는 풍경이 아니게 됐다. 대동법 실시 이후 부세 납부나 조선 후기 미곡의 상품화 등으로 다량의 쌀이 일시적으로 필요해졌다. 따라서 이제는 보다 쉬운 방법이 절실했다. 이 같은 현실적 필요성은 곧 물레방아의 설치로 나타났으며, 이것을 이용하려면 상당한 사용료賃料를 지불해야 했다. 이제 도정업은 하나의 초기적인 산업으로 발달할 여지가 있었다.

물레방아는 물의 낙차를 이용한 것이므로 자연지리적 조건이 갖추어진 곳에서만 설치가 가능했다. 작업하는 데에는 한두 명이면 충분했고, 생산성도 아주 높아서 단방아일 경우 벼 한 가마니에 한 시간 정도, 쌍방아일 경우 그 반이면 충분했다. 연자방아보다 두 배 이상이나 생산성을 높일 수 있었다.

물레방아를 설치하는 주체는 다양했다. 물론 양반도 참여했다. 경상도 단성현의 김령도 1853년 한 달간의 공사 끝에 물레방아를 완공했다. 공사의 구체적 내용을 보면 방앗공이 설치, 동체動體 바퀴에 필요한 나무를 벌목하여 운반하는 과정, 방아확石確의 운반과 안치 그리고 물방앗간 건물의 신축, 보와 담 설치 등이었다. 이러한 과정에 적어도 300여 명의 일꾼役丁이 동원됐는데, 집의 노비나 일가친척의 도움도 있었지만, 그 주력은 인근 마을의 농민이었다. 물레방아 설치에는 상당한 물적·인적 자원이 필요했음을 알 수 있다. 따라서 유력한 양반이나 재력가가 아니라면 함부로 나서기 어려운 일이었을 것이다. 김령에 이어 아들 김인섭도 벼슬에서 물러난 직후부터 물레방아 경영에 적극적이었다. 이 가문은 이후 궁핍에서 벗어나 중소 지주적 기반을 확보했다.

농업경영에서 필수품은 농기구였다. 어떤 농기구를 사용하느냐가 생산성을 높이고 낮추는 데 결정적 역할을 했다. 철제 농기구의 생산은 당시로서는 중요한 산업이었다. 일부 양반가에서는 이를 경영하기도 했다. 물론 전문 노동자인 점한店漢을 두어 운영했다.[3]

경상도 경주 옥산에는 회재晦齋 이언적李彦迪(1491~1553)의 후손이 집 안팎에 자리한 독락당獨樂堂, 계정溪亭, 옥산서원玉山書院 등을 관리하거나 수호하며 살고 있었다. 이들은 마을 인근에 수철점水鐵店을 개설했다.[4] 수철점에서 생산하는 제품은 정철正鐵, 곡괭이, 다양한 크기의 솥, 화로, 철물 등이었다. 옥산의 이씨 가문은 이외에 주위의 사찰도 속사屬寺로 운영하고 있었다.

옥산의 이씨 가문은 농업경영과 함께 속사 또는 수철점 운영을 통해 조선 후기에도 확고한 경제적 기반을 유지할 수 있었고, 이 같은 경제적 기반을 통해 전국의 서얼을 동원하거나 적손嫡孫 가문의 견제와 억압에 대응해 나갈 수 있었다.

수시로 찾아드는 흉년

가뭄과 홍수 그리고 메뚜기

　조선시대 양반의 주업은 농업이었다. 비록 관직에 있다 하더라도 그것이 오늘날과 같은 평생직장이나 안정적인 것은 아니었다. 그리고 관직에 있는 동안 급료를 받고 많은 물품을 선물이라는 이름으로 받는다 하더라도 그 또한 일시적이었고, 또 이로써 가족의 생계를 유지할 수 있는 것은 아니었다. 생활의 기반은 어디까지나 토지와 농업에 있었다. 조선 후기에는 더욱 그러했다.

　농사일을 하는 것은 노비이거나 고용된 사람 또는 병작농이었지만, 이들을 고용해서 부리고 어디에 무엇을 심고 어떻게 거름을 줄 것인지 같은 경영의 문제는 전적으로 지주의 몫이었다. 그래서 지주가 얼마나 부지런히 농사에 힘쓰느냐에 따라 넉넉한 살림살이를 유지할 수도, 실농失農할 수도 있었다. 비록 제법 농토가 많은 양반 지주라 하더라도 농업경영에 힘쓰지 않고 '양반놀음'에만 몰두한다면 머잖아 가산을 탕진하고 빈궁하게 살 수밖에 없는 것이 당시의 현실이었다.

하지만 양반이 비록 농사에 부지런히 힘쓰더라도 실농을 면치 못하는 경우도 허다했다. 시도 때도 없이 닥치는 자연재해 때문이었다. 오늘날도 그러하지만 조선시대의 농업은 가뭄과 홍수와 바람, 병충해 그리고 이상고온이나 저온현상 등 자연재해에 대해 치명적이었다.

자연현상이 농업에 치명적인 이유는 당시에는 대부분 수리시설이 없었고, 튼튼한 제방을 구축하지도 못 했으며, 병충해를 구제할 방법도 없었기 때문이다. 그래서 가뭄으로 이앙을 하지 못하거나 비록 이앙을 마쳤더라도 벼가 뿌리를 내리지 못하고 말라 죽는 경우가 많았다. 또한 홍수가 조금만 나도 전답이 유실되거나 침수되어 피해가 클 수밖에 없었다. 태풍이 와서 큰 바람이라도 불면 거의 결실을 맺지 못했다. 메뚜기로 인한 피해도 막심했다. 메뚜기는 번식도 많이 했지만, 중국에서부터 태풍을 타고 한반도까지 오기도 한 것으로 보인다. 이러한 재해로 말미암아 3~4년마다 한 번꼴로 극심한 흉년이 닥쳤고, 풍년은 10년에 한두 해 정도에 불과했다.

자연재해 중에서도 가장 심각한 것은 가뭄이었다. 가뭄이 일상적이기 때문이기도 했지만, 조선시대 농업이 논농사에 전적으로 의존하는 구조였기 때문이다. 당시 논은 대부분 천수답이었다. 비록 개울을 끼고 있더라도 가뭄이 계속되면 물을 댈 수 있는 곳은 극히 한정적이었다. 특히 이앙기에 물이 부족해 못자리의 모를 옮겨 심지 못하면 그해 농사는 그대로 망칠 수밖에 없었다. 비록 이앙을 마쳤더라도 그 후에 얼마만큼 물을 순조롭게 공급하느냐는 풍년과 흉년을 가르는 가장 중요한 요인이었다.

가뭄이 장기간 지속되면 농민도 걱정이었지만, 조정이나 고을에서도 대책을 마련해야만 했다. 대책이라야 기우제를 지내는 것이 거의 유일한 방법이었다. 하늘에서 내리는 비에 절대적으로 의존했으니 해결책 또한 하늘에 의존하는 것 외에는 달리 방법이 없었다.

기우제의 주체와 형식은 아주 다양했다. 그것은 가뭄이 얼마나 심각한지에 달려 있었다. 나라에서 행하기도 했고, 고을 수령이 행하기도 했으며, 마을 단위에서 지내기도 했다. 기우제는 대부분 4월부터 7월까지 지냈다. 음력 4월은 보리를 수확하는 결실기이자 못자리가 준비되는 시기였고, 6~7월은 벼가 한창 자라는 때이니 모두가 벼농사와 깊은 관련이 있다. 나라에서 행하는 기우제는 가뭄이 어느 한 지역의 문제가 아니라 거의 전국적인 현상임을 의미한다. 그런데도 숙종이 재위했던 45년 동안에는 무려 27년이나 기우제를 지냈다. 전국적으로 가뭄이 이러했으니 지역별로는 거의 매년 반복되는 현상이었음을 알 수 있다.

기우제를 지내는 곳은 아주 다양했다. 영험하다는 곳에서 제사를 지냄으로써 비 내리기를 기원했다. 주로 산 정상이라든가, 냇가, 용담龍潭·용소龍沼라 불리는 물이 마르지 않는 곳 등에서 제사를 지냈다. 그뿐 아니라 지역에 따라서는 큰 고목나무에 물을 붓기도 했고, 이름난 산에 몰래 쓴 무덤을 파헤쳐 물을 붓는 등 온갖 방법이 동원됐다. 그만큼 절실했던 것이다.

기우제는 대부분 한 번으로 끝나는 것이 아니라 비가 올 때까지 3~4일마다 계속됐다. 나라에서 행하는 기우제는 보통 3~4회, 심지어 10여 회를 넘기는 경우도 많았다. 그만큼 가뭄이 오래 이어졌음을 알 수 있다.

기우제와 반대로 기청제祈晴祭도 있었다. 비가 오지 않아도 문제이지만, 지나치게 계속해서 내리는 것도 치명적이었다. 기온이 내려가서 냉해冷害 피해가 심각했는가 하면, 계속되는 비로 천방이 무너지고 전답이 침수되는 피해 또한 막대했다. 여기에 심한 바람까지 불면 전답 유실과 침수뿐만 아니라 가옥이 파괴되고 많은 사람이 물에 빠져 죽었다. 가뭄이 장기적인 피해를 가져왔다면 홍수와 바람은 단기간에 엄청난 재해를 가져왔다.

가뭄과 풍수해가 발생하면 나라에서는 그만큼 세금을 감해줄 수밖에 없었다. 재해가 들면 고을 수령은 감영에 그 피해 정도를 보고하고, 감영에서는 이를 수합하여 조정에 보고했다. 이를 토대로 세금을 감해줄 면적을 산출했다. 자연재해로 세금이 면제된 토지를 면세결免稅結이라 했다. 결이란 토지의 면적을 셈하는 단위다.

지방의 수령은 가급적 더 많은 면세결을 확보하고자 재해 상황을 부풀리기도 했다. 농민의 고통을 덜어주어야 한다는 생각도 있었지만, 흉년이 들면 세금을 제때 거두기가 어려웠기 때문이다. 한편 조정에서는 수령의 보고를 무한정 수용할 수 없었다. 나라의 재정이 어려워지기 때문이다. 조정에서는 수령의 보고를 그대로 믿지 않았다. 영조는 이러한 사정을 두고 "조금만 가물면 곡식이 다 말라 죽는다고 하고, 조금만 비가 오면 동이로 퍼붓듯이 내린다고 한다. 이로써 가을이 온 뒤에 재결災結을 지나치게 많이 보고하려는 술책으로 삼으니 그 하는 짓거리가 밉다"라고 했다.

나라에서는 재해의 정도에 따라 토지세의 전부 혹은 일부를 면제해주었지만, 그것은 피해의 극히 일부에 불과했다. 따라서 흉년은 그 자체로만 끝나는 것이 아니었다. 그것은 수많은 가난한 사람을 굶주림으로 몰아갔다. 이들은 마침내 고향을 떠나 이곳저곳을 떠돌며 구걸하여 연명하거나 굶어 죽었다.

떠도는 백성들 누더기 쓴 귀신 같고, 농부들은 밭 갈다 부처처럼 앉아 있네./ 가물어 마른 농토에 늦으나마 비 뿌려 만 분의 일이라도 구해달라 기원하네./ 하물며 세 가지 세금은 전보다 배나 되니 백성들 원망이 뼛속에 사무치네.

18세기 말 안동의 선비 권방權訪(1740~1808)이 지은 시다.[1] 가뭄으로 흉년이 들면 누더기를 쓴 채 떠도는 백성이나 밭을 갈다 지친 농부나 모두가 애처롭다. 그런데도 세금은 도리어 더 무겁다. 원망과 원한이 백성의 뼛속에 사무칠 수밖에 없다. 시인은 오직 연민의 정으로 이를 지켜볼 뿐이다. 이 같은 시는 특별한 것이 아니라 흔하게 볼 수 있는 것이었다. 그만큼 가뭄과 흉년이 일상화됐음을 말해준다.

19세기에 들어, 특히 그 후반에는 세도정치가 더욱 극성을 부리면서 국가 재정의 파탄을 가져왔다. 국가 재정의 파탄은 국가가 더 이상 재해로 인한 백성의 고통에 면세결로 융통성 있게 대응하지 못했음을 의미한다. 아무것도 추수하지 못했는데도 토지세는 요지부동이었다. 농민으로서는 원통한 일이 아닐 수 없었다. 그것도 한두 해가 아니라 아예 법이 되고 말았다. 세금을 독촉하는 관가와 나라에 대한 불만이 팽배해질 수밖에 없었다. 조그만 불씨라도 큰 들불로 번질 수 있었다. 갑오년 동학농민의 혁명적 항거는 이 같은 배경을 그 한 자락으로 깔고 있었다.

양반도 피하지 못하는 흉년

양반은 대체로 많은 토지를 가지고 있었다. 그러나 양반이라고 하여 모두 그리고 늘 이러했던 것은 아니었다. 몇 세대가 지나도록 벼슬은커녕 생원·진사 합격자도 배출하지 못하는 집안이 허다했고, 여기에 잦은 질병과 전염병, 계속되는 흉년은 많은 토지를 가진 양반조차 몰락의 길로 내몰 수 있었다. 조선의 농업경제란 그만큼 불안정한 것이었다. 더구나 봉제사와 접빈객 등 씀씀이도 적지 않은 데다, 도박과 주색잡기에라도 빠진다면 살림살이는 순식간에 거덜이 나버릴 일이었다. 양반의 살림살이라 하더라도 그렇게 안정적이지 못했던 것이다.

자연재해로 인한 흉년이 심한 해에는 제법 토지를 소유한 지주라 하더라도 안정된 삶을 유지하기가 어려웠다. 전답을 팔거나 환곡을 얻거나 아니면 마을 단위 또는 일가친척이 마련한 공동기금에 의지해 생계를 유지할 수밖에 없었다. 제법 땅을 가진 양반 지주가도 이러했으니 가난한 양반이나 농민이야 더 말할 나위도 없다.

조선 후기 대구의 월촌(오늘날의 월배, 상인) 지역을 중심으로 세거해온 단양우씨 가문은 대체로 지주로 불릴 만했다. 특히 우홍적禹洪迪

(1691~1742)은 문과에 급제하여 사헌부 감찰, 병조 정랑, 강원도 도사 등의 관직을 역임했다. 그의 형제들 또한 가난했다거나 몰락한 경우와는 거리가 멀었음을 짐작할 수 있다. 그런 그의 셋째 형叔兄이 벼슬하고 있는 그에게 편지를 보냈다.

5월 그믐 간에 호미 하나 적실 만큼의 비가 처음 온 후로 지금까지 끝내 먼지 적실 비도 없었네. 비록 물을 모아 이앙한 곳이라 해도 모두 말랐고, 가장 늦게 이앙한 곳도 며칠이 되지 않아서 바로 말라버렸네. 논바닥이 이미 말라서 갈라져버렸으니 지금 비가 온다고 해도 이제 어쩔 수 없다네. 자네 집 앞산의 논은 전혀 이앙을 하지 못했네. 둘째 형이 경작하는 논은 그래도 좀 낫지만, 두 집에서 실농失農했으니 더욱 참담하여 앞으로의 생계가 아득한 것은 말할 것도 없고, 지금 당장의 보릿고개가 심하니 아무리 생각해봐도 살아남을 방법이 없다네. 어찌하겠는가. 논농사만 이러한 것이 아니라네. 그루갈이와 목화 농사도 모두 볼 것이 없으니 대흉년의 참혹함이 신임년보다도 심한 것 같네.[2]

편지를 쓴 것이 6월 20일경이니 근 한 달 가까이 비가 오지 않은 셈이다. 5월 말에 내린 비로 겨우 이앙을 했으나 더 이상 비가 내리지 않아 논바닥이 모두 말라서 갈라져버렸다. 이앙한 모가 뿌리를 내리지 못해 말라 죽었음이 분명하다. 이제 비가 온다 해도 논농사는 이미 끝나버렸다. 다행히 둘째 형의 논은 그나마 완전히 망치지는 않은 모양이다. 논농사가 이럴진대 밭농사라고 무사할 리가 없다. 보리를 베어내고 콩을 심은 그루갈이나 대구에서 성행하던 목화 농사까지 접은 상황이다. 아직 가을이 끝난 것은 아니지만, 그 참혹함이 신임년辛壬年의 대흉년보다 더 심하리라 이미 짐작하고 있다.

신임년은 신해년辛亥年(1731)과 임자년壬子年(1732)을 가리키는 것으로, 흉년이 거듭해서 들던 해다. 1731년에는 5월부터 가뭄과 수해 그리고 이상기온, 우박 등으로 벌써 흉년의 조짐을 보였다. 특히 삼남이 가장 심하여 조정에서도 금년 같은 해가 없다고 할 정도였다. 다음 해에도 대구에는 이런 현상이 계속된 것으로 보인다. 10년도 채 되지 않았으니 아직껏 참상의 정경이 눈에 선하게 남아 있음이 분명하다.

그러나 실농에 따른 다가올 겨울 생계보다도 지금 당장의 보릿고개를 어떻게 넘겨야 할지가 더 걱정이었다. 상황이 이렇게 참담하다는 사실을 벼슬하는 동생에게 알려 무언가 대책을 강구해줄 것을 은근히 바라고 있음이 분명하다. 제법 풍족하다고 할 수 있는 양반조차도 흉년이 들면 당장 닥친 보릿고개와 다가오는 겨울을 걱정해야 하는 형편이었다.

동생이 벼슬살이를 한다고는 하나 이제 막 6품에 올라升六 성균관 직강, 예조 정랑에 머물고 있다. 참하관參下官에서 6품의 참상관으로 승진하는 승육은 참으로 어려운 일이었다. 참하관 시절에는 언제 대간의 탄핵을 받아 쫓겨날지 모르는 처지였기 때문이다. 그는 벼슬길에 나아간 지 8년 만에 그래도 6품직에 올랐다. 이것을 그 자신보다도 일가친척이 더욱 간절히 바랐다. 그것은 6품관이 되어야만 지방관으로 발령을 받을 수 있었고, 혹시나 가까운 고을에라도 온다면 환곡이나마 안심하고 탈 수 있을 것이라고 기대할 수 있었기 때문이다.

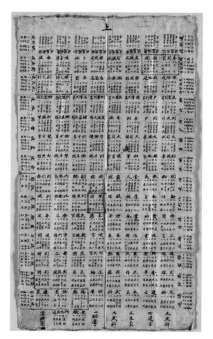

종경도 종경도(從卿圖)란 승경도(陞卿圖)·종정도(從政圖)라고도 한다. 넓은 종이에 벼슬 이름을 품계와 종별에 따라 써넣고, 다섯 모가 있는 윤목(주사위)을 굴려서 나온 수에 따라 벼슬이 오르고 내림을 겨룬다. 이로써 관직을 익히고, 벼슬길에 나아가는 상상을 해보게 한다. 국립중앙박물관 소장.

　올해의 농사가 지난해에 비해 좀 낫다고 하나 춘궁기를 당해서는 매한 가지네. 자네가 대구 가까운 고을의 찰방 자리라도 얻어서 온다면 식량 떨어질 걱정은 면할 수 있을 것이네. 그러나 운수에 달린 것이니 어찌 반드시 그렇게 되리라 생각할 수 있겠는가.[3]

　흉년이 아니어도 춘궁기를 넘기기는 유족한 양반에게도 역시 힘든 일이었다. 오직 벼슬하는 동생이 고을 원님은 언감생심이고 찰방 자리라도 얻어 돌아오길 학수고대할 뿐이다. 조선 후기 지방 수령은 인기 있는 자리였다. 한 고을을 전적으로 책임지고, 특히 환곡이라는 나라의 곡식을 운용했으니 그만큼 실속이 있었다. 우홍적이 비록 문

과 출신으로 집권 노론 세력의 일원이라고는 하나 서울의 문벌이 아
닌, 권력의 핵심에서 저만치 벗어난 지방의 양반일 뿐이었다. 형제들
도 그 같은 사실을 모를 리 없다. 그러니 운수에 맡길 뿐, 스스로 기
약할 수 없음을 잘 알고 있었다.

우홍적은 결국 일가친척의 간절한 희망에 부응하지 못했다. 다음
다음 해에 강원도 도사를 마지막으로 벼슬을 그만두었기 때문이다.
주위의 기대에도 벼슬을 그만둘 수밖에 없었던 것은 앞날에 희망이
없었기 때문일 것이다. 노론의 일원이 이러했다면 노론에 비판적이
었던 영남의 남인이야 말할 것도 없다. 출처의 명분과 궁핍한 현실,
집권 세력의 견제와 소외, 일가친척의 기대 사이에서 끊임없이 고민
했을 것이다.

이렇듯 조선 후기에 비록 많은 토지를 가진 양반이라 하더라도 그
살림살이는 풍족하지 못했다. 수백 두락을 소유했던, 그래서 중소 지
주로서 손색이 없었던 대구의 경주최씨 가문에서도 양식이 바닥났음
을 걱정하기는 매한가지였다. 멀리 수성창壽城倉에까지 노비를 보내
환곡을 얻어 부족한 양식을 보충할 수밖에 없었다. 그것은 토지에서
소출이 그리 많이 나지 않았기 때문이다. 흉년은 이 같은 문제를 더
욱 가중시키고 있었다.

지주적 기반을 가진 양반이 이러했다면 손바닥만 한 토지로 또는
남의 전답을 빌려서 살아가는 백성의 삶은 어떠했을까? 이들의 삶이
야말로 초근목피草根木皮로 연명할 수밖에 없었다. 초근목피, 말은 많
지만 이것이 무엇인지를 구체적으로 잘 아는 이는 드물다.

우리 산하에서 자라는 풀과 나무는 못 먹는 것이 없다고 한다. 그

만큼 먹고사는 문제가 절실했기 때문이다. 그런 가운데서도 쑥은 조선의 백성을 살리는 데 가장 크게 기여한 풀이다. 이른 봄, 가장 먼저 이곳저곳에서 지천으로 솟아난다. 뜯고 또 뜯어도 여전하다. 이를 밀기울에 묻혀 찌거나 물을 부어 끓이기라도 하면 허기진 배를 잠시나마 달랠 수 있다. 좀 지나면 찔레 순도 꺾을 수 있고, 산하를 붉게 물들이는 진달래 꽃잎도 딸 수 있어 요기가 된다. 느릅나무는 물론이고 느티나무나 등나무의 새잎이나 새순도 먹었다. 그리고 어느 산이든 소나무가 없는 곳은 없다. 소나무 껍질을 벗기면 속살이 나온다. 이를 '송구'라 하는데, 이것으로 죽을 쑤면 송구죽이 된다. 급하면 솔잎이라도 씹었다. 그러면 며칠은 버틸 수 있다. 물론 모든 생명체는 저마다 자기방어 물질을 가지고 있다. 그냥 풀죽을 쑤어 먹으면 그 대가를 치러야 한다. 그러나 여기에 된장이나 간장을 조금 풀어서 먹으면 아무 문제가 없다. 삶은 이렇게 힘겨웠다.

상부상조, 함께해야 할 운명

세상 살기가 힘들고 어려울수록 누군가의 도움이 절실해진다. 양반이라도 흉년이 들거나 환난이 닥치면 혼자서 헤쳐 나가기 어렵기는 매한가지였다. 힘들고 어려울수록 서로 도와야만 했다. 조선시대에는 상부상조하는 조직이 아주 많았다. 마을마다, 집집마다 계契가 있다고 할 정도다. 고을 단위의 향약, 마을 단위의 동계洞契·동약洞約, 인척이나 종족 간의 족계族契·종계宗契 등이 그런 조직이었다. 또

전여기 전여기(傳與記)는 동계·동약 등에서 임원이 교체될 때마다 인수인계를 하기 위해 작성했던 문서다.

상포계喪布契니 군포계軍布契니 하는 것에서 심지어 과거계科擧契·붓계, 벼루와 먹계, 종이계 등도 있었다.

계는 무엇보다도 상부상조를 통해 서로 구휼하고 보호할 것을 목적으로 삼았다. 그리고 한 사람이 여러 종류의 계에 참여함으로써 서로 얽히고설킨 구조를 형성했다. 사람들은 이러한 계를 통해 고단한 삶을 보호받고 위로받을 수 있었다. 그뿐 아니라 구성원 상호 간에 지켜야 할 선행과 악행을 교육하거나 삶을 함께해야 할 사람이 가져야 할 심성, 역할, 의무, 예절 등에 대해 서로 확인하고 약속함으로써 공동체적 삶을 유지할 수 있었다. 개인의 욕구보다는 공동체적 삶을 중시하고, 개인의 권리보다는 도덕적 의무를 중시하는 자치 조직의 특성을 가지고 있었다.

향약이나 동계·동약은 대체로 좋은 일을 서로 권하고德業相勸, 예속을 서로 일깨워주며禮俗相交, 잘못과 허물을 서로 바로잡아주고過失相規, 어려움을 서로 구제해주는患難相恤 것이 그 목적이었다. 향약의 틀은 유교적이었지만, 어려움에 처했을 때 서로 구제해주는 일은 우리의 오랜 전통이었다.

전통사회에서 농사를 짓는다는 것은 개인의 힘만으로는 불가능했다. 그뿐 아니라 예측 불가능한 자연재해에 따른 질병과 기근 그리고 세금이나 부역 등의 문제는 항상 개인의 생존을 위협하기에 충분했다. 이러한 생존 위기의 불안한 상황을 극복하기 위해서는 서로 돕고 의지하지 않을 수 없었다.

계에서는 구성원이 평상시 갹출하여 마련해놓은 기금으로 상사喪事나 흉년, 질병 등에 대비했다. 오늘날 보험 제도나 마찬가지인 셈이다. 환난으로 인해 삶 자체가 파괴될지도 모르는 구성원을 도움으로써 언젠가 자신에게 닥칠 불행에 부조와 위로가 보장된다는 믿음을 가질 수 있었던 것이다. 환난뿐만 아니라 개인이 해결하기 어렵거나 많은 비용이 드는 혼사나 길사吉事 등의 의례, 과거를 위한 교육비 등도 함께 해결함으로써 삶의 질과 공동체 의식을 높일 수 있었다.

조선 양반의 일상에서 가장 큰 일은 상례와 장례였다. 상례·장례는 비록 양반이라 하더라도 한 가족의 힘만으로는 감당하기 어려운 일이다. 계에서는 상례·장례에 필요한 곡물이나 관棺, 회灰, 멍석 등의 물품을 부조하는 것에서 상여를 메고, 음식을 장만하고, 상례를 주관하여 이끌어가는 호상護喪 등에 이르기까지 다양한 노동력도 제공했다. 가족·친척은 물론 온 마을 사람이 어떠한 형태로든 상례·장례를 치르는 데 필요한 일을 분담하고 물자를 부담했다. 이로써 시련과 불행을 극복하고 새로운 용기와 희망을 가질 수 있었다.

16세기 이후에는 향약이나 동계·족계 등 다양한 조직이 아주 많았다. 퇴계 이황이 거주하던 마을에도 동계가 있었다. 여기에는 이씨뿐만 아니라 마을에 함께 살던 금씨·오씨·김씨 등도 참여했다. 이들은 서로 친척이고 인척이었다. 이곳에서도 큰 일인 상례·장례와 같은 흉사는 물론, 과거 급제나 혼인·회갑 등의 길사에도 부조가 있었다. 예를 들면 상례·장례에는 쌀 열 말, 콩 다섯 말과 또 종이값으로 쌀 열 말, 새끼 마흔 꾸러미, 초석 다섯 장, 삼베 세 필 등을 계의 기금에서 부조했다. 또한 계원 집집마다 각기 두 명의 종을 보내 하루씩 부역하게 했다.[4]

상부상조가 양반에게만 일어나는 일은 아니었다. 양반과 농민, 농민과 농민 사이에서도 역시 상호부조가 이루어졌다. 촌락 생활에서 농민은 양반의 토대나 마찬가지였다. 양반 또한 농민에게 필요했다. 상호 의존하지 않고는 극복하기 어려운 일이 많았다. 농민이 도산하거나 몰락해서 이곳저곳을 떠돌아다니면 양반에게도 큰 타격이 아닐 수 없었다. 우선은 농업 노동력 확보가 어려워질 것이고, 몰락한 농민이 도적이 된다면 사회가 불안해질 터였다. 양반만 안정된 삶을 산다고 하여 모든 문제가 해결되는 것은 아니었다.

따라서 농민의 상례·장례에도 부조를 하거나 화재나 도적, 질병이 발생하면 서로 도왔다. 특히 질병으로 농사가 불가능해지면 양반과 상민 모두가 소나 농군農軍을 내어 씨 뿌리고, 김매고, 거두어들여 다음 해에 다시 농사에 임할 수 있도록 최소한의 재생산 기반을 마련해주었다. 농민의 상례·장례에도 부조를 함으로써 유교적인 예제禮制

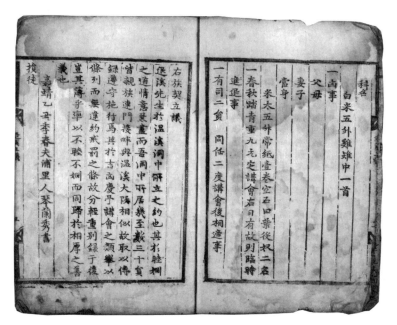

온계 동약 1554년(명종 9) 퇴계 이황이 예안현 온계동에서 실시한 동계로, 길사와 흉사에 대한 부조 등의 내용을 담고 있다. 개인 소장.

가 급속히 확산될 수 있었다.

18~19세기 대구에 살던 백불암 최흥원이 실시한 동약에서는 상부상조에서 한 걸음 더 나아가 토지세를 대신 담당해주었고, 토지를 가지지 못한 농민에게는 경작할 토지를 마련해주었다. 또 흉년이 들면 공동기금에서 양반과 상민·천민 구분 없이 집집마다 곡식을 지급하기도 했다.

이렇듯 조선의 향촌 사회에서는 양반과 농민 모두 상부상조하는 다양한 조직을 통해 공동체적 삶을 살았다. 이러한 삶을 통해 자연재해로 인한 기근과 질병, 국가의 가혹한 세금 징수에 대응할 수 있었고, 나아가 전쟁이 일어나면 의병으로도 참여할 수 있었다. 서로 돕고 보살피지 않았다면 그 숱한 어려움을 헤쳐 나가기란 거의 불가능했을 것이다. 혼란한 시대에는 이러한 공동체적 조직이 제대로 작동하지 못하게 마련이다. 반대로 공동체적 조직이 제 기능을 하지 못하기 때문에 어려운 시대가 될 수밖에 없었다. 19세기는 이러한 점에서 위기의 시대라 할 만했다.

그러나 우리의 공동체는 유럽이나 일본, 중국, 베트남 등 여러 나라에 비해 그 결속 강도가 약했다. 그 이유는 무엇보다도 철저한 중앙집권적 통치 체제를 구축했기 때문이다. 모든 문제를 중앙정부에서 관장하고 통제함으로써 지역에서 독자적인 역할을 할 수 없게 했다. 여기에 유교 문화가 보급되면서 지역의 신이나 신앙 행위를 음사 陰祀(음란한 제사 행위)라 하여 철저하게 파괴했다.

대부분의 지역에서는 저마다 지역 신을 모시고 있었고, 그 주체는 향리와 지역 주민이었다. 당연히 북 치고 장구 치고 거리 행진도 하면서 떠들썩한 저마다의 축제를 벌였다. 그러나 조선시대에 들어와 점차 유교적인 엄숙한 제례로 바뀌어갔다. 그 주체는 양반이었다. 똑같은 형식에 더 이상 지역 주민의 참여는 없었다. 오늘날 우리의 지역 축제도 흥도 없고 신명도 없고 그저 돈이나 펑펑 쓰는 그렇고 그런 행사가 대부분이다. 물론 주민의 자발적 참여도 호응도 그리 많지 않다. 그러니 주민을 하나로 통합할 수 있는 의식도 행위도 별로 없다.

반면에 조상 제사는 종가나 큰집에서 철저하게 지켰다. 가까운 친척이 아니라면 아무도 참여하지 않는다. 중국에서는 마을의 사당에서, 특히 베트남에서는 마을이 단위가 되어 함께 조상의 제사를 모신다. 후손이 없는 경우에도 마찬가지다. 죽은 사람도 이렇게 했으니 산 사람이야 더 말할 나위가 있겠는가. 이를 기초로 해서 마을 단위의 공동체적 삶이 영위됐다. 베트남은 이런 공동체를 기반으로 하여 프랑스, 일본, 미국과 100여 년에 가까운 독립전쟁을 치를 수 있었다. 그리고 승리했다.

부자들의 빈곤

수백 명의 노비와 수백 두락의 전답

조선시대, 특히 16~17세기에 재지사족, 곧 향촌의 양반 지주는 상당한 노비와 토지를 소유하고 있었다. 이들을 흔히 중소 지주라 하고, 그 규모는 수백 명의 노비와 수백 두락의 전답에 이르렀다. 물론 중소 지주로 일컬어지듯이 그 내부에는 많은 편차가 있다.

15~16세기 경상도 지역의 상속 문서分財記 40여 종을 통해 25개 가문의 재산 상태를 분석한 연구 결과, 당시 특권층 양반의 일원으로 존재하려면 최소한의 경제 규모가 적어도 노비 60~80명과 전답 200~300두락 이상이었을 것으로 추산됐다.[1] 이는 평균치라기보다는 '적어도' 혹은 '이상'이라고 했듯이 그 최소한의 기준으로 읽어야 한다.

보다 구체적으로 살펴보자. 사림파의 영수로 잘 알려진 점필재佔畢齋 김종직金宗直(1431~1492)의 아버지 김숙자金叔滋의 노비와 토지는

165명과 1,140여 두락 정도로 추산되고, 김종직 자신도 노비 45명과 전답 600여 두락을 소유했다. 600 혹은 1천여 두락에 이르는 전답은 사족 가문의 경우라도 적지 않은 규모다. 그런데 퇴계 이황은 이보다 더 많은 노비와 토지를 소유했다. 대략 250여 명의 노비와 전답 3천여 두락 그리고 집 다섯 채座 정도로 추산된다.[2]

흔히 청계공靑溪公으로 불리는 김진金璡(1500~1580)은 안동 내앞마을에 의성김씨의 터전을 마련한 인물이다. 그는 임하현 일대에 분포한 처가의 재산을 물려받은 선대先代의 기반 위에, 다시 적극적인 개간을 통해 인근에 많은 토지를 확보했다. 후에 아들 다섯과 딸 한 명에게 균분 상속했는데, 장자 김극일金克一(1522~1585)이 확보한 전답의 규모만도 대략 2천여 두락인 것으로 보인다.

시조「어부사시사漁父四時詞」로 유명한 고산孤山 윤선도尹善道(1587~1671)의 아버지 윤유심의 경우 노비가 384명에 이르고, 논밭을 합해 2천여 두락이 훨씬 넘었으며, 적어도 세 채 이상의 가옥과 집터를 소유했다.

조선 후기의 사정도 16~17세기와 다르지 않았다. 예를 들어 경주 최씨 가문은 팔공산 아랫자락인 옻골漆溪에서 17세기부터 세거해온 대구의 대표적 양반 가문이다. 진사가 되거나 무과로 관직에 나아가기도 했다. 경제적으로도 17세기 이래 줄곧 중소 지주 또는 그 이상의 경제 기반을 확보하거나 유지했다. 백불암 최흥원은 이러한 기반 위에 학문적으로도 크게 명성을 떨쳤고, 만년에는 좌랑(정6품), 익찬(정6품) 등의 벼슬이 내려졌으나 나아가지는 않았다. 이 같은 경제 기반을 유지할 수 있었던 것은 최흥원의 가계가 대체로 장자나 종손으로 계승되어왔기 때문이다. 다시 말해 종손이나 장자의 지위를 누리지 못하는 경우 사정이 크게 달라질 수도 있었다. 최홍원 집안의 방계나 형제 역시 그러했다. 점차 장자 중심의 상속제가 관행이 되면서 장자나 종손이 아닌 형제는 점점 경제적 궁핍으로 내몰릴 수밖에 없었다. 종손의 지위를 계승했던 최홍원은 그러하지 못했던 동생들과 경제적 처지가 달랐다고 할 수 있다. 즉 최홍원이 종손이나 종가의 전형이라면, 동생과 그 아들들은 보다 평범한 향촌 양반이었다고 할 수 있다.

빈곤, 부자의 일상인가

수백 명의 노비와 수백 두락의 논밭을 가진 조선의 향촌 양반은 분명 부자였다. 그러나 중소 지주로서 이들의 삶에 대해서 우리는 잘 알지 못한다. 즉 중소 지주가 가진 경제 규모의 의미나 이를 기반으로 한 삶에 대해서는 지금까지 거의 관심이 없었다. 어쩌면 풍요로움은 당연한 것으로 치부되거나 묵인됐던 것으로 생각된다. 그도 그럴 것이 땅 한 평 없이 온전히 자신의 노동으로만 살아가야 했던 수많은 농민을 생각한다면, 중소 지주로 불리는 향촌 양반의 삶은 부자 중의 부자였음이 분명하다. 이런 부자의 경제생활을 풍요와 호화로움으로 표현하더라도 그것은 전혀 어색하지 않다. 이 같은 사정은 고등학교 국사책(2008)에서도 확인된다.

대부분의 양반은 토지를 소유하고 있는 지주로 … 토지의 규모가 큰 경우는 농장과 비슷한 형태의 대토지를 소유하기도 했다. … 적게는 10여 명에서 많게는 300여 명에 이르는 노비를 소유한 양반들은 … 이를 기반으로 이루어진 풍요롭고 호화로운 양반의 생활은 세습되어 대를 이어 재산이 물려지고 꾸준히 유지되는 토지와 노비만 있다면 영세토록 그 풍요로움을 누릴 수도 있었다.

국사책에서는 수백 명의 노비와 수백 두락의 토지를 가진 향촌 양반의 모습과 함께 그들의 삶이 풍요롭고 호화로웠다고 서술한다. 그러나 소유의 규모나 많은 수입이 언제나 풍요로움을 보장해주는 것은 아니다. 최근 연구자들이 크게 관심을 가지기 시작한 일기나 편지 글은 부자의 경제생활이 늘 풍요로웠던 것만은 아니라는 사실을 보여준다. 이들 자료에서 '빈곤'이나 '곤궁' 혹은 '가난'이 떠오르는 상황이나 표현을 심심찮게 발견할 수 있기 때문이다. 물론 그 표현을 액면 그대로 받아들일 수 없는 경우도 많다. 조선의 선비는 청빈을 이상적인 삶으로 생각했기 때문이다. 그러나 부자 형제 사이에 주고받은 편지나 일상을 기록한 일기에 보이는 가난이나 곤궁함을 상투적 표현으로 치부할 수는 없다. 그것은 한두 번의 예외 현상이 아니라 너무나 자주 반복되기 때문이다.

이미 앞에서 중소 지주의 전형적인 모습을 보였던 김종직이나 이황, 의성김씨, 경주최씨 모두 스스로를 '가난'하다고 생각했다. 그래서 김종직은 흉년으로 집이 가난하여 아버지의 장례조차 예법대로 치를 수가 없었다고 했고, 국왕 성종도 밀양에 머물던 김종직이 매우 가난하다고 하여 음식과 녹봉을 지급하기도 했다.³ 이황은 자신이 평생 남의 비웃음을 산 것도, 아들이 처가살이하는 것도 모두가 가난 때문이라고 했다. 타인의 평가도 마찬가지였다. 이황의 제자 이덕홍李德弘은 선생의 가난에 대해 "집은 본래 가난해서 가끔 끼니를 잇지 못하고, 온 집안은 쓸쓸하여 비바람을 가리지 못했기 때문에 남들은 견디기 어려운 것이었으나, 선생님은 넉넉한 듯이 여겼다"⁴라고 술회했다. 학봉 김성일이 본 이황의 삶도 이와 비슷했다. 이뿐 아니라 이황이 아들과 손자에게 쓴 편지글에서도 가난을 걱정하거나 그로 인해 고생하는 모습을 숱하게 볼 수 있다.

종金奴이 가지고 온 편지에 따르면 영천榮川의 타작이 이것밖에 안 되니 굶주림을 면할 수 없을 것 같구나. 어찌해야 하느냐?⁵

우리 집의 사정으로 말하더라도 식구는 많고 쓸 곳은 번거로워 보통 해의 경우라도 주림을 면할 수 없는 형편인데, 더구나 이 같은 흉년을 장차 어떻게 견디어 간단 말이냐? 이런 형편을 미리 요량해서 모든 쓸씀이를 철저히 절약하여 궁핍에 대비해야 할 것이다.⁶

가난을 걱정하는 이런 글은 부모, 형제 사이에 주고받은 편지글에서 자주 확인할 수 있다. 특히 일기에서는 더 생생하게 볼 수 있다. 그러나 정작 이들의 글을 집대성한 문집에서는 거의 찾아볼 수 없다. 그것은 선비란 먹고사는 문제에는 초연해야 한다는 생각 때문이었다. 그래서 문집에 수록하지 않았던 것이다. 오늘날 우리가 볼 수 있는 문집의 편지글은 대부분 의례적이고 상투적인 안부의 나열에 불과하다.

이 같은 가난의 기록은 16~17세기 중소 지주층의 '풍요로운 생활'에 대해 의문을 제기하기에 충분하다. 그래서 수백 명의 노비와 수천 두락에 달했다는 이황의 재산 규모에 대해서도 의문을 제기한다.[7] 어떤 이는 한 걸음 더 나아가 가난하게 산 성현을 모독하는 것이라고도 주장한다. 또 어떤 연구자는 "사족士族이란 학문에 힘쓰는 것을 근본으로 여기며 물질적인 부를 추구해서는 안 되는 존재를 말한다"라고 하여, 사족의 존재를 절대화·신비화하기까지 한다.[8] 이것은 연구자에게도 그러하지만, 일반인에게 사족이나 양반은 이해하기 어려운 존재이기 때문일 것이다.

가난한 선비, 그러면서도 물질적 부를 추구하지 않는 선비가 진정한 선비의 표상이라면, 그러면 선비는 세상에 무슨 의미가 있을까? 자기 삶도 제대로 꾸리지 못하고 가난을 걱정만 하는 선비가 어찌 세상을 이롭게 할 수 있겠는가!

몰락 양반이나 잔반의 삶

15~16세기 재지사족의 탄탄한 경제적 기반은 조선 후기, 특히 18세기 이후에는 지속되지 못했다. 물론 일부 양반은 여전히 중소 지주로서의 삶을 살 수 있었지만, 좀 더 많은 양반은 점차 토지와 노비를 상실해가고 있었다. 농민층의 분화 못지않게 양반층에서도 경제적

분화가 진전되고 있었기 때문이다. 연구자들은 상대적으로 몰락해가던 양반에게도 관심을 갖게 됐다. 이들의 삶을 한때 인기 있던 개설서에서는 대체로 이렇게 설명한다.

조선 후기 양반은 대부분 관직이나 권력에서 소외되거나 노비의 도망으로 인해 몰락 양반이나 잔반으로 존재했다. 그리고 이들의 처지는 일반 백성과 다를 바가 없었고, 심지어 부농 밑에서 일하는 소작농으로 들어가 잔반끼리 소작지를 두고 다투기도 하고 상인에게까지 업신여김을 받기도 했다. 또 조선 후기의 실학자나 농촌 지식인은 대개 몰락 양반이었으니, 이들은 양반 관료나 지주와는 이해관계를 달리했고, 기본적으로 농민층의 입장에 설 수밖에 없었던 존재였다.[9]

이러한 이해는, 비록 정도의 차이는 있지만, 특정 개설서뿐만 아니라 일반적으로 상당히 폭넓게 통용되고 있다. 문제는 아쉽게도 우리가 몰락 양반이나 잔반에 대해 구체적으로 개념적 정의를 한 적이 별로 없다는 것이다. 큰 고민 없이 그냥 편의대로 적당하게 사용해왔을 뿐이다.

그럼 몰락의 기준은 무엇이고 잔반이란 누구일까? 굳이 말한다면 몰락 양반이란 과거와 관직으로부터 소외된, 곧 정치적 실세失勢와 함께 점차 지주로서의 경제 기반을 상실해가는 양반이다. 이를 기준으로 삼는다면 대부분의 향촌 양반은 몰락의 범주를 벗어나지 못한다. 잔반이란 몰락에서 한 걸음 더 나아간 상태, 즉 정치적으로는 물론이고 경제적으로도 완전 몰락하여 일반 백성과 다를 바 없게 된, 그리하여 서로 소작지를 두고 다투기도 하고 상민에게까지 업신여김을 당하는 양반이다. 어찌 보면 흥부 같은 존재가 그 전형적인 모습이 아닐까.

만약 이들을 몰락 양반이나 잔반의 실체라고 한다면, 이들은 하나의 사회적 존재로서 정체성을 확보할 수 있었을까? 다시 말해 개설서에서 언급한 대로 과연 조선 후기의 양반 대부분이라고 할 수 있는 몰락 양반이나 잔반이 농민과 마찬가지였고, 무엇보다도 농민층의 입장에 설 수밖에 없었던 계급적 속성을 가졌는가 하는 문제다. 조선 후기의 역사상을 이렇게 상상해보기란 쉽지 않다.

18세기 이후 조선의 향촌 사회에서는 동성마을이 크게 발달했다. 동성마을은 한편으로는 장자에 대한 선택과 집중을 통해, 다른 한편으로는 차자를 배제함으로써 성립됐다. 이는 종손에 대한 위계적 질서와 차자와 서얼에 대한 차별을 핵심으로 한다. 동성마을은 17세기 이후 18~19세기를 거치면서 더욱 발달했고, 20세기 초·중반에는 그 절정을 맞이했다. 이런 사회에서는 개인이 아니라 가문이 사회적·경제적 집단이 되고 단위가 된다. 다시 말해 동성마을 양반 자손의 사회적 혹은 경제적 지위는 개별적인 그들 자신이 아니라, 종손이나 종가를 중심으로 결집된 가문으로 대체된다.

따라서 비록 경제적으로 몰락했더라도 그들이 촌락 단위에서 족적 결합, 곧 동성마을의 일원으로 존재한다면, 이들을 사회경제적 의미로서의 몰락 양반이나 잔반의 범주에 넣기는 어렵다는 것이다. 만약 흥부가 혼자가 아니라 동성마을의 한 구성원으로 존재했다면 사정은 달라졌을 것이다.

몰락 양반이나 잔반을 어떻게 정의하든, 그들은 풍흉에 관계없이 어쩌면 더 자주 혹은 늘 가난에 직면할 수밖에 없었을 것이다. 그들 가운데는 비록 극히 일부라 하더라도 과거를 통해 벼슬을 하거나 다시 중소 지주로 성장해가는 경우도 없지 않았다. 그렇지 못한 경우라도 양반의 지위를 상실해 '일반 백성과 다를 바 없는', 그래서 '양반 관료나 지주와는 이해관계를 달리했고, 기본적으로 농민층의 입장에 설 수밖에 없었던' 존재는 아니었다. 그들은 여전히 양반으로서 사회적·신분적 지위를 유지하는 데 하등의 문제가 없었다. 비록 경제적으로 몰락하고 과거나 관직에서 소외됐다 하더라도 종가와 종손을 통해 혹은 동성마을의 한 구성원으로서 양반의 지위를 보장받는 데는 큰 어려움이 없었던 것이다. 개인보다는 촌락을 단위로 형성된 문중이 그를 대변해주었기 때문이다. 또는 비록 종족으로부터 유리됐다 하더라도 유교적 의례와 학문을 이어갈 수 있었다면 양반의 또 다른 이름인 선비로서 존재할 수도 있었다.

수입보다 지출이 더 많은 양반의 살림

최흥원의 『역중일기曆中日記』에는 빈곤과 관련된 내용이 빈번하게 등장한다. 예를 들면 다가올 흉년을 걱정하거나, 아픈 아들이나 아이들 혹은 노비를 제대로 먹이지 못한다거나, 양식이 떨어져 끼니를 제대로 잇지 못해 굶주림을 호소하거나, 심지어 죽으려 한다는 소리가 수시로 나온다. 그뿐 아니라 죽은 아들의 삼년상에도 줄곧 보리밥에 고기 없는 제사상을 차려야 했는데, 제사를 위해 재계齋戒에 참여하거나 혹은 섣달 그믐밤을 함께 보내려고 오는 친척들은 보리밥이

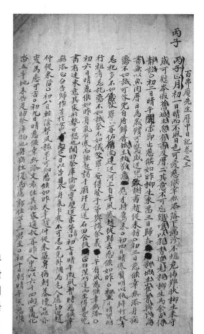

『역중일기』 『역중일기』는 최흥원이 1735년부터 1786년에 이르기까지 50여 년에 걸쳐 일상을 기록한 생활 일기다. 대부분의 일기가 그러하듯이 그날의 날씨와 더불어 다양한 일상들이 기록되어 있다. 경주최씨 백불암 종택 소장.

싫거나 궁핍한 사정을 알고는 돌아가는 지경에까지 이르렀다. 더 심각한 문제는 빈곤하다는 소문이 안동 등지에까지 알려져 혼인하고자 하는 이가 없다는 소문이 돌기도 했다는 것이다. 이 같은 빈곤은 최흥원 자신만이 아니라 형제와 일가 족친, 외가, 사돈가 그리고 일기에 등장하는 다양한 인물의 사정이기도 했다.

빈곤은 그 무엇보다도 농사의 풍흉, 곧 자연재해와 불가분의 관계를 가진다. 『역중일기』 50여 년간의 기록에서 풍년에 대한 언급은 3회, 흉년을 직접 거론한 해는 15년에 이른다. 물론 풍년이라 하여 온전한 것은 아니었다. 봄에 풍년이 들었다가도 가을에는 흉년일 수 있었고, 그 반대의 경우도 있었다. 또한 그해에 흉년의 기록이 없다 하

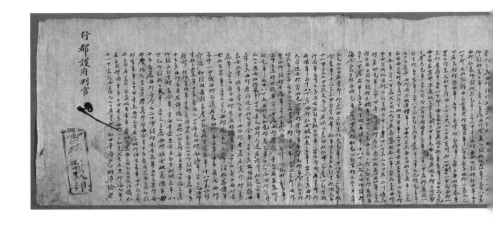

여 풍족했던 것도 아니었다. 빈곤에 대한 기록은 풍흉과 관계없이 수시로 나타났지만, 자연재해가 심했던 해에는 더 자주 언급된다.

가장 빈번한 자연재해는 가뭄이었다. 20년 이상 심각한 가뭄을 거론했고, 관에서 기우제를 지낸 해도 13년이나 됐다. 수해水害도 적지 않았고, 병충해나 풍해風害, 이상기온의 피해도 자주 언급된다. 당시의 농업은 이런 자연재해로부터 거의 무방비상태에 놓여 있었다.

그러나 풍흉과 관계없이 소비나 지출이 더 많은 경제 구조라면 빈곤은 불가피한 일상일 수밖에 없다. 최씨 가의 지출 가운데 가장 큰 용처는 무엇보다도 많은 식구의 생계비였다. 그리고 봉제사와 접빈객에 드는 지출도 적지 않았을 것이다.

최흥원의 호적 자료에는 혈연가족 10여 명과 집 안팎에서 사역하는 노비 20~30여 명이 등재되어 있다. 따라서 식구 수는 30~40여 명이 된다. 만약 이 정도의 식구라면 대략 200여 석의 곡물이 필요했을 것이니 적지 않은 양이다.

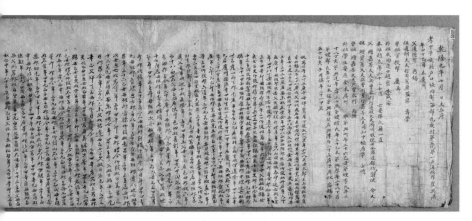

최흥원 준호구 1744년(영조 20) 경상도 대구부에서 발급해준 최흥원(40세) 준호구다. 문서의 앞부분에는 주호(主戶) 최흥원과 그의 처 4조와 동거 가족이 기록되어 있고, 뒤이어 한 단 낮추어 소유 노비들이 적혀 있다. 마지막에는 대구부 판관의 수결과 함께 한 자도 수정된 것이 없다는 의미로서 '주협무개인(周挾無改印)'이 찍혀 있다. 여기에 적힌 노비 수는 153명에 이른다. (196×43cm). 경주최씨 백불암 종택 소장.

최흥원은 종손이니 4대 봉사는 물론이고 불천위 제사 및 죽은 동생과 아내의 제사도 지냈다. 기제사와 명절제, 묘제墓祭, 삭망전朔望奠 등을 합하면 대략 40여 회의 제사를 행해야 했다. 제수祭需 비용도 적잖이 들었겠지만, 제사를 지내러 온 친척을 대접하는 것도 만만찮은 일이었다. 더욱이 최흥원은 제사 3일 전에 재계에 참여하도록 독려했다. 여기에 초상이 나거나 가까운 친인척의 제사에도 부조해야 했으니 더 많은 지출이 필요했다.

찾아오는 손님도 많았다. 대략 연간 100여 명의 손님이 400차례 정도로 찾아들었다. 알지도 못하는 길손이나 이곳저곳 다니는 심부름꾼의 왕래도 잦았다. 이들 중에는 수십 일간 묵은 후 떠나거나, 노잣돈을 주어야 하는 경우도 있었다.

빈곤에 대한 대책은 일반적으로 곡식과 돈을 빌리거나 토지와 노비를 팔아 부족한 식량을 마련하는 것이다. 최씨가도 마찬가지였지만, 이는 일방적인 것이 아니었다. 도리어 최씨가에서 주위의 인척과 이런저런 사람에게 빌려주거나 토지를 매득하는 경우가 많았다. 이것은 최씨가가 항상 빈곤했던 것도, 여타의 양반 지주가라 하여 빈곤으로부터 늘 자유로웠던 것도 아니었음을 의미한다.

조선시대에 사람들은 빈곤에 대처하기 위해 대개 환곡에 의지했다. 그러나 양반가라 하더라도 늘 안정적으로 환곡을 확보할 수 있는 것은 아니었다. 더구나 환곡은 갚아야 할 곡식이었다. 사채私債와 함께 갚지 못하면 더 큰 화를 불러올 수 있었다. 양반가에서는 보다 안정적인 대책이 필요했다.

최씨가에서는 조제고助祭庫와 별고別庫 등 다양한 문중 조직을 통해 특별 기금을 마련해두고 있었다. 이것은 물론 제사를 위한 것이었다. 그러나 흉년이 계속되면 그 본래의 기능만을 고집할 수 없었다. 최씨가에서는 여기에도 크게 의지할 수 있었다.

흉년이나 빈곤에 대한 이러한 대응은 근본적인 것이 아니라 미봉책에 불과했다. 따라서 흉년이나 빈곤이 장기적 혹은 주기적으로 계속된다면 점점 더 극한 상황으로 내몰릴 수밖에 없게 된다. 이런 상황에서 18~19세기를 지나며 점차 더 많은 양반이 경제적으로 몰락의 길을 걷게 됐다.

이제 양반 지주가의 빈곤을 어떻게 이해해야 할 것인가 하는 문제가 남았다. 대부분은 빈곤이 일상화됐다기보다 차라리 일시적이었다고 할 수 있다. 따라서 몰락의 길로만 내몰렸던 것은 아니다. 그런 가운데 적은 양이지만 전답의 매득이 계속됐고, 상당한 재원을 필요로 하는 건물도 꾸준히 세워졌다. 양반 지주가의 빈곤은 말하자면 '부자의 빈곤'인 셈이다. 가난해서가 아니라 지출이 과했다고 할 수 있다. 말하자면 식구도 많고 이런저런 쓸 일도 많았기 때문이다. 이런 빈곤은 조선 후기 향촌 양반 지주가의 일반적인 모습이었다. 동시에 당시의 농업경영이 자연조건에 크게 제약됨으로써 안정적이지 못했음을 의미하는 것이기도 했다.

한 몰락 양반가의
자수성가

「양반전」의 양반

　강원도 정선 땅에 한 양반이 살고 있었다. 그는 어질고 책 읽기를 좋아
했다. 그러므로 그 고을 군수가 새로 부임할 때마다 으레 그 집에 몸소 찾
아가 경의를 표했다. 그러나 살림이 몹시 가난하여 해마다 관가에서 내주
는 환자還穀를 타 먹었는데, 여러 해를 거듭하다 보니 1천 섬의 부채를 지
게 됐다. 어느 날 관찰사가 여러 고을을 순행하다 그곳에 이르러 환곡의
출납을 검열하던 중 이 사실을 알고는 크게 노하여 "어떤 놈의 양반이 군
량을 이다지 축냈는가" 하고 곧 명령하여 그 양반을 가두게 했다. 그러나
군수는 마음속으로 그 양반이 가난해서 갚을 힘이 없음을 딱하게 여겨 차
마 가두고 싶지 않았으나 그렇다고 가두지 않을 수도 없었다. 그 양반 또
한 밤낮으로 울기만 할 뿐 아무런 대책이 떠오르지 않았다. … 그 동네에
살던 한 부자가 이 소문을 듣고 …, "지금 저 양반이 가난하여 환자를 갚
지 못해서 몹시 곤궁한 모양이다. 그 형편이 실로 양반 자리를 지닐 수 없

을 것이니, 내가 사서 양반을 소유하겠다" 하고는 곧 양반의 집을 찾아가서 의견을 말하고 대신하여 환자를 갚을 것을 요청하자, 양반은 크게 기뻐하여 승낙했다.

서울 묵적동에 허생이라는 양반이 살았다. 남산 바로 아래에 있어서 우물 위에는 오래된 은행나무가 있고, 사립문은 나무를 향해 늘 열려 있으며, 몇 칸의 초가는 비바람을 막아주지도 못할 정도였다. 그러나 허생은 독서하기만을 좋아하고, 그 처가 다른 사람을 위해 바느질과 자수를 하여 겨우 먹고살았다.

하루는 처가 굶주림이 심하여 울면서 말하기를 "낭군은 평생 과거에 응하지도 않는데 독서해서 무얼 하려 합니까?" 했다. 허생이 웃으면서 "내 독서가 아직 익숙하지 못하기 때문이오" 하니, 처가 말하길 "물건을 만드는 일도 있지 않습니까?" 했다. 허생이 "물건 만드는 것은 평소에 배운 바가 없으니 어찌하오" 하니, 처가 말하길 "장사하는 것도 있지 않습니까?" 했다. 허생이 말하길, "장사에 자금이 없으니 어찌하오" 하니, 그 처가 성내어 울부짖길, "밤낮으로 독서만 해놓고 아는 것이라곤 다만 '어찌하오'밖에 모르는고? 물건을 만들지도 못하고, 장사도 못 하면 어찌 도적질이라도 하지 않는고?" 했다.

앞의 인용문은 연암 박지원이 지은 「양반전」과 「허생전許生傳」의 일부다. 여기에 나오는 양반이나 허생은 하나같이 몰락한 양반이다. 이 시기 대부분의 양반은 책만 읽을 뿐 세상에는 전혀 쓰이지 못하는 존재였다. 더구나 양반이기 때문에 직접 농사를 짓지도 않았다. 농사

초가집 화제(畵題)에도 적혀 있듯이, 깊은 숲속에 있는 누추한 초가집이다. 몰락 양반이나 허생의 집도 이러했으리라 짐작해본다. 허생의 집 앞에도 큰 은행나무가 있었고, 사립문은 나무를 향해 늘 열려 있었다고 했다. 유뢰의 그림 「임심옥루도(林深屋陋圖)」, 개인 소장.

지을 땅조차 없는 경우가 대부분이었다. 의지할 곳이란 관청에서 춘 궁기에 구휼곡으로 내어주는 환곡이나, 처의 삯바느질 정도였다. 그런데 꿔다 먹은 환곡조차 갚을 능력이 없으니, 부채는 자꾸 쌓여갈 수밖에 없었다. 「허생전」에서는 처가 삯바느질로 생계를 이어간 지 7년이나 됐으니 처도 할 만큼 한 셈이다. 처는 더 이상 굶주림을 견딜 수가 없었다. 더구나 남편에겐 희망도 보이지 않았다. 이런 대책 없는 양반이 조선 후기에는 많았다. 흥부는 이보다 더했다고 할 수 있다.

그래도 양반이 할 수 있는 일은 없었다. 농민도 장꾼도 장인(匠人)도 될 수 없었다. 배운 것도 없거니와 그 순간 양반 지위를 잃는다는 두려움이 컸기 때문이다. 그저 선비로서 본분을 지켜 독서하는 것밖에 달리 방법이 없었다. 가난은 선비의 운명이라고 생각했다. 차라리 가난을 즐기면서 살았다고 하는 편이 적절할 것이다. 그러면서도 여전히 세상에 크게 쓰이길 희망하는 선비도 많았다. 뜻있는 선비는 그럴 수 없는 세상을 한탄했다. 그러나 현실은 박지원이 그려낸 양반의 모습보다도 더 암담한 경우가 많았다.

영조 연간의 한 『일성록日省錄』(1776)에는 "과거에 합격한 지 수십 년에 홍패를 안고 굶어죽는 경우가 태반이다"[1]라고 기록되어 있다. 옛 기록은 과장이 심한 경우가 많다. 잘 살피지 않으면 이태백이 읊었듯이 "흰 머리털이 3천 길白髮三千丈"이나 되기 십상이다. 태반이란 많다는 정도로 해석하면 될 것이다. 홍패란 문과나 무과 급제자의 합격증이다. 과거에 급제한 경우에도 이러했다면, 그러하지 못한 사람의 삶은 더욱 힘들었을 것이다. 선비나 양반이 이렇게 가난해지면 마을의 상한들도 양반을 우습게 보게 된다. 이것이 양반에게는 굶주림보다 더한 고통이었다. 「양반전」의 부자는 참 착한 사람이다. 놀부 같은 부자가 보다 일반적이었다고 할 수 있다.

경기도 가평 땅의 사내종 빗복이의 상전은 공신의 후예였지만 몰락하여 겨우 양반의 이름을 유지하는 정도였다. 그런데 같은 마을의 김가라는 좀 부유한 상놈이 어느 날 다짜고짜 그 아들의 사주단자를 가지고 와서 빗복이의 상전댁 딸과 혼인할 것을 요구했다. 그래서 빗복이의 상전은 관청에 고소하여 상놈이 양반을 경멸한 죄를 다스려 달라고 요청했다. 상전댁 딸은 끝내 원통함과 수치스러움을 이기지 못하여 스스로 목숨을 버리고 말았다.[2] 역시 『일성록』의 기록이다.

비록 몰락했을지언정 양반은 양반이고 상놈은 상놈이다. 이렇게 신분의 격차가 현격한데 양반집 딸에게 상놈이 청혼을 했으니, 그 딸의 입장에서는 이보다 더한 모욕이 없다. 상놈에게 겁탈을 당한 것이나 다를 바 없었다. 스스로 목숨을 버리지 않았다면 두고두고 손가락질을 당하게 될 것이다. 몰락 양반은 어쩌면 죽음으로써 신분을 지켜야 할 만큼 절박한 처지로 내몰리고 있었다.

한 몰락 양반가의 이야기

몰락 양반은 18세기 이후 조선 사회에서 아주 흔하게 볼 수 있었다. 그나마 글줄이라도 읽을 줄 아는 선비라면 다행이지만, 그렇지 못하면 농사꾼이나 다를 바 없는 존재가 된다. 남의 땅을 빌려서 농사를 짓거나, 심한 경우 상놈의 집에 고용되어 날품을 파는 신세가 되기도 했다. 그러면 상놈의 업신여김까지 뒤따르기 마련이었다. 그래서 더더욱 공부를 포기할 수 없었다. 글이란 양반이 사수해야 할 최후의 보루였다. 그렇지만 일부 양반은 몰락한 처지에서 다시 지주가로 성장하기도 했다.

경상도 단성현의 상산김씨 가문은 조상 대대로 나물리라는 마을에서 살아왔다. 이 가문은 단성의 명문 양반 집안의 하나였다. 향안에도 이름을 올렸고, 선대에는 중앙으로 나아가 벼슬을 하기도 했다. 다른 양반 집과 마찬가지로 이 가문 역시 18세기 중·후반까지만 하더라도 논밭을 합하여 많게는 2,500여 두락에서 적게는 400~500여 두락을 소유한 중소 지주였다.

그러나 김씨가는 19세기에 들어오면서 경제적으로 급격히 몰락의 길로 들어섰다. 그 결과 대대로 살아오던 고향을 떠나 10여 년간 이곳저곳을 전전하는 처지로 내몰렸다. 고향을 떠난 양반은 대개 양반으로 대우받지 못했다. 가진 것이 없더라도 종가의 그늘에서 일가붙이와 더불어 살아야 상한이나 농민의 업신여김을 받지 않고 농토라도 얻어 부칠 수 있었다. 아무튼 무슨 사연이 있었는지는 모르지만, 김씨가는 조상 대대로 살던 고향을 떠나 이곳저곳을 돌아다니다가 다시 고향 가까운 마을로 돌아와 자리를 잡았다.

김씨가가 다시 돌아왔다 하여 사정이 나아진 것은 아니었다. 끼니를 잇지 못해 환곡에 의존해야 하는 실정이었다. 환곡을 얻는 것도 쉬운 일은 아니었다. 환곡을 얻으려는 사람이 많았기 때문이다. 그래서 웬만한 양반은 친척이 벼슬길에 나아가면 가까운 고을에 찰방 자리라도 하나 얻어 돌아오기를 학수고대했다. 그래야 그에 의지해 환곡이라도 안심하고 탈 수 있었기 때문이다. 김씨가도 단성과 진주 등 여러 고을에서 환곡을 얻어 궁핍한 생계를 이어갔다.

그럼에도 김씨가는 아들의 공부를 소홀히 하지 않았다. 아버지 김령은 이름 없는 지방의 선비로 평생을 보냈지만, 정재 류치명, 성재 허전 등 당대의 남인 혹은 영남을 이끌던 관료나 학자와 친분이 두터웠다. 류치명이 노론의 탄압으로 멀리 전라도의 섬으로 귀양 갔을 때는 직접 그곳까지 찾아가 문안 인사를 올리기도 했다.

1846년 김령의 아들 김인섭은 20세의 나이로 문과에 급제하는 영광을 안았다. 조선 후기 오랫동안 벼슬에 나아가지 못했던 김씨 가문뿐만 아니라 고을에서도 영광이 아닐 수 없었다. 이후 김인섭은 별검, 전적, 정언, 온릉 전사관, 지평 등 중앙의 여러 관직을 거쳤다. 사간원 정언과 사헌부 지평은 이전 시기라면 국왕이나 관료의 잘못을 비판하는 청요직으로, 높은 식견과 깨끗한 행실로 모범이 되는 사람이 임명되는 자리였다. 그러나 안동김씨가 전횡을 일삼던 19세기 중반에는 그저 요식적인 자리에 불과했다. 따라서 김인섭의 벼슬살이는 잠시뿐이었고, 그는 대부분의 시간을 고향의 집과 서울을 오가며 지냈다.

비록 문과에 급제한 중앙의 관료라 하더라도 가난한 시골 양반의 서울 생활은 참으로 어려웠다. 관복이 없어 조정의 회의에라도 나가려면 여기저기서 관복을 빌리느라 분주했고, 신발과 의복을 저당 잡혀 가을이 깊어도 여전히 여름옷으로 추위를 감당하기도 했다. 더욱이 정식 벼슬을 얻지 못했을 때에는 겨울에도 방에 불을 지피지 못하거나, 며칠씩 아침저녁을 잇지 못하는 일도 아주 흔했다. 사정이 이러했으니 벼슬살이를 한다 하여 고향 집에 조금이라도 보탬이 되지는 못했다. 그럼에도 김인섭 부자는 오랫동안 관직 생활의 꿈을 버리지 못했다.

조선의 양반 사회에서 과거와 관직은 곧 부와 권력을 보장했다. 그러나 19세기 지방의, 그것도 한미한 양반에게는 더 이상 공식이 되지 못했다. 김령과 김인섭 부자가 이 같은 한계를 인식하고 확인하기까지는 많은 시간이 필요했다. 김인섭이 20세의 나이로 문과에 급제하여 별검, 정언 등을 거쳤으니 기대와 희망이 참으로 컸음은 당연하다. 아버지 김령 또한 과거에 응시하거나 아들의 벼슬을 위해 10여 년 넘게 서울을 오가길 반복했다. 서울 왕래와 체류에 드는 비용도 적지 않았지만, 김인섭 부자는 과거와 벼슬에 가문의 흥망을 걸었음이 분명하다. 상황이 이러했으니 다소간의 전답이 있었다 하더라도 제대로 경영됐을 리 만무하다. 결국 김인섭 家의 경제적 몰락을 재촉했던 것은 역설적이게도 과거와 관직에 집착함으로써 들어간 과도한 지출과 농업경영의 부실 때문이라고 할 수 있다.

김인섭 부자가 관직에 미련을 완전히 버리고 낙향한 것은 김인섭이 문과에 급제한 지 13년 만이었다. 이후 김인섭 가는 점차 토지를 축적하여 19세기 말에는 100여 두락, 1920~1930년대에는 200~300여 두락 그리고 일제강점기인 1936년에는 700여 두락의 논을 소유할 수 있었다. 밭까지 합한다면 거의 1천여 두락에 이를 것이다. 말하자면 끼니를 잇지 못할 정도로 몰락했던 가문이 1천여 두락을 가진 어엿한 중소 지주가로 성장한 것이다. 이 같은 양반 가문의 경제적 흥망성쇠는 흔한 일이었다.

몰락의 과정과 가족사

김인섭의 고조부 때 재산은 논밭을 합하여 2,500여 두락이나 됐다. 1두락은 대체로 200평(660제곱미터) 정도에 해당한다. 따라서 2,500여 두락은 상당한 재산이다. 그러나 50여 년 뒤에는 몰락하여 고향을 떠날 수밖에 없었고, 끼니조차 해결하지 못하는 궁핍한 처지가 되고 말았다. 어떻게 이런 일이 있을 수 있을까 싶을 정도다. 그럴 만한 사정이 있었을 것이다.

김인섭의 고조부는 비록 상당한 재산을 소유한 지주이긴 했지만, 슬하에 팔남매나 두었다. 조선시대 양반 가문에서는 재산 상속 시 아들과 딸의 차별이 없었다. 물론 후기에는 가문에 따라 다소 달랐지만 조상의 제사를 받들기 위한 몫을 별도로 마련해두는 것이 보통이었다. 고조부가 돌아가신 후 제사 몫을 포함해서 팔남매가 똑같이 나누었으니, 김인섭의 증조부는 대략 250여 마지기를 상속받을 수 있었다. 증조모 역시 친정에서 어느 정도 재산을 상속받았다면 적어도 300~400마지기 정도의 재산을 가졌을 것이다. 이 정도라면 양반으로서 체통을 지키기에 그리 부족하지는 않았을 것으로 보인다.

중소 지주로서의 경제 기반을 상실하게 된 것은 아마 증조부 대부터였을 것으로 보인다. 그것은 증조부가 30세에 요절했기 때문이다. 유복자로 태어난 김인섭의 조부가 겨우 열 살이었을 때 어머니마저 세상을 떠났다. 이제 가족이라고는 두어 살 많은 형뿐이었다.

김씨 집안은 중소 지주였으니 토지도 많았지만 노비도 여럿이었다. 토지가 많다 해도 비바람이 순조롭지 않으면 궁핍함을 면하지 못했던 것이 당시의 농업이었다. 양반가의 농사는 여전히 노비에게 의존해야만 했다. 나머지 토지는 인근의 농민에게 병작을 주었다.

당시 양반은 노비가 없으면 살아가기가 어려운 형편이었다. 그래서 노비를 양반의 손발에 비유하기도 했다. 농사뿐만 아니라 밥 짓고 물 긷고 빨래하고 청소하고, 아이들을 돌보고, 시장을 보거나 땔감을 마련하는 등 집 안팎의 온갖 일을 노비가 담당했다. 그런데 노비는 주인의 엄한 감시에도 수시로 도망을 갔다. 하물며 주인이 나약하다면 두려울 게 없었다. 10대의 두 형제가 비록 집안의 도움을 받는다

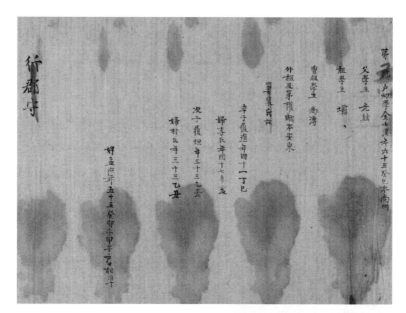

김사한 호구단자 김인섭의 조(祖) 김사한이 65세 되던 해에 관에 제출한 호구 자료다. 이 호구 단자에는 죽은 아내와 두 아들 부부 그리고 비(婢) 한 명이 등재되어 있다. (47×33.5cm). 단계 태허루 소장.

하더라도 노비를 통제하기란 힘에 겨웠을 것이다. 노비에 대한 통제력의 상실은 곧 농업경영의 부실로 직결됐을 것이다. 그래서 19세기에 들어오면 가업이 쇠락하여 지극히 궁핍해졌고, 따라서 고향을 떠날 수밖에 없었을 것으로 보인다.

1840~1850년대 김인섭 가의 가족 구성과 가족사를 살펴보는 것도 필요하다. 1850년을 기준으로 할 때 가족은 조부와 자식을 두지 못한 백부모 등 합하여 여덟 명이었다. 김인섭은 1843년에 진사시에 합격한 다음, 서울의 성균관 유학 생활을 거쳐 1846년에는 20세의 나이로 문과에 급제한다. 그리고 1847년에는 혼인을 했다.

『단계일기』 『단계일기』는 단계 김인섭이 53년 동안 거의 매일매일을 기록한 생활 일기다. 책력 위에 날짜별로 기록했다. 단계 태허루 소장.

　과거 시험장이나 서울을 왕래했던 것은 김인섭뿐만이 아니었다. 아버지 김령도 여러 차례에 걸쳐 서울에 오랫동안 머물렀다. 아들이 정식 관직을 얻지 못하고 임시직을 전전할 때도 마찬가지였다. 자신의 과거 응시나 아들의 벼슬을 위해 백방으로 노력했던 것이다. 문과 급제는 당시 향촌의 양반 가문에선 더할 나위 없는 경사였지만, 그에 앞서 과거 준비와 서울을 오가는 데 드는 적지 않은 비용은 큰 부담이 아닐 수 없었다. 더구나 아들뿐만 아니라 아버지도 서울을 왕래하거나 과거에 집착했으니 많지 않았을 농지마저 경영이 부실할 수밖에 없었다. 그렇다고 하여 김인섭의 과거와 관직 진출이 가계에 보탬을 준 것도 아니었다.

더욱이 1850년대에는 조부와 백부모 내외 그리고 동생의 죽음이 연이었다. 상례와 장례를 어떻게 치르느냐가 양반가의 사회적 지위를 좌우했고, 봉제사와 접빈객이 양반가의 가계 지출에 큰 비중을 차지했음을 고려해볼 때 연이은 상사喪事는 김인섭 가의 경제적 사정을 더욱 어렵게 했음을 충분히 상상해볼 수 있다.

김인섭이 53년에 걸쳐서 쓴 『단계일기端磎日記』에는 아침저녁을 굶었다거나 가난으로 제사 준비도 못 하고 있다는 이야기가 여기저기에 나온다. 춘궁기뿐만 아니라 7월, 추수가 막 끝난 11월에도 양식이 떨어졌다. 빈궁함이 일시적·계절적 현상이 아님을 짐작하게 된다. 조선의 선비는 가난이 일상이며 운명이라고 생각했다. 김인섭 역시 그러했다.

존경받는 양반, 놀부 같은 졸부

김인섭 부자가 관직에 대한 미련을 완전히 버리고 낙향한 것은 1858년 늦은 봄이었다. 낙향했다 해서 금방 가난에서 벗어날 수 있는 것은 아니었다. 우선 필요한 돈과 양식은 물론이고 파종할 종자까지도 빌려야 했다. 게다가 아버지의 상喪에 조문을 왔던 김해 부사 허전을 아무런 대접도 못 한 채 돌려보낼 수밖에 없었다.

관직에 대한 미련을 버리고 낙향했다는 것은 농사에 적극적으로 참여하겠다는 의미였다. 따라서 경제적으로 빈궁함을 면하지 못했던 향촌의 양반 가문이, 그것도 양반의 사회·신분적 지위가 크게 흔들리던 19세기 후반과 외세의 침략기를 거쳐 일제강점기에 어떻게 어엿한 중소 지주로 성장해 나갈 수 있었는지에 대한 관심도 여기서부터 시작할 수밖에 없다.

우선 낙향한 이후 첫 농사 때 가장 먼저 보이는 농업 관련 기록은 일꾼佃夫·雇工을 두고, 지게와 오줌통 등 농기구를 장만하는 것이었다. 그리고 소를 빌리거나 구입하고, 논밭을 갈아 파종과 이앙, 김매기, 타작 등을 지시하고 감독하는 모습 등 농업경영에 대한 다양한 활동을 볼 수 있다. 김인섭 부자가 직접 노동하지 않았음은 물론이다. 소와 함께 돼지와 염소를 키워 때때로 장시에 내다 팔기도 했으며, 양잠을 하거나 콩과 면화·마 등 다양한 가축의 사육과 상품 작물 재배도 병행했다. 그러나 아직은 본격적인 상품 생산이 아니라 집에서 소비하고 남은 일부를 판매할 뿐이었다. 물론 이러한 활동은 이 시기에만 국한된 것이 아니라, 이후 그의 아들과 손자 대에 이르기까지 계속되는 일상이었다.

김인섭 가가 농사 못지않게 관심을 둔 것은 천방이나 제방 쌓기와 물대기 등이었다. 논농사에서 물을 확보하는 것은 그 무엇보다도 중요한 일이었다. 비가 많이 와서 제방이 무너지면 다시 쌓아야 했고, 천방의 붕괴로 밀려든 모래도 치워야 했다. 이 같은 일은 다른 모든 농작 활동도 그러했지만, 고용살이하는 일꾼이나 하루 품을 파는 농민에게 맡겨둘 일이 아니었다. 직접 진두지휘하거나 감독해야 할 일이었다. 그뿐 아니라 이제는 삼大麻 껍질을 벗기거나 볏짚을 묶거나 제초 작업에 직접 참여하기도 했다. 가뭄이 심해지면 직접 논 두둑에

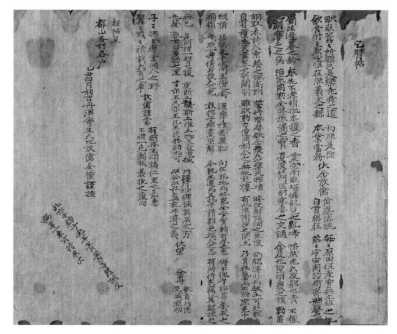

걸비첩 이 걸비첩(乞臂帖)은 김령이 1865년 유배에서 돌아와 개간에 필요한 노동력을 단성현 도산면 각 촌 각호에 통문을 돌려 징집한다는 내용이다. 삽이나 괭이 등의 농기구와 말먹이도 지참할 것을 당부하고 있다. (59×48cm). 단계 태허루 소장.

서 며칠이라도 지새우며 겨우 물길을 얻어야만 했다. 스스로에게도 이 같은 현실은 불만스러웠지만, 이제는 더 이상 피할 수 없는 일이 었다. 농업경영에 적극적인 이 같은 모습은 이전 시기 치산이재治産理財에 밝아서 전답의 규모를 크게 확대하던 전통적인 양반 지주와 크게 다르지 않았을 것이다.

김인섭 가는 개간에도 힘썼고 물레방아도 설치했다. 여기에는 많은 노동력이 들었으나 거의 무상으로 농민을 동원할 수 있었다. 농민을 동원하는 것은 양반이라는 권위만으로는 어려웠다. 농민이 자발적으로 참여한 일면도 없지 않았다. 그것은 김인섭 부자가 농민에게 부과된 부당한 세금에 항의하거나 집단시위를 주도하여 탐학한 수령을 축출하는 데 앞장섰기 때문이다. 이 때문에 아버지 김령은 1년 동안 전라도 임자도에 유배됐고, 김인섭도 의금부에 잡혀가서 매를 맞고야 풀려날 수 있었다. 농민 동원은 김인섭 부자의 이러한 활동에 대한 보상 측면에서 자발적으로 이루어진 측면도 있을 것이다.

농민의 노동력 동원이 비록 자발적인 것이라 하더라도 관청의 묵인이나 협조가 없다면 그 또한 불가능한 일이었다. 김인섭은 단성의 현감과 우호적으로 지냈다. 이런저런 일이 있을 때마다 초대를 받거나 방문했고, 시를 주고받았으며, 명절에는 선물을 보내오기도 했다. 수령과의 우호 관계는 개간이나 물레방아 건설뿐만 아니라 농업경영 전반에 큰 보탬이 됐다.

김인섭 가가 경제적으로는 몰락했다 하더라도 지역의 유력한 가문의 일원이었고, 더구나 김인섭이 문과 급제자이며 전직 중앙의 관료였다는 점은 수령과의 관계와 농업경영에 큰 힘이 됐다. 정작 중앙에서는 아무런 힘도 쓸 수 없었지만, 향촌에서는 그 위력을 발휘한 셈이었다. 말하자면 김인섭 가는 이러한 특권에 의지해 이후 경제적으로 성장하는 계기를 확보할 수 있었던 것이다.

농업경영에 적극적이었던 것은 비단 김인섭 당대만이 아니었다. 아들과 손자, 증손자에 걸쳐 거의 비슷한 모습을 이들의 일기에서도 발견할 수 있다. 농업에 적극적으로 참여했다는 것, 이것이 끼니조차 이을 수 없었던 빈궁한 처지에서 어엿한 중소 지주로 성장할 수 있었던 배경이었다.

그러나 여기서 소홀히 하지 말아야 할 또 하나의 문제가 있다. 그것은 근검절약이다. 김인섭 가에서 얼마나 근검절약했는지를 확인하기란 어렵다. 그러나 많은 양반가에서는 검소한 생활과 절약을 자손에게 거듭거듭 강조했다. 그리고 '밥 한 술 덜면 땅 한 평 산다'라거나, '아무개가 절약해서 부자가 됐다'는 식의 이야기는 1960~1970년대까지만 하더라도 농촌 사회에서 널리 퍼져 있었다. 이 같은 사실을 염두에 둔다면 농업경영의 적극적인 모습에는 근검절약이 포함된 것이거나, 아니면 그것의 또 다른 표현임이 분명하다.

아무리 열심히 노력하고 절약하더라도 농사지을 땅이 없다면 그것도 부질없는 일이다. 김인섭 가도 처음에는 땅을 거의 가지지 못했다. 그래서 이웃의 땅을 빌려서 농사를 지었다. 말하자면 병작을 했던 것이다. 병작은 지주의 땅을 빌리는 대신에 농사를 지어 땅 주인에게 수확물의 반을 바치는 것이다. 그 나머지 반으로 다음 해의 종자나 세금도 내야 했다. 열심히 농사를 지어도 남는 것이 그리 많지 않았다. 19세기쯤에는 많은 양반이 병작으로 연명하고 있었다. 가난한 농민은 병작지를 얻는 것조차 쉬운 일이 아니었다.

병작과 개간, 물레방아 설치 등으로 재기의 발판을 마련한 김인섭 가는 여유 자금이 조금만 생겨도 인근의 농토를 사들였다. 처음에는 산자락에 붙은 거친 밭이나 목화밭을 샀다. 산의 나무를 땔감으로 팔거나 목화를 열심히 재배하기도 했다. 소나 돼지도 키웠다. 여유가 생길 때마다 점차 집 가까운 곳의 논도 조금씩 사들였다. 마침내 50두락이 되고, 100여 두락이 됐다. 일제강점기인 1936년에는 논만 하더라도 700여 두락에 이를 정도가 됐다. 이제 이전의 중소 지주적 모습을 완전히 회복하게 됐다.

　이것은 오직 김인섭 가만의 이야기는 아니다. 이 시기에 근검절약하고 보다 적극적이었던 사람들의 성공담이기도 했다. 놀부는 이런 점에서 대표적 인물이라 할 수 있다. 그러나 김인섭 가의 경우는 여기에 양반이라는 신분과 전직 중앙 관료라는 지위, 무엇보다도 인심을 잃지 않았다는 사실이 성공의 중요한 요인으로 작용했다.

　'존경받는 지주', 이것이 지방 양반의 희망이었다. 그래야만 향촌 사회에서 명문 양반으로서의 체면과 지위를 유지할 수 있었기 때문이다. 궁핍한 작인에게 소작료를 줄여줌으로써 그들을 배려해야 했고, 흉년이 계속되면 곡식이라도 내어 농민의 목숨을 구제해야만 했다. 이 점이 바로 토지와 부富를 오직 축재의 수단으로만 생각했던 놀부 같은 졸부와의 차이였다.

사족과 농민,
상호 의존적 호혜 관계

사족과 농민, 동전의 양면

조선시대 사족은 지역사회의 엘리트로서 흔히 양반이나 사대부로 호칭되거나, 유생·유자·선비 등 다양한 이름으로 불렸다. 그리고 경제적으로는 대체로 지주였다. 그러나 조선 후기에 이르면 이들 중 상당수는 몰락하여 이전의 지위를 유지하지 못하는 경우도 많았다. 이른바 몰락 양반이 그들이다.

농민은 더욱 다양하게 구성됐다. 신분상으로는 양인과 노비로 나뉘었고, 경제적으로는 소경영의 자영농이거나 지주가의 작인作人이었다. 이들 역시 조선 후기에 이르러 양인과 노비의 신분적 경계가 모호해진 가운데 일부는 지주나 부농의 지위를 누릴 수 있었지만, 대부분은 전호佃戶나 임노동자賃勞動者였다.

이 책의 주된 관심 대상은 지주인 사족과 그 동족 집단 그리고 몰락하여 작인으로 존재했던 농민이다. 이들 사족과 농민은 일반적으

주자 주희(朱熹)는 중국 남송시대의 유학자로 성리학 또는 주자학을 집대성한 인물이다. 주자(朱子)란 공자, 맹자와 같은 존칭이다. 조선의 유학자에게 큰 영향을 미쳤다. 국립중앙박물관 소장.

로 지배-피지배 또는 지주-전호의 관계로 설명된다. 이는 사족의 농민에 대한 일방적인 신분적 지배와 경제적 수탈, 이로 말미암은 대립과 갈등으로 정리될 수 있다. 사실 지금까지 많은 연구가 사족과 농민의 관계를 대립과 갈등으로만 이해해왔다.

이는 말할 것도 없이 사회경제적 관점에서의 접근이었지만, 그 내용에 대해서는 구체적인 설명이 아주 부족하다. 물론 신분제와 경제구조 혹은 부세 문제를 거론하기는 하지만, 그것은 어디까지나 개별적인 언급일 뿐이고, 지배가 어떻게 행사되는지, 왜 그것이 수탈인지에 대한 관심은 거의 없었다. 이런 문제는 당연히 사족과 농민 상호간의 직접적인 관계를 통해 접근해야 한다.

사족의 농민 지배와 수탈 그리고 이로 인한 대립과 갈등은 일상에서 일어났다. 그리고 사족과 농민은 촌락에서 공동체적 삶을 영위했다. 촌락 사회의 공동체는 그 나름의 도덕원리에 입각한 행동양식을 가지고 있다. 그동안은 이런 문제에 대해서도 큰 관심을 가지지 못했다. 그런데 이런 공동체적 삶에서 상호 관계는 신분이나 경제적 이해관계만으로 정형화되지는 않는다. 그에 못지않게 다양한 조건과 환경 속에서 형성되는 비정형성이 크게 작용한다.

사족과 농민의 관계에서 잊지 말아야 할 또 하나의 전제는, 사족은 치자治者로서의 자의식自意識과 유자儒者로서의 민본民本·민생民生에 대한 공적公的 의식을 비록 형식적이나마 가지고 있었다는 점이다. 그래서 "선비란 마땅히 천하가 근심하기에 앞서 근심하고 천하가 기뻐한 후에야 기뻐함士當 先天下憂而憂 後天下之樂而樂"을 자신의 의무와 책무로 생각했다.[1]

가령 조선 유학자의 정신적 지주였던 중국 남송의 주자는 일찍이 지주와 전호의 관계를 군신과 부자·부부의 연장선에서 거론하면서, 전호는 지주를 침범해서는 안 되고 지주는 전호를 학대해서는 안 된다고 했다.

주자가 역설한 지주와 전호 간의 합리적·도덕적 관계는 상호 존립은 물론이고, 궁극적으로는 지주의 이익과 일치하는 것이다. 이 같은 의리와 명분은 조선의 유자, 특히 향촌의 유자에게는 일상에서 끊임없이 실천해야 하는 현실적 과제였다.

향촌의 사족은 일상에서 늘 농민과 마주하게 된다. 그 누구보다도 농민의 삶에 관심을 가질 수밖에 없었다. 그들의 현실적 고통에 대해서도 마찬가지였다. 그래서 농민을 단순한 지배와 수탈의 대상이 아

니라, 자신들과 마찬가지로 천명天命을 받아 더불어 삶을 영위해야
할 존재로 인식했던 것이다.

조선이 유교 사회라는 것은 양반 지배층에만 국한되지 않았다. 유
학은 조선 후기, 특히 18~19세기에 이르면 농민에게도 보급되거나
강요됨으로써 삶의 다양한 부분에까지 깊숙이 침투했다. 유교식 상
례·장례를 포함한 의례뿐만 아니라 충효와 우애, 연장자나 상전에
대한 윤리 그리고 반상의 신분적 질서에 대한 이해도 일정하게 주입
됐을 것이다. 말하자면 사회 전반적으로 유교 문화와 질서가 크게 자
리 잡고 있었다. 유교 사회로서의 조선, 나아가 유교의 생활화와 유
교적 가치관의 확대는 사족과 농민의 관계를 극단적 착취와 저항의
관계로만 내몰지 않았음을 의미한다.

정리하자면, 사족은 기본적으로 치자이고 유자로서 그들의 지배와
교화敎化의 대상인 농민과 촌락 사회에서 일상적인 삶을 함께 영위했
다. 이들은 다양한 조건과 환경 속에서 함께해야만 하는 상호 의존적
관계일 수밖에 없었다. 따라서 사족과 농민의 관계를 살펴보기 위해
서는 이들의 대립과 갈등뿐만 아니라, 공동체적 삶도 함께 고려해야
한다.

신분, 양반으로 죽거나 노비로 살아남기

사족과 농민의 신분적 관계는 상하 또는 지배와 피지배로 간단하
게 언급할 수 있다. 그런데 지배란 무엇이며, 그것은 어떻게 작동했

는가 하는 문제는 여전히 남는다. 조선시대에는 양반이라는 신분적 특권이 구체적인 제도나 법으로 명시되어 있지 않았기 때문이다.

조선 초기 신분은 양천제를 근간으로 했고, 양반이라는 신분적 특권은 16세기를 거치면서 형성됐다. 그렇다면 사족과 농민의 관계가 애초부터 지배와 피지배 관계로 출발하지는 않았음이 분명하다. 양인 신분에서 사족과 농민이 분화되던 당시에는 그 경계가 엄격하지 않았다. 이러한 사정에서 16세기 후반에 이르기까지 양반가와 '군사軍士' 또는 '백성百姓'이라 불리는 양인 집안이 혼인을 했던 것이다.[2] 이것은 이들 상호 간의 신분적 거리가 넘나들 수 없을 만큼 먼 것이 아니었음을 의미한다. 향안은 이 시기 전후에 작성되기 시작한다. 향안을 작성한다는 것은 다름 아닌 군사나 백성가와 혼인한 양반 가문을 도태시킴으로써 사족이라는 존재를 만들어가는 과정이라고 할 수 있었다. 만약 사족이나 양반이 법적·제도적으로 명백하게 규정되어 있었다면 굳이 군현 단위에서 별도로 양반 명부를 작성하거나, 그것의 참여 규정鄕規을 만들 필요가 없었을 것이다. 아무튼 사족이나 양반은 이렇게 만들어졌다.

이상의 사정은 조선시대의 신분이나 신분제도 그 자체가 상하 혹은 지배와 피지배의 질서를 확보해준 것이 아님을 분명히 보여준다. 양민에 대한 지배는 물론이고 노비에 대해서도 공동체적 대응을 모색해야만 했다. 사족이 군현 단위에서 이루고자 한 향촌 지배도 마찬가지였다. 일반 향촌민은 사실상 지배의 대상이라기보다는 교화의 대상이었다. 구체적으로는 가족·마을 구성원 상호 간의 유교적 윤리 규범의 준수와 길흉부조의 강조뿐만 아니라, 향촌 사회의 질서를 어지럽히는 모든 행위가 규제의 대상이었다.

　사족의 교화라는 명분론적 지배를 보완하면서 농민을 지배 대상으로 묶어둘 수 있었던 것은 사족이 부세 운영에 참여했기에 가능했다. 말하자면 이는 교화의 물적 토대라 할 수 있다. 그러나 조선 후기에 이르면 사족은 더 이상 부세 운영에 참여할 수 없었다. 사족의 농민에 대한 교화와 신분제적 지배란 사실상 농민의 경제적 안정을 전제로 하지 않는다면 이룰 수 없는 이상일 뿐이었다. 농민의 생존을 위협한 것은 신분이 아니라 늘 경제였다.

　반면에 양반에게 신분이란 늘 경제에 우선하는 가치였다. 바꾸어 말하면 양반에게 경제는 신분을 유지하는 도구로 기능했다. 당연히 반상의 구분이 명확해진 이후의 이야기다. 양반의 신분을 유지하고 지키기 위한 가장 좋은 방법은 과거였으나, 그것은 조선 후기에 이르러 더욱 어려운 관문이 됐다. 그렇다고 신분을 포기할 수는 없었다. 비록 과거가 아니더라도 성리학이나 시문에 대한 지식과 교양은 더욱 절실했다. 이 역시 신분 유지에 유용한 도구였기 때문이다. 조선 후기 궁핍한 수많은 선비의 초상은 바로 이러한 현실을 보여준다.

　거듭 정리하자면, 사족이나 양반이라는 신분은 국가의 제도나 법으로 규정된 것이 아니라 긴 시간을 두고 그들 스스로 어렵게 획득한 전리품이었다. 따라서 힘써 지키지 않는다면 쉽게 상실할 수도 있었다. 먹고사는 문제도 중요했지만, 신분을 잃는다면 그것은 소용이 없었다. 아무리 가난해도 양반으로 죽을 수는 있었지만, 부자 상놈으로 살 수는 없었다. 반면에 농민에게 신분이란 생존을 보장해주는 보루가 되지 못했다. 그들에게는 생존이 보다 절대적인 가치였기 때문이다. 양인으로 굶어 죽기보다는 노비가 되어 살아남을 수 있다면 그것이 훨씬 의미 있는 일이었다.

경제, 수탈과 착취 그리고 저항

많은 연구에서 사족과 농민의 경제적 관계는 신분적 관계에 비해 보다 구체적으로 언급된다. 즉 조선 후기 지주층의 병작반수竝作半收라는 가혹한 지대 징수나 고리대를 이용한 토지 수탈로 말미암아 형성된 무전농민無田農民은 지주나 부농층에 적대의식을 가지고 항조抗租 투쟁, 나아가 민란 등으로 저항했다는 것이다. 이러한 저항으로 타작제打作制는 정액제인 도지제賭地制로 바뀌어 나갔다. 그러나 19세기에 이르러 지주가 부담하던 토지세田稅도 전호에게 전가됨으로써 농민을 더욱 고통 속으로 몰아넣었고, 농민의 저항은 더욱 거세졌다고 본다.[3]

여기서 지주와 무전농민을 사족과 농민으로 일반화하고, 가혹한 지대 징수를 수탈로 바꾼다면 조선 후기의 사족과 농민은 수탈과 착취 그리고 이에 대한 항조 투쟁과 민란으로 맞선 적대적 관계가 된다. 이것은 조선 후기 역사에 대한 개설적概說的 이해와도 잘 부합한다.

그렇다면 수탈과 착취, 곧 가혹한 지대 징수의 구체적인 내용이 타작제의 반분半分이라는 이익 분배에 있음을 알 수 있다. 타작제란 지주가 전호에게 토지를 대여하는 대가로 생산량의 반을 받는 제도다. 이와 달리 일정량을 미리 정해두고 징수하는 것을 도지제라 했다. 전자는 비율을 정해놓은 정률제이고, 후자는 액수를 정해놓은 정액제다. 타작제에 비해 도지제가 더 발전된, 곧 농민에게 더 유리한 형태라고 한다. 토지에 부과되는 토지세는 대체로 지주가 부담했다. 그러나 조선 후기에는 작인에게 전가됐다. 이렇게 되면 농민에게 더 큰 고통이 가해지는 것이니 가혹한 농민 수탈이라 표현할 수밖에 없다.

그러나 이것은 대략의 형태일 뿐, 구체적인 내용은 사뭇 다를 수 있다. 사실 지주가 제공하는 것은 토지만이 아니라 종자도 포함된다. 그리고 토지세 전가도 일방적인 것은 아니었다. 가령 지주가 토지세를 작인에게 떠넘기는 대신에 지대를 그만큼 낮추어주었기 때문이다.

지대 수취 형식의 변화, 곧 타작에서 도지로 변화한 것이 반드시 농민적 저항의 산물인 것도 아니었다. 도지가 적용된 것은 생산성이 낮은 밭이나 거리가 먼 곳, 가깝더라도 규모가 작거나 척박한 논이었다. 족계나 동계, 서원 등의 전답도 도지였다. 관리의 공정성이나 효율성과 관련된 것이었다. 이런 면에서 보면 도지로의 전환은 농민의 이해보다 지주가 선택한 것이라 할 수 있다. 또한 그 진행 방향도 항상 타작에서 도지로 변화한 것만이 아니라, 도지에서 타작으로 전환되기도 했다. 물론 도지가 반드시 농민에게 유리한 것도 아니었다.

지주에게 바치는 지대는 반씩 나누는 타작이든 정해진 액수를 바치는 도지든 늘 일정하지 않았다. 농사란 자연조건에 크게 좌우됐기 때문이다. 타작제는 말할 것도 없고, 도지의 경우에도 늘 원래 액수에 비해 거둔 것이 크게 밑돌았고, 거두지 못하는 상태로 해를 넘기는 때도 많았다. 풍년이 아니고는 책정된 도지액 전부를 거둔다는 것은 거의 기대하기 어려운 일이었다. 물론 이는 주로 향촌의 지주에게

만 국한되는 사정이었다.

이와 달리 왕실의 궁방전宮房田이나 지주가 먼 곳에 있는 부재지주不在地主의 농장에서는 지대율도 상대적으로 높았고, 흉년이라 해서 봐주는 것도 거의 없었다. 왕실에서나 서울에 거주하는 지주는 향촌의 지주에 비해 농민의 삶에 큰 관심을 가질 필요가 없었다. 그들은 작인과 직접 대면할 기회도 거의 없었다. 지대를 거두는 것은 마름이라는 중간 관리인의 역할이었다. 마름이 융통성을 발휘할 수는 없었다. 비록 흉년이 들더라도 그들은 주어진 역할에만 충실할 뿐이었다. 따라서 작인의 저항은 이런 궁방전이나 부재지주의 농장에서 주로 일어났다.

대체로 향촌지주의 논밭에서 지대가 훨씬 낮았다. 이것은 토지 생산성이 낮기 때문이 아니었다. 향촌의 지주는 부재지주와 달리 촌락 사회의 일상생활에서 작인과 보다 다양한 관계를 맺었다. 작인 가운데는 친인척도 많았다. 향촌의 양반은 인근 농민으로부터 '후덕한 지주'로 존경받기를 원했다. 그러기 위해서는 지대를 함부로 높이거나 흉년에 자신의 욕심만을 채울 수는 없었다. 반면에 놀부 같은 서민지주나 부재지주라면 이런 문제에 신경 쓸 필요가 없었다.

중국 명·청대의 지주전호제도 조선과 크게 다를 것이 없었다. 일반적인 전답의 지대는 정액제였는데, 대체로 생산량의 반이거나 그 이상이었다. 조선보다 높은 편이었다. 중국에서는 16세기 중엽(명말 청초) 이래 19세기 초반에 이르기까지 농민의 격렬한 저항이 계속됐다. 일부 지역에서는 조직적인 농민반란으로까지 확대됐다. 이것은 분명한 집단적 저항이었고 민란이었다. 농민은 소작료 경감과 함께 소작료 이외의 노동력 등 다양한 부수적 수탈 폐지 등을 요구했다. 여기서 주목할 점은 지주의 대부분은 특권을 가진 신사紳士와 상인商人 계층이었고, 이들은 주로 도시에 거주했다는 것이다. 따라서 토지를 전호에게 대여만 했을 뿐 생산으로부터 완전히 유리된 기생적 존재, 곧 부재지주였다. 그러니 지주가 굳이 농민의 삶을 고려해야 할 이유는 없었다. 농민과 함께 생활했다면 사정은 달랐을 것이다.

지주와 전호의 경제적 관계를 이상과 같이 본다 하더라도 이는 어디까지나 지주의 이익을 최대한 보장한 것이며, 지대 수취에서 지주의 인정적·사회적 배려가 일상적이었다고 단정하기는 어렵다. 그렇다면 이 또한 여전히 가혹한 것이고, 따라서 착취 혹은 수탈일 뿐이라고 주장할 수도 있다. 당시의 농민 또한 어쩌면 그렇게 생각했을지도 모른다. 반대로 당시 농민의 생각과 달리 오늘날 연구자의 상상에 불과할지도 모른다. 물론 역사 연구가 늘 당대인의 입장을 존중해온 것은 아니다.

그렇더라도 연구자들이 적어도 착취 혹은 수탈이 무엇이고, 그 기준이 어디에 있는지 크게 생각해보지 못한 것은 분명하다. 토지 소유자와 경작자가 서로 수확물의 반을 가지는 이익 분배가 농민으로 하여금 적대의식을 가질 만큼 불공정했다는 증거는 없다. 어느 시대, 어느 사회에서나 어느 정도가 공정한가에 대한 관념(도덕적 함의)은 있기 마련이다. 그리하여 다시 묻지 않을 수 없다. 불공정의 기준은 어디에 있으며, 착취란 무엇인가?

인류학자 제임스 스콧은 다음과 같이 정의한다. "착취라는 개념의 핵심은 몇몇 개인들, 집단들 또는 계급들이 다른 사람들의 노동으로부터 또는 다른 사람들을 희생시키면서 부당하게 또는 불공평하게 이익을 챙긴다는 생각"이다. 그런데 '부당하고 불공평'하다는 것은 어떤 기준과 근거를 가지고 있지 않다.[4]

그래서 스콧은 생존을 유지하는 데 중요한 것은 얼마나 수탈하느냐가 아니라, 수탈 후 생계를 유지할 만큼 남는가, 만약 그렇지 못할 때에는 결핍을 보전해줄 사회적 장치가 작동되는가의 여부가 구체적인 개별 생활자의 문제로서 착취를 인식하는 기준이 된다고 했다.

이러한 스콧의 견해를 받아들인다면 조선시대 양반 지주가 종자를 제공하고, 토지세를 농민에게 부담시키는 대신에 지대를 낮추거나 볏짚을 나누고, 흉년이 들면 지대를 거두지 않거나 굶주리는 농민을 구제하며, 혼인이나 상례·장례에 사적인 도움을 주고, 관의 부당한 요구에 농민의 이익을 앞장서 대변했다면, 즉 지주가 농민의 생계 권리에 대한 지역적·도덕적 의무에 충실했다면, 농민 또한 균형적인 호혜성과 도덕적 원리에 입각하여 비록 '반타작의 이익 분배'라 하더라도 이것을 가혹한 것이거나 착취로 인식하지 않았을 수도 있지 않을까.

촌락 생활, 상호 의존적 호혜 관계

사족과 농민은 촌락에서 함께 거주했다. 물론 모든 촌락이 그랬던 것은 아니다. 대체로 향촌은 사족이 거주하는 반촌과 농민이 사는 민촌으로 구분됐다. 그런데 반촌의 농민이 민촌의 농민보다 사족의 지배와 수탈에 더 큰 고통을 느꼈고, 이로써 더 큰 적대의식을 가졌을까?

조선에서 사족의 촌락 거주는 농민에게 꼭 위압적이거나 불편한 것만은 아니었다. 도리어 농민에게 큰 위안이 되고 힘이 되기도 했다. 마을의 위상이 크게 높아지기 때문이다. 반촌에서는 무절제한 공권력도 이웃 지역 유력자의 침학도 자행되기 어려웠다. 또한 마을의 구심점으로서 동계나 송계松契 등 자치 조직을 결성해 수리시설을 확충하거나 산림을 보호할 수도 있었다. 이러한 문제는 농민의 생존과 직결되는 것이었고, 이를 해결함으로써 사족은 농민의 든든한 후견인이나 후원 세력이 될 수 있었다.

그렇다고 농민이 일방적 혹은 수동적으로 사족의 도움을 받기만 하지도 않았다. 농민은 누군가의 도움을 받았다면 당연히 보답해야 한다고 여겼다. 이는 단순하고도 분명한 생각이었다. 사족 또한 농민의 보답을 당연한 것으로 기대했을 것이다. 농민은 이러한 사족에게 더 큰 존경이나 복종으로 보답하는 것이 일반적이었다. 이 같은 호혜성의 도덕적 원리는 농민 생활의 전반에 스며들어 있었다.

농민·농촌 사회의 호혜성은 한때 선거에서도 발동됐다. 옛날, 그러니까 1970, 1980년대나 그 이전 선거판에서 사람들은 술 한잔이라도 얻어 마시고, 고무신 한 짝이라도 받아 신었다면 표를 찍어서라도 보답해야 한다고 생각했다. 농민의 오랜 공동체적 심성이 발현된 것이다. 지배-피지배 혹은 지주-전호의 관계 역시 마찬가지였다. 따라서 지배와 수취 강도의 높고 낮음, 그것이 곧 억압이나 착취의 기준이 되는 것은 아니었다. 양반 지주의 농민에 대한 생계 권리의 보장이나

양반과 상놈 나귀를 탄 양반이 하인 두 명을 대동하고 길을 나섰다. 한 명은 고삐를 잡고, 다른 한 명은 봇짐을 졌다. 양반의 나들이는 대체로 이런 식이었다. 동네 어귀쯤에서 농부 부부를 만났다. 남편은 코가 땅에 닿도록 허리를 굽혀 인사를 한다. 양반과 상놈의 관계를 잘 보여준다. 김득신의 그림 「노상알현도(路上謁見圖)」, 평양조선미술박물관 소장.

농민의 호혜성 규범에 대한 만족 여부에 따라 착취인지 아닌지를 판단할 수 있을 뿐이다. 생계 권리란 농작물이나 노동에 대한 지주의 요구가 농민의 생존을 위험에 빠뜨려서는 안 된다는 것을 의미한다.

전근대사회의 촌락 생활은 상호 의존적일 수밖에 없었다. 무엇보다도 농사짓는 일 자체가 개인의 힘만으로는 어려웠기 때문이다. 그뿐만 아니라 예측 불가능한 기후 변동에 따른 크고 작은 재해와 이에 따른 기근도 거의 매년 반복되다시피 했다. 국가에 내야 하는 세금이나 부역의 의무, 개별적인 혼인과 장례, 질병 등도 생존을 위협하거나 감당하기 어려운 일이었다. 이러한 문제들을 극복하기 위해서는 서로 도우며 의지하지 않을 수 없었다.

사족과 농민 사이도 마찬가지였다. 농민은 양반에게 의지하지 않을 수 없었고, 양반 또한 농민의 안정이 아주 절실했다. 양반 지주가 흉년에 지대를 낮추거나 굶주린 농민을 구제하지 않는다면 그는 '인색하다'는 평판을 피할 수 없었다. 인색하다는 것은 농민의 생계 권리를 외면하는 것뿐만 아니라, 평상시 농민이 제공했던 복종과 존경에 대한 보답이 없음을 의미한다. 인색하다는 평판은 곧 악덕 지주임을 뜻한다. 이런 지주는 19세기 후반의 농민항쟁이나 동학농민전쟁기에 농민이나 농민군의 공격을 면할 수 없었다. 치자로서의 사족이나 양반 지주는 민생과 휼민恤民을 의무이자 책무로 인식했을 뿐만 아니라, 향촌 사회에서 후덕한 양반이나 지주로 칭송받는 것이 가문의 사회적 지위를 유지하는 데 얼마나 유용한지 잘 알고 있었다.

이렇듯 조선의 향촌 사회에서는 양반과 하층 농민 할 것 없이 상부상조의 다양한 조직을 통해 공동체적 삶을 살았다. 이러한 삶을 통해 대립과 갈등을 극복하고 자연재해로 인한 기근과 질병, 국가의 가혹한 세금 징수에 대응할 수 있었다. 서로 돕고 보살피지 않았다면 그 숱한 어려움을 헤쳐 나가기란 거의 불가능했을 것이다. 이런 공동체적·상호 의존적 삶이 없었다면 의병 활동 또한 애초에 불가능했을 것이다. 그렇다고 사족과 농민의 관계가 늘 이런 것만은 아니었음도 분명하다. 대립과 갈등은 존재했지만, 그것은 은폐되거나 상호 의존적 호혜 관계와 밀고 당기는 과정에서 끊임없이 떠올랐다 잠겼다 함으로써 외형적 안정과 혼란을 반복했다고 할 수 있다. 그러나 대체로 조선 사회는 높은 안정성을 유지했다. 이 같은 안정은 다름 아닌 사족의 촌락 거주, 농민과 일상의 삶을 함께하는 데서 오는 것이었다. 이는 사족과 농민의 관계가 일방적 지배와 착취에 기초한 것이 아님을 의미한다. 지배 엘리트의 촌락 거주, 이것은 조선 사회만의 특징적 현상이었다.

양반의 손과 발, 노비

노비, 인구의 태반

전근대 신분사회에서는 대체로 백성을 양인과 천민으로 나누었다. 양인은 군역 등 국가에 다양한 의무를 졌고, 천민은 주로 주인을 위해 헌신했다. 노비는 천민의 대표적인 존재로 남자 종과 여자 종을 아우르는 말이다. 그리고 그 소속이 국가 또는 공적 기관이냐, 개인이냐에 따라 공천公賤과 사천私賤으로 구분된다. 여기서 우리가 관심을 가지는 대상은 바로 사천으로, 흔히 '양반의 수족手足'으로 표현되는 사노비다.

우리 역사에서 노비가 생겨난 것은 까마득한 옛날부터다. 기자의 '8조 법금'에 "도둑질한 자는 그 집의 노비로 삼는다"라는 조항이 있는데, 이때의 노비가 조선에까지 이르게 된 것이다. 이들은 신분적으로 천민이고, 국가에 어떠한 의무도 지지 않았다.

우리의 전통적인 노비세전법奴婢世傳法은 '일천즉천一賤卽賤', 곧 부모 가운데 어느 한쪽이라도 천민이면, 그 자식은 천한 신분을 따른다는 것이다. 이를 달리 말하면 종천법從賤法이다. 이런 관행은 고려 말 충렬왕 대 이래로 정착되어왔다. 물론 시대에 따라 노비에 관한 법은 자주 바뀌었다. 때로는 아버지의 신분을 따르는 종부법이 시행되기도 했고, 때로는 어머니의 신분을 따르는 종모법이 시행되기도 했지만, 종천법이 통상적인 관념으로 자리 잡고 있었다. 마침내 조선의 기본법이 되는 『경국대전經國大典』에도 수록되게 됐다.

노비의 신분적 귀속이 어머니나 아버지 어느 한쪽만을 따르는 것과 어느 한쪽이든 노비이면 그 자식은 무조건 노비가 된다는 것은 큰 차이가 있었다. 후자를 따르면 노비 수가 기하급수적으로 늘어나게 된다. 반면에 국가의 공민인 양인의 수는 상대적으로 줄어들 수밖에 없다. 이렇게 되면 국가 재정과 군역 자원이 부족해져서 남아 있는 양인에게 그 부담이 가중되게 되니, 결국은 나라가 파탄 나게 된다. 고려 말에는 이런 현상이 극심했고, 그 결과 왕조의 멸망을 초래했다. 따라서 조선에서는 양인 확보에 혼신의 힘을 쏟았다.

양인을 확보하려면 국역 부담을 가능한 한 낮추어 이들의 재생산 기반을 안정시켜야 했다. 국가의 적극적인 개입이 필요했다. 조선 초기에는 이러한 기조가 유지되어 양인을 확보하려는 계획이 어느 정도 성공했다. 그러나 연산군의 폭정과 더불어 이러한 정책 기조는 바뀌어갔다. 이후 양인은 급증하는 재정 수요를 충당하기 위한 주요 수탈의 대상으로 간주되는가 하면, 권리에 대한 배려보다는 의무를 더 요구받는 상황에 다다랐다. 그 결과 양인이 노비에 비해 더 많은 부담을 지게 됐다. 이제 굳이 허울뿐인 양인으로 살아야 할 이유가 없

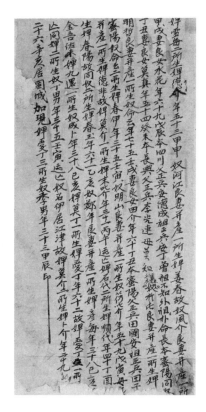

양처병산 흔하게 보이는 '양처병산(良妻幷産)' 이란 노와 양녀가 혼인하여 낳은 자식을 말한다. 하강, 풍개, 어둔, 막개 등 다양한 노비들의 이름을 볼 수 있다.

어졌다. 양인은 스스로 자신의 신분을 버리고 천민이 되기 시작했다. 이런 현상은 16세기에 그 절정에 이르러 양인은 적고 천민이 많은 '양소천다良少賤多' 현상이 나타났다. 이 시기에 향촌의 사족도 다양한 방법으로 노비 수를 크게 늘려 나갔다. 국역 체제의 파탄으로 가장 큰 혜택을 본 것은 바로 이들이었다.

향촌의 사족은 다양한 방법으로 양인을 노비로 흡수했다. 그 방법 가운데 하나는 바로 양인 스스로 유력 향촌 사족가에 의탁해投託 노비가 되는 것이었다. 반대로 사족이 불안정한 양인을 강압적으로 노비로 삼기도 했다. 이를 '압량위천壓良爲賤'이라 한다. 이런 행위는 불법일 수도, 합법일 수도 있었다. 투탁과 압량위천의 경계가 애매했기 때문이다. 양인의 자발성에 무게를 두면 죄를 물을 수 없었지만, 사족의 강제성이 강조되면 그것은 중죄가 됐다. 결국 불법이냐 합법이냐는 관찰자에 따라 그리고 당시 법질서와 사회적 분위기에 따라 달라질 수 있었다. 조선 초기에는 모두 불법이었지만, 16세기 초반 이후에는 대체로 자발적인 의탁으로 인정되어 합법으로 여겨졌다.

그러나 사족의 노비 확보를 위한 보다 일반적인 방법은 양천교혼이었다. 자기 소유의 노비를 양인과 혼인시켜 그들의 자녀를 노비로 만드는 것이었다. 이것은 종천법을 최대한 활용한 것이었으나, 물론 불법이었다. 그래도 아주 광범위하게 행해졌다. 이제 양반 소유의 노비는 자신의 짝을 노비가 아닌 양인 중에서 찾아야 했다. 만약 양인이 아니라 타인의 노비와 혼인하게 되면, 그것은 주인에게 큰 죄를 짓는 것이나 마찬가지였다. 그래서 벌을 받거나 심지어 그 죗값으로 자기 재산을 주인에게 바쳐야 하는 일도 있었다.

양천교혼은 사족가의 노비를 기하급수적으로 늘어나게 했다. 말하자면 이제 단순재생산이 아니라 확대재생산 체제로 돌입한 셈이었다. 양천교혼은 향촌의 사족이 중앙 정계에 본격적으로 진출하여 다양한 개혁 정책을 추진하던 중종·명종 대에 이르러 그 절정에 달했다. 교혼율은 무려 60~70퍼센트에 달했고, 이 시기 사족층의 노비 소유는 이에 비례하여 증가했다. 따라서 노비 제도 개혁은 무엇보다도 절실한 국정 과제였지만, 사림파의 힘은 그 열의에 비해 턱없이 부족했다. 훈구 세력은 적극 반대했고, 향촌의 사족도 이에 편승하여 자신들의 노비 확보에만 몰두했다.

이제 양인은 적고 천인이 많은 현상에 대한 우려는 기우가 아니라 현실이 됐다. 이를 근거로 일부에서는 16~17세기 노비의 비율을 전체 인구 가운데 '적어도' 40~50퍼센트는 됐을 것으로 추산한다.[1] '적어도'라는 단서가 붙어 있다는 사실을 염두에 두고, 여기에 양반과 중인의 인구를 감안하면 말 그대로 천민이 국역을 담당하는 양인보다 더 많았음을 충분히 짐작해볼 수 있다.

이것은 짐작만이 아니라 구체적인 수치로도 확인된다. 경상도 단성현에는 조선 후기의 호적대장이 남아 있는데, 이를 통해 노비 인구의 비율을 살펴보면 1678년에는 62퍼센트, 18세기 전반에는 40~50퍼센트, 18세기 중엽에는 30~40퍼센트, 18세기 후반에는 20~30퍼센트, 1820년대는 20퍼센트 미만, 1860년대는 20~30퍼센트였다.[2] 물론 호적대장이 당시의 현실을 그대로 보여주는 것은 아니라고 해도 그 대체적인 경향, 곧 16~17세기에 노비가 양인보다 많았다는 사실을 살피기에는 부족함이 없다. 그리고 계속 감소하던 노비의 비율이 19세기 중엽에 다시 증가하는 것은 실제로는 노비를 보유하지 못한 호ㅌ라 할지라도 노비 한 명을 보유한 것처럼 호적대장을 작성하는 관행이 자리 잡았기 때문이다.

아무튼 조선시대, 적어도 16~17세기 조선은 그야말로 노비가 태반인 '노비의 나라'였다. 이러고도 나라가 유지됐다는 것이 신기할 따름이다.

곡비기 양반의 상가에서는 곡이 끊어져서는 안 됐다. 형제가 많지 않은 집에서는 소리 좋은 여자 종을 곡비로 정해 곡을 하게 했다. 이 곡비기(哭婢記)에는 수안(壽安)과 금이(金伊)가 곡비로 적혀 있다. (32×30cm). 경주최씨 백불암 종택 소장.

월급을 받는 노비, 출퇴근하는 노비

조선 전기에는 토지보다 노비가 더 중요한 재산이었다. 양반은 많은 노비를 소유하고자 했다. 그 수는 가문에 따라 천차만별이지만, 16~17세기 양반 명문가의 노비는 많은 경우 500~600명에 달했다. 퇴계 이황과 그의 아들들이 주고받은 편지에서 확인되는 노비만도 130여 명이었고, 그 손자녀의 분재기에 등장하는 노비는 370여 명에 이른다. 이것은 특별한 경우가 아니라 명문 양반가의 일반적인 현상이었다.

노비는 흔히 양반의 수족이라 불렸다. 노비가 없으면 양반은 아무것도 할 수 없는 존재였다. 노비는 농사는 물론이고, 유모가 되기도 하고, 땔감을 마련해 불을 지피기도 하며, 물을 길어 밥을 짓거나, 명주나 삼베를 짜서 옷을 짓는 등 일상생활에 필요한 모든 일을 도맡아

했다. 심지어 양반의 첩이 되기도 하고, 춤과 노래를 하거나, 초상이 나면 주인을 대신해 밤새 울어주는 곡비哭婢 역할도 했다.

사족가의 노비는 그 수도 많았지만, 이렇듯 역할도 다양했다. 노비는 역할이나 의무에 따라 다양한 이름으로 불렸는데, 대체로 앙역노비仰役奴婢와 납공노비納貢奴婢로 크게 나눌 수 있다. 앙역노비는 양반 주인집의 가사 노동이나 가작지 경영에 동원되는 노비를 말한다. 이들을 한때 '솔거노비'라고도 했다. 그러나 주인집의 행랑채 등에 거주하면서 생활하는 노비는 극히 일부였고, 대부분은 주인집 주변이나 마을의 개별 가옥에서 독자적인 경영 주체로 살았다. 앙역노비의 수는 시대에 따라 또는 주인집의 규모에 따라 달랐지만, 16~17세기에는 20~30명 많으면 40명 정도였다. 주인집에서 기거하지 않는 앙역노비는 오늘날 출퇴근하듯이 주인집을 드나들면서 이런저런 일을 했다. 주인은 이들의 노동력을 제공받는 대가로 매달 양식을 보조해주거나, 경작할 토지를 주어 생계를 보장해주었다.

어떤 양반집에서는 노비의 급료를 매월 꼬박꼬박 지급했다. 물론 노비의 지위와 역할에 따라 지급액은 달랐다. 노와 비의 우두머리에 해당하는 수노首奴와 수비首婢에게는 각기 벼 열두 말과 아홉 말, 일반 노와 비에게는 아홉 말과 여섯 말을 지급하는 것을 원칙으로 정했다.[3] 벼를 쌀로 환산하면 대략 2분의 1이 되고, 옛날 도량형은 오늘날의 또 2분의 1이니 대략 우두머리 노에게는 쌀 세 말 정도가 주어졌던 셈이다. 적지 않은 양이다.

도산서원에서도 노동력을 제공하는 노비에게 일정량의 쌀을 봄가을에 급료 형식으로 지급했다. 그러나 이것이 큰 부담이 되자 서원 토지의 경작권으로 대신했다.[4] 상주의 도남서원에서는 그 담당 역의 고되고 헐함에 따라 10여 두락에서 1~2두락 등 지급하는 토지의 양을 달리했다.[5]

노비의 급료는 초하루에 혹은 매달 지급한다는 의미에서 삭료朔料 혹은 월료月料라고 했다. 경작지를 준 경우에는 사경지와 마찬가지로 수확물 전부를 노비가 갖거나 형식적인 소작료만 냈다. 노비가 주인을 위해 일방적으로 사역되기만 했던 것은 아니었다.

이 같은 사정만 봐도 조선시대의 노비를 바라보는 시선을 달리해야 한다. 노비는 소유주에 대한 일방적이고 무조건적 복종과 봉사를 하는 것이 아니라, 노동력 제공에 대한 일정한 대가를 받았다. 즉 노비 주인과 노비의 관계는 사족과 농민의 관계와 마찬가지로 상호 보험적 혹은 상호 의존적 호혜 관계였다.

양반가의 노비가 수백 명에 달하던 시절에 대부분의 노비는 상전의 집과는 무관하게 혹은 인근의 여러 고을이나 아주 먼 다른 고을에 살기도 했다. 이들은 오랫동안 솔거노비에 대칭해 '외거노비'라 불렸다. 솔거·외거는 거주지의 원근이나 거주 형태에 따른 구분이었다. 그러나 일부 노비는 먼 곳에 거주해도 주인의 농장에 얽매여 살았고, 일부는 주인집과 가까운 곳에 살지만 주인에게 예속되지 않고 독립된 삶을 살았다. 말하자면 거주지의 원근이나 거주 형태로 노비를 구분할 수 없다는 뜻이다. 이런 경우 전자를 앙역노비, 후자를 납공노비로 구분한다.

납공노비란 이렇듯 상전의 집과는 무관하게 또는 독립하여 주로 외거 상태에서 살아가는 노비를 말한다. 이들은 가족 단위로 자신 또

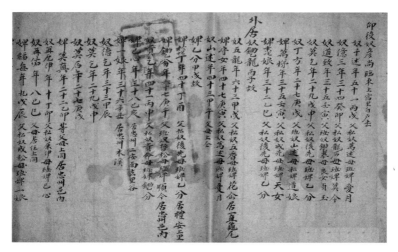

호구단자의 양역노비와 외거노비 양반가에서는 노비를 노동력을 제공하는 노비와 몸값(身貢)을 바치는 노비로 구분했다. 여기서는 전자를 양역노비라 했고, 후자를 외거(납공)노비라고 했다.

는 다른 사람의 토지를 빌려 농사를 지었다. 대신 주인집에 몸값身貢으로 남자 종奴은 삼베 두 필, 여자 종婢은 한 필을 바쳐야 했다. 그러나 매년 이렇게 의무를 다하는 노비는 그리 많지 않았다. 이런저런 이유를 들어 콩이나 참깨, 꿩·닭 등을 조금 바치거나 아예 바치지 않기도 했다.

주인은 간혹 직접 또는 자식이나 건실한 남자 종을 보내 신공을 납부하지 않은 노비를 찾아가기도 했다. 그러나 먼 길을 가는 것은 쉽지 않았고, 설사 신공을 거둔다 하더라도 그것을 운반하기도 수월치 않았다. 따라서 그 수고로움에 비해 얻는 것은 별로 많지 않았다.

납공노비는 주인에게 내는 몸값뿐만 아니라 호적대장에 독립된 호로 오른 경우에는 나라에 호세戶稅를 내야 했고, 일반 양민의 의무였던 군역까지 지는 경우도 많았다. 속오군束伍軍은 노비를 근간으로 하여 편성된 군대다. 이렇듯 조선 후기의 노비는 점차 양민과 별반 다르지 않은 의무를 졌다. 의무가 같으면 권리도 같아진다. 권리란 신분이다. 여기에 노비의 도망은 노비 해방을 가져오는 직접적인 계기를 만들어갔다.

앙역노비와 납공노비는 이렇게 명확하게 구분되어 서로 넘나들 수 없는 것처럼 보인다. 그러나 현실에서는 서로 교류되기도 했다. 앙역노비가 되는 길은 주로 두 가지 형태가 있었다. 하나는 몸값을 바치던 납공노비를 주인집에서 차출하는 것이고, 다른 하나는 앙역 중인 부모를 따라 어려서부터 상전 집에서 생활하게 된 경우다. 따라서 후자는 전자와는 달리 형제 또는 가족 단위로 살았다. 이들의 존속 기간은 다양했지만, 여러 대에 걸치기도 했다. 이러한 사정에서 상당수의 가문에서는 아예 앙역노비와 납공노비를 철저히 구분해서 아주 예외적인 범위에서만 서로 바꾸었다.

노비는 원래 노비와 혼인해야 하는 것이 나라의 법이었다. 그러나 더 많은 노비가 양인과 혼인했다. 이를 양천교혼이라 했음은 이미 말한 대로다. 이를 강요한 것은 다름 아닌 양반 주인이었다. 노비는 재산으로 간주됐으니 재산은 많을수록 좋았다. 노비끼리 혼인하는 것보다 양인과 혼인하는 것이 노비를 늘리는 데 훨씬 유리했기 때문이다. 부모 어느 한쪽이라도 노비 신분이면 그 자식은 모두 노비가 되는 법을 적극 활용했던 것이다. 이렇게 하여 나라에 세금을 내는 양인, 곧 공민公民은 점점 줄어들고, 양반이 소유한 노비는 엄청나게 불어났다.

조정에서는 이를 계속 묵인할 수 없었다. 공민이 줄어들면 군역 자원도 줄어들고 국가 재정에도 큰 문제가 생기게 마련이었다. 그러나 번번이 양반의 반대에 부딪혀 통제 정책은 실패하고 말았다. 특히 영남 남인의 반대가 완강했다. 영남 남인은 농업경영에 아직은 더 많은 노비 노동력을 필요로 하고 있었기 때문이다. 그러다가 1731년(영조 7)에 이르러 마침내 노비는 어머니의 신분에 따른다는 법이 시행됐다. 아버지가 비록 종이더라도 어머니가 양인 신분이면, 그 자식은 이제 더 이상 노비가 아니었다. 이 법으로 말미암아 양반은 엄청 큰 타격을 받았다.

도망노비, 어디로 가 무엇이 됐나

일반적으로 노비의 도망이란 상전이 알지 못하는 곳으로 옮겨가 그의 통제로부터 벗어나는 것을 말한다. 그러나 호적 자료에 보이는 도망노비는 이들만이 아니라 소재지가 분명하게 확인된 경우도 있었다. 이는 납공노비만이 아니라 앙역노비도 마찬가지였다. 예컨대 도망이라고 하면서도 거주지를 함께 표기한 경우가 그러하고, '앙역 도망'이라는 표기 역시 그러하다.

여기서 주목할 문제는 도망노비의 실체다. 앙역노비의 도망이 주인집의 예속에서 벗어나 다른 곳에 거주하는 경우를 말한다면, 납공노비의 도망이란 무엇인지 궁금하다. 다시 말하면 이미 외거 상태인데 또 어디로 도망한다는 것인가? 물론 몸값인 신공의 납부 여부가 도망을 가늠하는 중요한 요소가 될 것이다. 말하자면 납공노비의 도망 가운데 상당수는 원래의 근거지를 떠나는 것이 아니라, 그곳에 그대로 머물러 있었음을 의미한다.

상전의 입장에서 본다면 신공만 납부한다면 거주지는 큰 문제가 되지 않았을 것이다. 그러나 납공노비의 도망은 사실 주인만이 아니라 국가와의 관계에서도 파악해야 할 문제다. 이들이 한편에서는 신공을 납부해야 하는 사민私民이었지만, 다른 한편에서는 거주지의 호적대장에 주호主戶로 편제됨으로써 부세를 담당하는 공민이었기 때문이다.

앙역노비의 도망은 많은 경우 가족 단위로 이루어졌고, 이들 중 일부는 몇 년 후 돌아와還現 다시 앙역노비가 되는 일도 있었다. 그러면서도 도망은 계속됐고, 다음 세대에 이르기까지 반복되기도 했다. 이 같은 사실은 노비의 도망이 그렇게 쉽지만은 않았음을 의미한다. 도망할 곳이 많지 않기에 주로 연고지로 갈 수밖에 없었다. 누군가의 도움이나 의지처가 없다면 도망 후 살 방도가 없었기 때문이다.

양반은 도망노비를 찾거나 잡으러 나섰다. 이를 추쇄推刷라고 한다. 도망노비는 쉽게 잡혀오기도 했고, 또 도망한 곳에서 누구의 노비라는 것이 쉽게 밝혀지기도 했다. 양반가에서는 호적 자료에 100세가 넘은 도망노비도 꾸준히 이름을 올렸다. 후일 자신의 소유라는 근거로 삼기 위해서였다. 그러나 도망한 지 오래된 노비는 특정 마을에 집단을 이루어 살기도 했고, 신분을 세탁해 양반으로 행세하기도 했다. 이런 노비를 추쇄하러 갔다가 살해당하는 일도 일어났다.

18세기 후반을 지나 19세기에 이르면 양반집 노비는 급격히 줄어든다. 수백 명에 이르던 노비가 많아야 고작 10여 명에 불과했고, 겨

우 한두 명이거나 아예 없는 경우가 대부분이었다. 이렇게 노비 수가 급격히 줄어든 것은 노비에 관련한 법이 바뀌었기 때문이기도 하지만, 보다 근본적으로는 노비가 적극적으로 도망했기 때문이다. 농업이 발달하고 장시場市도 발달함에 따라 노비는 주인의 보호를 받지 않아도 살아갈 수 있는 여지가 많아졌다. 더구나 사회 전반적으로 신분제도까지 흔들리고 있었으니 크게 두려워할 일도 아니었다. 물론 경제적 측면에서는 주인집에 의지하는 것이 더 유리할 수도 있었다. 그러나 노비 신분의 해방과 신체의 자유는 그 무엇과도 바꾸기 어려운 값진 것이었다.

점차 양반의 노비 통제는 어려워지고 있었다. 나라와 관청에서도 마찬가지였다. 그래서 노비가 바쳐야 할 몸값을 그 반으로 줄여주기도 했다. 그런데도 노비의 도망은 계속됐다. 국가와 관청에 소속된 공노비의 도망이 더욱 심각했다. 공노비의 도망으로 1801년(순조 1) 국가에서는 노비 제도를 포기할 수밖에 없었다. 물론 공노비 제도가 혁파된 것뿐이었다. 사노비는 1894년 갑오개혁으로 신분제가 폐지되

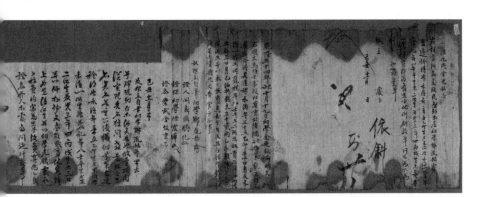

노비 매매 명문 1769년(영조 45) 유학 정윤혁이 유학 김광현에게 노비 세 명(35세, 8세, 4세)을 32냥에 팔면서 작성한 문서다. 노비 매매는 관의 허가를 받아야 했다. 그래서 그 문서는 소지, 매매 명문, 증인 진술서, 최종 허가(立案)로 구성된다. (162×33cm). 단계 태허루 소장.

면서 마침내 사라졌다. 그러나 그 여운은 짙게 남아 20세기 초반까지도 명맥이 유지되고 있었다.

이제 양반은 새로운 수족을 구하는 수밖에 없었다. 일정 기간 돈을 주고 고용하는 고공雇工이나 머슴이 부족하지만 노비의 자리를 대신했다. 그러나 과거의 노비와 같을 수는 없었다. 고공이나 머슴은 신분제도가 아니라 다만 계약으로 맺은 한시적 고용인에 불과했다. 싫으면 그만이었다. 이제 예전의 노비나 가난한 농민도 자유로운 의지에 따라 행동할 수 있게 됐다. 정말 세상이 변했다. 계약이란 용어가 등장했다는 것은 이제 인간이 인간을 지배하는 세상이 끝났음을 의미한다. 평등은 이렇게 찾아왔다.

전근대사회에서 예속민의 존재는 늘 있었다. 서구에서도 고대사회에는 노예가 있었고, 중세사회에는 농노가 있었다. 그런데 우리는 줄곧 노비제도로 수천 년을 일관해왔다. 제도와 이름은 노비였지만, 그 성격은 크게 달랐을 것이다. 그렇다면 조선의 노비는 노예일까, 농노일까?

일찍이 노비를 솔거와 외거의 두 유형으로 분류했던 연구자는 솔거노비를 노예적 존재로, 외거노비를 농노적 존재로 규정했다. 이러한 견해는 거의 최근까지 통설로 인정되어왔다. 그러나 고문서 자료가 발굴되고 활용되면서 노비 연구도 활발해지고 풍성해졌다. 이로써 양반은 자신의 노비를 앙역과 납공으로 분류했음이 밝혀지기도 했고, 대부분의 노비가 이미 16세기에 소경영의 주체로 성장했음이 확인되기도 했다. 이런 측면에서 노비는 노예가 아닌 농노에 가깝다는 주장이 힘을 얻을 수 있었다.

한편 서구의 연구자는 조선의 노비가 법적으로 상속·매매·증여될 수 있었고, 상전이 사적으로 그들을 체벌할 수 있었다는 사실을 들어 사회경제적으로는 서구 사회의 노예와 동일하다고 주장했다.

조선 후기 사노비의 사회경제적 성격을 노비와 노비주의 관계만으로는 논할 수 없다. 조선의 노비는 독립적인 호戶로 호적대장에 편성되어 국가에 세금도 내고 군역의 부담도 졌다는 것을 염두에 둘 필요가 있다. 반면에 서구의 노예와 농노는 귀족과 영주가 부과하는 사적 의무만을 수행하는 사민적 존재였지, 사회나 국가가 부과하는 공적 의무를 수행해야 하는 공민적 성격을 지니지는 못 했다.

정리하자면, 조선 후기 사노비의 사회경제적 성격을 서구의 노예와 농노 가운데 어느 하나로 애써 규정할 필요는 없다는 것이다. 비교사적 관점도 중요하지만, 굳이 우리 역사를 서구 역사의 틀 속에 가둘 필요는 없을 것이다. 조선의 노비 제도는 그 자체로서 역사적 의미와 특징을 가지고 있다.

향촌 생활

재지사족,
향촌의 지배자가 되다

재지사족과 향촌 그리고 향촌 지배

조선시대 향촌 사회의 지배 세력인 재지사족은 대체로 고려 말 과거나 군공軍功 또는 명예직 등을 통해 이족吏族에서 사족화한 계층이다. 이들의 상당수는 일찍부터 중앙의 관료로 활동하다가 왕조 교체와 이후 수차례의 정변을 겪으면서 아버지의 고향, 즉 본향 또는 처향·외향에 낙향해 향촌 사회에 재지적 기반을 확보했다. 따라서 재지사족이란 재경在京에 대칭되는 지역적 범위인 '재지在地'와 이족에 대칭되는 신분인 '사족'을 지칭한다.

또한 이들은 고려 말에서 조선 초 이래 이족에서 분화되면서 원래 거주하던 읍치 지역을 벗어나 부근의 외곽이나 인근 타읍의 외곽 지대로 복거卜居하거나 이주하는 것이 일반적인 현상이었다. 복거란 새로운 거주지를 개척해 이주함을 의미한다. 그리고 재지사족의 새로운 근거지가 된 군현의 외곽 지역을 외촌外村이라 한다. 따라서 향촌

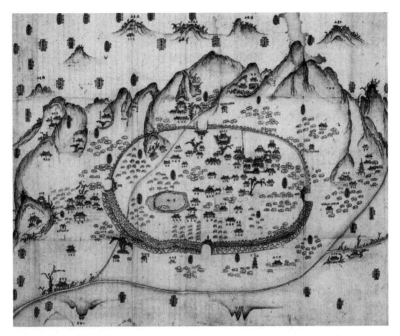

안동부 지도 18세기 말 경상도 안동부의 지도다. 성안과 성 밖이 확연하게 구분된다. 성안의 기와집은 주로 관아였던 것으로 보이며, 동서남북 네 개의 문과 큰 못도 보인다. 국립중앙박물관 소장.

이란 읍치와 외촌을 아우르는 하나의 군현, 나아가 중앙에 대칭되는 지방의 또 다른 이름이라고 할 수 있다.

외촌은 15세기에서 16세기 초반까지만 하더라도 거의 개발되지 않았다. 재지사족은 외촌을 적극적으로 개발해 새로운 경제 기반으로 삼았다. 그리고 이를 통해 향촌 사회는 물론이고, 점차 조선 사회를 주도하는 정치세력으로 성장해갔다. 16세기 중반 이후 훈구파에서 사림파로 정치 지배 세력이 교체된 것은 이 같은 과정의 결정판이었다.

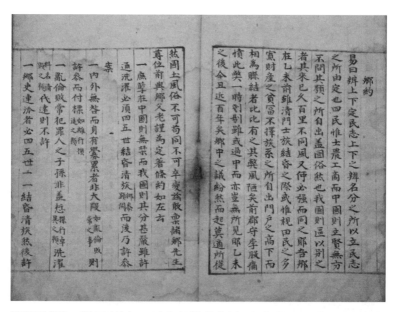

정사성의 향약 지헌 정사성이 1586년에 작성한 향약이다. 이름은 향약이지만, 일종의 향규(鄉規)다. 향안에 이름을 올릴 수 있는 사족의 자격을 규정한 것이다. 정사성의 문집 『지헌집(芝軒集)』에 수록되어 있다. 개인 소장.

재지사족은 조선이 건국되자 향촌의 지배 조직인 유향소를 조직해 향사례鄉射禮와 향음주례鄉飲酒禮 등을 실시하면서 자치적으로 향촌 사회를 지배해 나갔다. 그러나 조선 정부의 중앙집권화 정책과 이를 대행하던 훈구 세력은 재지사족의 향촌 지배를 인정하지 않았다. 이로써 유향소는 1406년(태종 6) 혁파됐다. 재지사족은 15세기 말에 이르러 향촌에만 머물지 않고 중앙 정계로 적극적으로 진출했다. 이들이 사림 또는 사림파다.

사림파는 정계에 진출한 이후 16세기 중반에 이르기까지 혁파된 유향소를 다시 건립하거나 향약 보급 등의 운동을 전개했다. 또한 향촌 사회에서는 유향소 건립, 향안·향규 작성, 향약 실시, 서원 건립 등을 적극적으로 추진했다. 이렇듯 16세기에 이르러 재지사족이나 사림파의 향촌 사회에 대한 관심은 더욱 고조됐다. 이들이 향촌 사회에 관심을 둔 연유는 그들의 기반이 향촌 사회에 있었을 뿐만 아니라, 성리학의 학문적 발전과 이를 토대로 한 정치적 성장에서 말미암은 것이었다. 그러나 다른 한편으로는 당시 향촌 사회에서 전개되던 사회문제와 더욱 직접적으로 관련이 있었다.

16세기 향촌 문제는 '민의 유망流亡'이나 '민생의 곤궁'으로 표현된다. 이러한 향촌 문제는 독자적 행정구역을 유지하기조차 어려워 차라리 다른 고을에 예속되는 것만도 못하다고 할 정도였다. 이러한 상황을 불러온 것은 감당하기 어려운 세금 부담 때문이었다. 이러한 보고를 접한 사신史臣은 "한 고을의 폐단으로 전국을 추측한즉, 그러하지 않은 곳이 없다"라고 했다.[1] 즉 봉건 정부의 혹심한 부세 수탈은 농민의 도망을 불러왔고, 농민의 도망은 마침내 군현의 존립까지도 위태롭게 했던 것이다. 그리고 이러한 사정은 비록 과장됐다 하더라도 한두 군현만의 문제가 아니었음이 분명하다.

이 같은 문제는 이황과 이이가 '나라가 흐트러지고 망하는 화근'으로 인식하거나, '교화에 앞서 민생의 안정'을 주장하는 근거가 됐다. 민의 유망이라는 심각성은 왜적의 침입을 예견하면서도 도리어 민심의 동요를 우려하지 않을 수 없게 했다. 16세기 민의 유망 현상은 이렇듯 심각했으며, 향촌 사회에 기반을 둔 재지사족 혹은 사림파가 무엇보다도 우선 해결해야 할 문제였다. 그렇다면 16세기 민의 유망이라는 사회문제는 어디에서 비롯된 것인가?

우선 사림파의 관점에서 이 문제를 파악한다면, 근본 원인은 중앙 집권화 정책 아래 정부의 가혹한 부세 수탈과 그 핵심에 있었던 중앙 의 관료 또는 훈척 세력의 불법적 농민 수탈 때문이었다. 이 같은 이 해는 훈구파에 대한 사림파의 정치적 비판이었지만, 당시 향촌 문제 의 일단을 집약적으로 표현하는 것이기도 했다. 이러한 사림파의 훈 구파 비판은 분명히 타당했다. 그러나 민의 유망이 중앙집권 세력의 불법 행위나 봉건 정부의 부세 수탈에서만 오는 것은 아니었다. 그것 은 재지사족의 경제활동에서도 말미암은 바가 적지 않았다.

재지사족은 고려 말 조선 초 이래로 사족화하는 과정에서 읍치의 외곽 지대를 개발해 대규모 토지를 확보했다. 이를 일컬어 농장農庄 이라 했다. 이 시기에는 황무지가 곳곳에 널려 있어 노동력만 풍부하다 면 농장 개설은 그리 어려운 일이 아니었다. 재지사족은 농장을 개설하 는 과정에서 주변의 농민을 전호로 만들거나 그들의 토지를 빼앗아 차 지奪占하고, 주인이 있는 묵밭陳田도 자신들의 소유물로 만들었다.

농장 경영은 대부분 노비의 노동에 의존했다. 아직 토지소유권이 확립되지 않았기에 함부로 타인에게 경작권을 넘길 수 없었기 때문 이다. 따라서 많은 노비가 필요했다. 재지사족은 노비를 확보하기 위 해 한편으로는 훈척 세력의 불법 수탈이나 무거운 세금 부담을 견디 지 못하고 몰락하는 양인을 포섭해 노비로 삼고, 다른 한편으로는 이 렇게 확보한 노비에게 양민과 혼인할 것을 강요했다. 재지사족은 이 러한 과정을 통해 노비 수를 급속히 늘려 나갔다. 그 결과 '민의 절반 이 노비'라는 말이 나올 정도가 됐다. 양인의 몰락과 노비화, 이 또한 '민의 유망'이었다.

재지사족에 의한 농장과 노비의 확대는 결국 양민과 민전民田을 침탈하는 결과를 가져왔다. 재지사족의 이러한 행위는 국가권력이나 지방 수령과 충돌을 일으키곤 했는데, 재지사족은 중앙집권화를 추구하는 중앙 권력으로부터 무단토호武斷土豪로 지목되어 무참한 패배를 맛보기 일쑤였다.

재지사족의 토호화는 중앙 권력이나 지방 수령과의 갈등뿐만 아니라 직접적 피해자인 하층민과의 관계에서도 문제가 되지 않을 수 없었다. 농민은 유망 또는 도망이라는 소극적인 저항은 물론 도적이 되어 적극적으로 저항하기도 했다. 명종(재위 1545~1567) 때 일어난 임꺽정(?~1562)의 난은 이 같은 사정의 일단을 잘 보여준다.

관권과의 충돌이나 농민의 다양한 저항은 우선 재지사족의 안정을 위협했다. 따라서 16세기 재지사족은 향촌 사회를 안정시키기 위해 더 적극적으로 노력할 수밖에 없었다. 그러기 위해서는 먼저 불법의 일차적 책임자인 훈구 세력이나 관권의 일방적 지방 통치를 배제하거나 견제하고, 나아가 자신들의 무단 행위도 규제해야 했다. 전자는 사림파가 훈구파를 배제하고 국정을 주도하게 되면서 일정 부분 해소할 수 있었지만, 그들 자신의 무단 행위는 여전히 해결해야 할 중요한 문제였다. 재지사족의 향촌 지배는 이 같은 과제를 안고 있었다.

향촌 지배, 그 멀고도 어려운 과정

조선 초 이래 재지사족의 향촌 지배는 왕조 교체에 따라 신분이

재편성되면서 시작되어 유향소가 각 군현에 설치되면서부터 점차 실현되어갔다고 할 수 있다. 그러나 재지사족이 향촌의 지배 세력으로 독점적 지위를 확보하거나 그들의 지배 체제를 확립해가는 과정은 그리 간단하지만은 않았다. 우선 이전에 향촌 사회를 실질적으로 장악하고 있었던 향리 세력을 배제하고 통제해야 했으며, 나아가 조선 초 이래 지방 세력을 인정하지 않았던 중앙집권화 정책과 이에 편승한 중앙의 훈구 또는 훈척 세력의 불법적 농민 지배를 극복해야 했기 때문이다.

재지사족과 마찬가지로 여말선초 토착 세력의 후예이며 같은 토성土姓의 성관에서 분화되어 호장戶長 신분을 세습해온 재지이족在地吏族은 비록 군현 지배자의 지위에서 지방관아의 행정 실무자로 전락했지만 여전히 지방의 행정 업무를 매개로 수령과 사족 사이에서 독자적 영역을 확보하고 있었다.

사족이 향촌에서 향리 세력을 완전히 배제할 수 있었던 시기는 일찍부터 사족 세력이 형성된 지역에서조차 대체로 16세기 중·후반이었다. 따라서 아직 사족 세력이 형성되지 못한 지역에서는 향리가 여전히 향촌 사회를 장악하고 있었음을 의미한다.

재지사족의 향촌 지배를 위한 자치 조직은 유향소였다. 유향소는 고려 말에서 조선 초에 이르러 재경 관인의 조직인 경재소京在所와 함께 고려의 사심관事審官 제도에서 분화되어 군현별로 시기적 간격을 두고 설치됐다. 그러나 강한 자치 성향을 지닌 재지사족은 점차 왕권의 대행자인 수령과 대립하거나 백성을 침학함으로써 중앙집권화에 역행하는 경향을 띠게 됐다. 이로써 유향소는 1406년에 혁파됐다.

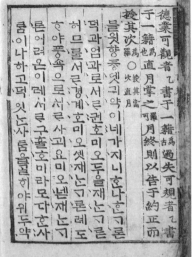

『여씨향약언해』 주자가 증손(增損)한 『여씨향약』을 누구나 쉽게 읽고 이해할 수 있도록 한글로 번역한 것이다. 『여씨향약』을 처음 언해하여 간행한 것은 1518년(중종 13) 경상도 관찰사였던 김안국이었다. 위의 자료에는 『여씨향약언해』뿐만 아니라 책머리에 「퇴계선생동중족계입의서(退溪先生洞中族契立議叙)」, 「(예안)향입약조서(鄕立約條序)」가 수록되어 있다. 이로 보아 『여씨향약』 언해본은 여러 곳에서 간행됐던 것으로 보인다. 향약을 처음 실시한 당시에는 『여씨향약』을 그대로 이용했다. 개인 소장.

이는 향촌 사회에서 재지사족의 자치적 활동을 전면적으로 봉쇄하는 조치였다. 따라서 향촌 사회에 기반을 둔 사림 세력에게는 유향소를 다시 건립하는 것이 절실한 문제였다.

15세기 후반 중앙 정계로 진출한 사림파는 유향소 다시 세우기 운동을 적극적으로 추진했다. 이 운동은 많은 논란 끝에 1488년(성종 19) 성사됐다. 그러나 다시 세워진 유향소는 사족 세력이 강한 영남의 일부 지역을 제외하고는 경재소를 통해 훈구대신이 장악했다. 사림파는 도리어 다시 유향소 혁파를 주장해야 하는 처지가 됐다. 이로써 사림 세력의 향촌 자치운동은 좌절되고 말았다.

유향소 다시 세우기를 통한 사림파의 향촌 자치운동이 실패할 수밖에 없었던 가장 큰 이유는 사림 자체의 힘이 미약했기 때문이다. 다시 세운 유향소를 훈구파가 장악한 사실은 사림의 미약함을 잘 보여준다. 이런 사정은 중종반정(1506) 이후에도 크게 달라지지 않았다. 사림 세력은 여전히 소수였다.

오늘날의 지방자치도 마찬가지다. 해방 후 미군정하에서 보류됐던 지방자치는 1949년에 법률로 공포되어 1952년 전쟁의 와중에서도 첫 지방선거가 치러졌다. 그러나 1961년 군사쿠데타와 함께 폐지되고 말았다. 이후 지방자치는 오랫동안 민주화의 아이콘처럼 여겨졌고, 오랜 투쟁 끝에 마침내 1991년에 이르러 다시 실시될 수 있었다. 그러나 대부분의 지역에서는 반민주의 토호나 졸부의 놀이터가 되고 말았다. 그래서 더러는 다시 폐지해야 한다는 주장도 한다. 아직 우리는 민주주의를 할 능력이 안 된다고도 한다. 독재 시절에 대한 향수를 에둘러 표현하는 말이다. 그럼 지방자치는 언제 가능할까? 토호나 졸부가 염치를 알아 그만둘 일도 없고, 민주 세력이 크게 성장하여 자기 역할을 다하길 기다린다는 것도 기대하기 어려운 일이다. 그 무엇이든 대가를 치르지 않을 수 없다. 풀뿌리 민주주의는 더욱 그러하다.

사림파는 중종 연간(1506~1544)에 이르러 향촌 지배를 위한 새로운 방법으로 여씨향약呂氏鄕約 보급운동을 전개했다. 이는 조정의 명령에 따라 전국적으로 실시됐다. 『주자증손여씨향약朱子增損呂氏鄕約』을 언해하기도 했다. 그러나 이 역시 기묘사화를 통해 다시 정권을 잡은 훈척 세력의 반격으로 중단됐으며, 많은 사림파 관료는 화를 면하지 못했다.

향약 실시에 대한 논의는 이후 명종을 거쳐 선조 연간(1567~1608)에도 계속되어 마침내 사림파의 정치적 성장과 함께 '조선적 향약'이 실시되기에 이르렀다. 이로써 사림파가 훈구파를 축출하고 국정을 주도하는 위치에 설 수 있게 됐다. 그러나 곧이어 닥친 임진왜란(1592~1598)과 경재소 혁파(1603)는 재지사족의 향촌 지배 체제에 큰 변화를 가져왔다.

임진왜란은 조선 사회 전반에 큰 피해를 주었지만, 특히 결정적 타격을 입은 세력은 전국적 범위에서 토지와 노비를 소유했던 훈구파였다. 토지의 황폐화와 노비의 사망이나 도망과 같은 노동력 감소에서 오는 경제적 몰락은 더 이상 그들을 정치 주도 세력으로 존재할수 없게 했다.

재지사족 역시 임진왜란을 겪으면서 유향소와 향안이 불타버리거나 많은 향원鄕員이 사망함으로써 큰 피해를 입었지만, 왜란 중에는 의병 활동을 통해, 왜란 후에는 복구 작업에 적극적으로 참여함으로써 그 피해를 최소화할 수 있었다. 그리고 의병 활동을 통해 비록 일시적이었지만 향촌 사회의 하층민을 직접 지배할 수도 있었다. 또한 의병 활동의 명분과 전공戰功은 중앙의 조정에서 자신의 영향력을 확대할 수 있는 유용한 방법이기도 했다. 사실 재지사족의 의병 활동은 그들이 왜란 전에 확립한 향촌 지배 조직을 통해 가능한 것이었다. 이러한 사정을 바탕으로 재지사족은 임진왜란 후의 향촌 사회를 그들 중심으로 새로 정비하고 강화해갈 수 있었다.

재지사족의 향촌 지배 체제는 이러한 과정을 거치면서 확립됐다.

그러나 사족의 향촌 지배 체제가 완전한 자치권이나 독자적 지배권 행사를 의미하는 것은 아니었다. 사족의 향촌 지배 체제는 기본적으로 조선 초기부터 줄곧 추구해온 중앙집권화와 그 연장선상에서 결코 부정되지 않았던 수령권 아래에서 한정적으로 기능할 수밖에 없었다. 조선시대 재지사족의 향촌 지배는 바로 이 같은 한계를 전제로 한다.

무엇으로, 어떻게 지배했나

재지사족의 향촌 지배 조직은 크게 유향소와 향약 그리고 서원·향교 등을 들 수 있다. 물론 이러한 조직은 지역에 따라 없기도 했고, 있더라도 체계화되어 있지 않았다. 따라서 그것은 지역마다 개별적 또는 독자적으로 존재하면서 재지사족이라는 공통의 인적 기반 위에 상호 긴밀하게 연결되어 있었다.

재지사족은 조선 초 이래 유향소를 조직하면서 향리의 명부인 단안壇案을 대신해 향안鄕案을 작성했고, 유향소와 향안 등 향촌 지배의 전반적 운영 원리를 규정한 향규鄕規를 작성했다. 따라서 유향소와 향안, 향규는 불가분의 관계를 갖는다.

향안이란 군현 사족의 명부다. 따라서 향안은 각 군현의 지배 세력인 사족의 실체를 잘 보여준다. 재지사족은 향안을 모체로 한 향회를 통해 한 고을의 공론을 주도하고, 좌수와 별감을 추천·임명해 유향소를 장악했다. 향안은 유향소와 마찬가지로 군현에 따라 작성 시기

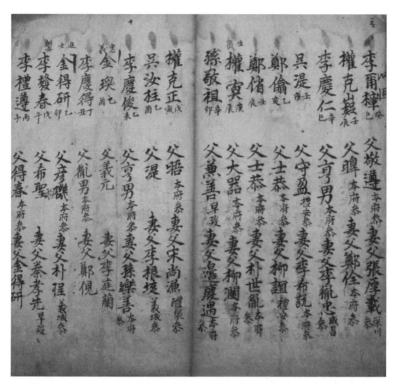

향안 향안(鄕案)이란 고을 양반의 명부다. 따라서 많은 이름들이 나온다. 첫머리에 나오는 이이장은 계사생(癸巳生)이고, 부(父) 이경준은 본부(本府), 곧 안동부 향안에 이미 올라 있으며, 처부(妻父)인 장후재는 영천의 향안에 올라 있음을 알 수 있다. 향안의 형식은 고을마다 또는 시기마다 달랐다. 의성김씨 학봉 종택 소장.

가 크게 달랐는데, 대부분의 지역에서는 대체로 임진왜란 발발 전후에 작성됐다.

  향안이 유향소 구성원의 명부라면, 향규는 유향소의 구성과 역할, 향안의 입록과 운영 등 향촌 지배 조직의 전반적 운영 원리를 제시한 것이다. 향규 역시 향안과 마찬가지로 군현별로 16세기 후반에 이르러 점차 정비되고 체계화됐다.

향약의 경우 도입 초기에는 중국의 『주자증손여씨향약』이 감사나 수령을 통해 보급됐으나, 사림파가 중앙 정계에서 주도권을 장악하기 시작한 선조 이후에는 '조선적 향약'이 실시됐다. 이는 관권에 의해 전국에서 일률적으로 실시된 것이 아니라, 향촌 단위의 개별적인 실시였다. 조선적 향약의 모범이 된 것은 이른바 '퇴계 향약'과 '율곡 향약'이다. 퇴계와 율곡의 향약은 사실 유향소 구성원을 대상으로 한 향규에 가까운 것으로 4강목(덕업상권·과실상규·예속상교·환난상휼)에 기반한 일반적인 향약과는 달랐다. 그러나 이들 향약은 이후 일반적인 향약으로 발전해가는 토대가 됐다.

서원과 향교를 장악한 세력도 재지사족이었다. 향교는 관학으로서 조선 초기부터 군현을 단위로 설치됐다. 지방에 유학이 전면적으로 보급되지 않았던 설립 초기에 교육기관으로서 향교의 역할은 매우 중요했다. 그러나 유학이 발달하고 서당과 서원 등 교육시설이 확충되면서 향교의 기능은 점차 상실되어갔다. 향교에는 문묘文廟가 있었는데, 여기에서 치르는 석전제釋奠祭는 향촌 사회에서 중요한 의식이었다. 사족은 석전제를 주관해 향촌 지배층으로서의 위상을 확인하곤 했다. 또한 향교 교생의 명부인 교안은 유향소의 향안, 서원의 원안과 함께 향촌 사회에서 중요한 삼안三案의 하나였다.

한편 서원은 16세기 초반 이래 수령의 협조와 군현 단위의 사족 공론에 따라 적극적으로 건립되기 시작했다. 재지사족은 서원을 통해 성리학의 본질을 추구하고 실천함으로써 이상적인 도학정치를 실현하고자 했다.

이상에서 살핀 재지사족의 다양한 향촌 지배 조직과 규약은 결코 서로 배치되거나 계기적繼起的으로 그 기능을 수행했던 것이 아니다. 이들 여러 조직은 병렬적이고 상호 보완적이며, 종횡으로 연결되어 있었다. 이로써 재지사족은 중앙집권화 정책의 와중에도 그리고 농민의 지속적인 저항에도 향촌 사회에서 그들의 향촌 지배를 관철할 수 있었다.

자기 절제와 공동체적 대응

재지사족의 향촌 지배는 수령의 지방 통치와 대립적이거나 병렬적이지 않았다. 조선 초기부터 중앙집권화를 추구해온 정부는 지방에서 중앙 권력의 대행자인 수령권에 대항하는 어떠한 행위도 용납하지 않았다. 따라서 재지사족의 향촌 지배는 관권에 양보하고 타협하는 가운데 운영될 수밖에 없었다. 재지사족이 수령과 마찰을 빚을 경우 사족은 관권에 의해 무단토호로 규정되어 무참한 패배로 귀결되게 마련이었다.

재지사족의 향촌 지배에서 향리에 대한 통제는 엄격하고도 광범위했다. 향리는 군현의 행정 실무를 담당했기 때문에 이들에 대한 통제 여부는 향촌 지배의 성패와 직결된다. 따라서 향리에 대한 규제는 '원악향리元惡鄕吏'라는 포괄적 표현에서부터 공무를 빙자한 다양한 작폐 등에 이르기까지 구체적이고도 다양했다. 향리와 관속에 대한 통제는 그들에 대한 직접적 통제이기도 했지만, 결국 재지사족의 농민 지배와 수령에 대한 간접적 견제이기도 했다.

양인과 노비로 구성된 농민층은 재지사족의 직접적 교화敎化와 지배의 대상이었다. 교화란 교육으로 변화시킨다는 것으로, 애민愛民이라는 유교적 명분론에 입각한 지배와 통제의 또 다른 이름이었다. 농민층에 대한 재지사족의 교화와 지배는 중층적으로 이루어졌다. 촌락 단위에서는 족계·동계와 동약이, 군현 단위에서는 향규나 향약이 있었고, 향교와 서원 역시 이러한 역할을 담당했다.

16~17세기 재지사족은 이러한 중층적인 향촌 지배 조직을 통해 하층민을 지배할 수 있었고, 사적이고 개별적인 이해가 아닌 사족 공동의 이익을 실현할 수도 있었다. 이 시기 재지사족과 농민은 신분적 상하 관계일 뿐만 아니라 경제적으로는 지주-전호 관계였다. 이러한 사정에서 교화라는 것은 결국 양반 중심의 신분 질서와 지주제의 안정적 유지를 위한 성리학적 지배 질서의 확립, 바로 그것이었다.

그러나 양반층은 하층민에게 계급적 이해만을 일방적으로 강요할 수는 없었다. 사족과 국가권력의 다양한 수탈로 하층민의 소농小農 경제가 극히 불안정해졌으며, 하층민의 저항과 몰락이 끊이지 않았기 때문이다. 또한 하층민은 질병과 자연재해로부터도 늘 위협을 받았기에 그에 대한 대응도 필요했다. 사족 중심의 지배 질서 확립이란 농민의 안정 위에서 가능한 것이었기 때문이다.

재지사족은 농민의 안정 문제를 일차적으로 향약 혹은 촌락 단위 동계·동약의 상부상조를 통해 해결하려 했다. 그 내용은 대체로 수재水災·화재火災와 도적 그리고 상례와 장례에 재물로써 서로 돕고, 질병으로 농사가 어려우면 노동력을 지원하거나 병작을 알선하는 것이었다. 그러나 이것이 근본 대책이 될 수는 없었다. 농민의 안정을 위협하는 가장 큰 문제는 무엇보다도 과중한 세금이었다. 농민의 몰락 원인을 국가권력의 과도한 부세 수탈에서 찾은 재지사족은 부세 운영을 통해 소농 경제의 안정을 추구하지 않을 수 없었다.

재지사족의 농민에 대한 교화와 부세 운영은 별개의 것이 아니라 상호 보완적으로 기능했다. 부세 운영 참여는 결국 교화라는 사족의 명분론적 농민 지배를 보완하는 물적 토대였던 셈이다. 따라서 교화와 부세 운영권의 분리는 당시 사람들에게 '걸으라고 하면서 발을 자르는 것'으로 이해됐다.

재지사족의 향촌 지배에서 가장 주목할 만한 현상은 사족 자신에 대한 규제다. 즉 가족이나 향당 구성원 간의 윤리 규범과 사족 상호 간의 상부상조를 솔선수범해 농민을 교화하는 것은 물론이고, 농민에 대한 다양한 침학까지도 엄격히 금지했다.

16~17세기 재지사족은 향촌 지배를 통해 신분적으로나 경제적으로 자신들의 이익을 최대한 보장하고자 했다. 그러나 재지사족의 향촌 지배는 사족 개인이나 가문 단위의 사적인 이해가 아니라, 한 고을 단위의 사족 공동의 이익 차원에서 추구됐다. 사족 공동의 이익, 이것이 바로 자기 규제의 궁극적 목적이었다. 그러기 위해서는 우선 사족 상호 간의 경제적 균등이 확보되어야 했다. 이 시기의 상속 제도는 이를 가능하게 했다.

16세기에는 토지와 노비의 철저한 분할에 입각한 자녀균분상속제가 관행으로 자리를 잡았다. 따라서 특정한 한 자녀만의 성장이나 몰락을 방지하고 자녀 전체의 중소 지주적 기반을 계속해서 보장할 수 있었고, 동시에 노비 또는 전호의 저항에 형제와 족친이 공동으로 대응할 수 있었다. 결과적으로 자녀균분상속제는 16세기 사족의 경제적 분화를 최소화해 사족 내부의 안정을 담보할 수 있게 했다.

재지사족이 자기 규제를 통해 사족 공동의 이익을 추구했다 하더라도 농민과의 대립·갈등을 근본적으로 해소할 수 있는 것은 아니었다. 그것은 어디까지나 사족 자신의 이해를 우선으로 전제한 다음에 실행되는 농민에 대한 양보였기 때문이다. 따라서 농민의 저항은 계속될 수밖에 없었다.

재지사족 향촌 지배의 또 다른 목적은 바로 이 같은 농민의 저항에 공동체적 대응을 모색하는 것이었다. 이것은 유향소나 향안 그리고 그들의 향촌 지배를 위해 마련된 여러 규약 그 자체가 웅변해준다. 하층민의 다양한 저항에 대한 공동체적 대응은 심지어 그들 가문이나 동계·족계 구성원 노비들의 사소한 행위에까지 미치고 있었다.

동성마을, 양반들의 마을살이

향촌에 살으리랏다!

전근대 신분제 사회에서 지배층이 사는 곳은 왕경王京이거나 지방의 성城 또는 행정 중심지인 읍치였다. 중세 서양의 영주는 성에서 살았고, 일본 막부幕府시대의 무사도 그러했다. 성 밖이나 읍치의 외곽인 농촌에서 산 것은 농민이었다. 상업의 발달이나 근대화 과정에서 성이나 읍치가 도시로 발전하면서 지배층은 엘리트로 변신하여 도시의 주인공이 될 수 있었다. 이것이 세계사의 일반적 추세였다. 그러나 조선은 다른 길을 걸었다. 조선 최고의 신분층인 양반은 도시나 읍치가 아닌 피지배 하층민과 함께 농촌인 촌락에 거주했다. 조선시대에는 이런 지역을 향촌鄕村이라고도 했고, 외촌外村이라고도 했다.

조선의 양반이 향촌에 살았던 이런 현상은 신라나 고려와도 크게 다른 것이었다. 신라의 골품 귀족이 왕경인 경주에 살았던 것과 마찬가지로 고려의 귀족도 왕도인 개성에서 살았고, 지방으로 쫓겨나는

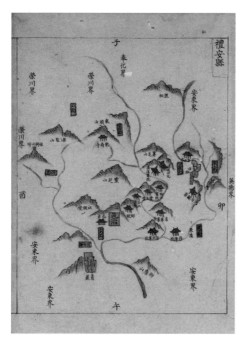

예안현 지도 18세기 경상도 예안현의 지도다. 읍치(오늘날 읍내)와 외촌 지역을 잘 살필 수 있다. 읍치 가까이에는 읍의 창고(邑倉), 향교, 사직단이, 외촌 지역에는 각면(各面)과 서원, 사찰, 산 등이 표기되어 있다. 『광여도(廣輿圖)』, 서울대학교 규장각 한국학연구원 소장.

귀향歸鄕(조선시대의 귀양)은 끔찍한 형벌이었다. 반면에 지방의 행정 중심지인 읍치에는 중앙에서 파견된 소수의 관리나 행정 실무를 담당하는 향리, 관아의 하인, 상인 등이 거주할 뿐이었다.

양반이 농촌에서 살았다 하여 어느 마을에나 다 거주했던 것은 아니다. 그들은 특정 마을을 중심으로 거주했다. 양반이라는 존재가 형성되던 초기에는 수적으로도 적었으니 그러했지만, 이후에도 마찬가지였다. 양반은 농업의 입지 조건이나 자연환경을 고려하여 거주지를 선택했다. 아무튼 양반이 거주하던 마을은 농민이 주로 거주하던 여타의 마을과는 구별됐다. 그리하여 전자를 반촌, 후자를 민촌으로 구분한다.

반촌이 양반의 거주 마을이라 하여 양반만 살았던 것은 아니다. 그보다 더 많은 농민이 양반과 함께 살았다. 물론 민촌에도 하층의 농민(평민이나 노비)이 살았다. 농민은 생산 활동에 직접 참여함으로써 스스로 생존할 수 있었지만, 양반은 노비나 인근의 농민에게 의존하지 않고는 생존이 불가능했기 때문이다. 그럼에도 반촌의 주도권은 이런 수적 구성이나 역할과는 무관하게 소수의 양반에게 있었다. 이런 점에서도 반촌은 민촌과 구별됐다. 이런 마을 구성은 중국과도 달랐다. 중국의 정가촌鄭家村이니 왕가촌王家村이라고 하는 동성마을에는 그야말로 정가나 왕가만이 살았다. 노비는 거의 없었고, 농사를 짓는 농민은 이들의 마을 밖에서 다른 마을을 이루고 살았다. 물론 신분 차별도 엄격하지 않았다.

향촌 개발, 땅값을 올리다

향촌이 개발되어 마을이 들어서기 시작한 것은 사실상 조선 건국 이후였다. 그러니 고려시대 이곳은 거의 황무지나 마찬가지였다. 향촌의 개발은 지방의 양반인 재지사족의 등장과 일치한다. 재지사족은 고려시대 지방의 행정 실무자인 향리 가문에 뿌리를 두고 있지만, 고려 말 이후 향리와는 다른 길을 걸었다. 즉 행정 실무를 익혀 향리직을 맡는 것이 아니라 성리학이라는 신유학을 공부하여 과거 등을 통해 중앙의 관료로 진출하고자 했다.

사족의 이 같은 활동은 결국 읍치 및 그 인근 지역을 중심으로 하는 향리와 점차 멀어지게 했다. 그러나 재지사족이 중앙 정계에 진출하더라도 그것은 일시적이었고, 근거지는 여전히 지방 사회에 있었다. 따라서 사족은 한편에서는 새로운 경제적 기반을 확보하기 위해, 다른 한편에서는 국가 또는 그들에 의해 추진되던 향리와의 차별화를 위해 읍치를 벗어나 외곽의 촌락 지역으로 이주할 수밖에 없었다.

읍치는 이미 개발되어 있었으니 향촌 지역에 새로 터를 잡아 거주한 것이다. 오늘날 양반의 동성마을이 도심이나 읍내에서 멀리 떨어진 산간벽촌에 형성된 것은 이러한 사정에서 연유한다. 따라서 양반의 농촌 거주는 우연이거나 관습 때문은 아니었다. 그것은 여말선초에 살았던 양반에게 피할 수 없는 선택이었다.

거의 황무지나 다름없던 읍치의 외곽에 터를 잡아 마을을 이룬다는 것은 아무나 할 수 있는 일이 아니었다. 우선은 관청으로부터 개간할 수 있는 허가권立案을 확보해야 했고, 또 개간에 필요한 많은 노동력도 보유해야만 했다. 당시 사족은 지방의 유력층으로서 이러한 조건을 갖추고 있었다. 그들은 양반이라는 신분적 권위 위에 전직 또는 현직 관료이기도 했고, 또 최소한 수십 명에서 수백 명에 이르는 노비를 소유하고 있기도 했다. 그러나 무엇보다도 중요한 사실은 재지사족이 이러한 산간 계곡에 적합한 새로운 농업기술을 확보했다는 것이다. 모내기移秧가 바로 그것이다. 당시에는 밭농사를 주로 했기에 모내기는 아직 일반화되지 않았다. 나라에서도 물 공급의 어려움을 들어 엄히 금하는 실정이었다.

당시 모내기의 최적지는 평야와 큰 하천의 중·하류가 아니라 상류의 산간 계곡이었다. 큰 하천의 물을 농업용수로 사용하게 된 것은 훨씬 후대의 일이다. 산간 계곡에 흐르는 물은 적은 노동력으로도 천방이나 보를 만들어 쉽게 이용할 수 있었다. 논농사와 모내기가 밭농사에 비해 많은 수확을 보장했음은 두말할 필요도 없다. 또한 산간 계곡에는 촌락 생활에 필수적인 식수와 어류, 목재도 풍부했고, 번잡함을 싫어했던 사족의 학문적 성향이나 취향과도 일치했다. 재지사족은 바로 이러한 곳에 노비와 농민을 동원해 거대한 농장을 개설했고, 이를 바탕으로 하여 읍치의 향리를 지배하고, 나아가 정치나 사회경제적으로 조선 사회를 주도하는 위치에 설 수 있었다.

동성끼리 모여서 살다

조선의 양반이 군현의 중심지인 읍치가 아닌 외곽인 향촌에 살았다 하여 양반의 마을살이가 다 설명되는 것은 아니다. 마을 구성원이 누구이며, 이들 간의 관계는 어떠했는지가 여전히 궁금하기 때문이다.

대부분의 마을에서는 김씨는 김씨끼리, 이씨는 이씨끼리 모여서 살았다. 물론 이들 김씨·이씨는 같은 조상을 가진 동성동본의 집안 대소가다. 이런 마을을 동성마을 또는 동성촌이라고 한다. 따라서 동성마을에서 서로 이웃하여 살고 있는 사람들 대부분은 멀고 가까운 친족으로 '아재, 할배' 하는 사이이며, 다들 '누구 집에 숟가락이 몇 개인지' 속속들이 알고 지냈다. 그리하여 농사철이면 서로 돕고 어려운 일과 길흉사에 서로 구제하고 부조하는 것을 당연한 것으로 여겼다.

동성마을 이육사의 고향 원촌(遠村) 인근 마을들의 전경이다. 원촌 인근의 하계, 상계, 온계, 토계 등지는 진성이씨의 동성마을이다. 진성이씨가 이 지역으로 들어온 것은 15세기 말부터였다. 이곳은 골이 깊어 많은 전답을 개간할 수 있었고, 산간 계곡의 물을 이용하여 관개하기에도 좋았다. 권기윤 그림.

1930년대의 한 조사에 따르면, 당시 우리나라의 마을 총수는 2만 8,336개이고, 이 가운데 동성마을이라고 할 수 있는 것이 1만 4,672개였다.[1] 그러니 전통마을 가운데 반 이상이 동성마을이었던 셈이다.

그러나 우리는 동성마을보다는 '동족부락同族部落'이라는 말에 더 익숙하다. 동족부락은 1930년대부터 주로 일본인 학자가 사용한 말이다. 여기서 동족부락이라 하지 않고 굳이 동성마을이라고 하는 것은 그 용어에 문제가 있기 때문이다. '동족'이란 조선시대에 친족·처족·외손을 아울러 지칭하는 것이며, '부락' 또한 일본에서 천민이나 부랑인의 집단 거주지를 지칭하는 것으로 쓰이기 때문이다. 일본인 학자가 조선의 마을에 굳이 부락이란 이름을 붙인 것은 식민 지배와 결코 무관하다 할 수 없다. 따라서 동성동본의 부계 혈통으로 구성된 우리의 마을은 동족부락이 아니라 동성마을이라고 하는 것이 마땅하다.

마을은 고정불변이 아니다. 오늘날의 농촌은 황폐하다 못해 소멸할 위기에 처했다. 산업사회로의 발전이 그 중요한 요인이라는 사실을 모르는 이 없다. 말하자면 세상이 크게 변한 것이다. 조선시대에도 그러했다. 세상의 변화가 오늘날의 거주 형태와 삶을 크게 바꾸듯이, 이전 시기의 마을 역시 사회경제적 변화에 따라 바뀌었다. 이것은 물론 하루아침에 그리된 것이 아니라 아주 오랜 시간을 두고 진행된 것이다.

향촌에 마을이 형성되기 시작하던 초기에는 그 규모가 기껏해야 10여 호였고, 이 가운데 양반집은 한둘에 불과했다. 나머지는 노비이거나 농민의 집이었다. 이 시기의 양반 사회는 부계 혈통으로 고정되거나 폐쇄적이지 않았다. 아들과 사위 또는 외손의 출입이 빈번하게 이루어졌다. 남자가 여자 집으로 장가드는 것이 일반적인 상황에서 마을은 이제 다양한 성씨로 채워졌다. 이들은 마을을 처음 개척한 입향조入鄕祖의 친손이나 외손의 범위를 넘지 않았다. 아무튼 조선 전기의 마을은 다양한 성씨로 구성된 이성잡거촌異姓雜居村이었다.

다양한 성씨로 구성된 이성잡거촌이 점차 동성동본의 동성마을로 변모해간 것은 17세기를 거치면서였다. 17세기의 이러한 변화는 무엇보다 아들과 딸에 대한 생각이 바뀌었기 때문이다. 16세기까지는 적어도 가정에서 아들과 딸을 차별하지 않았다. 도리어 아들보다는 사위와 함께 사는 것을 자연스러운 정리情理로 생각했다. 그래서 사위가 장인·장모의 제사를 받드는 일이 허다했고, 심지어 외손으로 가계가 계승되기도 했다. 그러나 점차 유교의 규범이 일반화되고 또 실천되면서 아들을 중시하는 풍조가 만연해갔다. 유교는 아들과 딸의 차별과 함께 맏아들 중심의 가족질서를 강조했다. 이제 제사를 사위에게 맡기거나 모든 자녀에게 재산을 똑같이 나누어준다는 것은 성현의 법도에 어긋나는 고루한 풍속으로 인식됐다. 아들 중심의 사고는 마침내 마을에도 큰 변화를 가져왔다. 부모의 재산이 아들 중심으로 상속됨으로써 한 마을에 비로소 아버지 혈통의 친족집단이 형성될 수 있었던 것이다.

아들을 중시하는 생각이 보편화되고, 또 부모의 재산이 아들을 중심으로 상속됐다고 해서 곧바로 동성마을이 형성된 것은 아니다. 이는 한 가문이나 한 성씨만의 문제가 아니었기 때문이다. 각 성씨의 아들이 아버지의 마을에서 그대로 머물러 삶으로써 촌락의 성씨 구성은 그 상태로 고착될 수밖에 없었다. 이성잡거의 마을이 특정한 성씨의 동성마을이 되기 위해서는 각 성씨 간에 보이지 않는 긴 경쟁을 거쳐야만 했다.

특정 성씨가 경쟁에서 우위를 차지하기 위해서는 또 다른 조건이 필요했다. 그것은 사회경제적 기반이었다. 여기서 경제적 기반이란 토지와 노비의 소유이며, 사회적 기반이란 종족의 수적 우세와 함께 관직이나 학문적으로 뛰어난 조상을 가지는 것을 의미한다. 이러한 기반을 확보한 성씨는 점차 배타적으로 마을의 주도권을 행사하게 됐고, 따라서 상대적으로 열등한 성씨는 다른 곳으로 이주하거나 침체될 수밖에 없었다. 동성마을은 이러한 과정을 거치면서 19세기와 일제강점기에 이르러 보편적인 마을의 형태로 발전하게 됐다.

왜, 같은 성씨끼리 모여서 사는가

18~19세기에 조선은 사회 전반에 걸쳐 큰 변화가 전개되고 있었다. 동성마을의 발달은 이러한 사회 변화와 함께한다. 18~19세기의 정치권력은 노론 또는 노론의 일부 가문에 집중됐다. 이로써 지방 양반의 중앙 진출은 크게 제약됐고, 따라서 이들의 관심은 향촌 사회에 더욱 집중될 수밖에 없었다. 그러나 향촌 사회에 미치는 영향력은 이전 16~17세기에 비해 크게 약화됐다.

이 같은 변화 속에서 다수의 양반은 경제적으로 몰락하여 상놈이나 다를 바 없게 됐고, 반대로 일부 상인이나 농민은 돈으로 홍패紅牌를 사고 벼슬을 사서 당당히 양반으로 행세하기도 했다. 양반으로 행세하는 농민은 이제 봉건의 굴레에서 벗어날 수 있었지만, 몰락한 양반은 농민의 멸시를 받거나 국가의 세금 부과 대상이 되기도 했다. 이제 양반이라는 신분만으로는 더 이상 특권 계층으로 존재하기 어려웠다.

이 같은 사정은 동성마을의 발달을 더욱 가속화했다. 동성마을이 사회 변화에 보다 적절하게 대응할 수 있었기 때문이다. 즉 동성마을에는 '고래 등 같다'는 종가와 지체 높은 종손이 있거나, 이름난 족친 한두 명이 버티고 있다. 이들은 많은 토지와 노비를 소유했고, 학문이나 벼슬로 이름이 높은 조상을 받들고 있어 어느 누구도 함부로 대할 수 없었다. 이들은 동성마을의 모든 구성원을 대표했다. 종가·종손의 권위와 위세는 곧 지손의 사회·신분적 지위와 일치하는 것으로 인식됐다. 종가가 부자면 지손도 부자이고, 종손의 권위가 높으면 지손의 권위도 따라서 높아진다고 생각했다. 말하자면 자신은 비록 변변치 못하더라도 동성마을에 소속됨으로써 양반으로서의 지위를 그대로 지킬 수 있었던 것이다. 양반의 권위가 크게 위협받던 상황에서 스스로를 지킬 수 있다는 것은 얼마나 다행한 일인가!

그러나 이로써 18~19세기 향촌의 양반이 처한 현실적 문제가 다 해결된 것은 아니다. 동성마을의 또 다른 문제는 다름 아닌 그들 내부에 있었다.

조선 후기 동성마을의 가장 큰 문제는 동성 상호 간의 경제적 차등과 적서 간의 신분적 갈등이었다. 종손을 비롯한 소수의 동성만이 지주로서의 경제적 기반을 확보할 수 있었을 뿐 다수의 동성은 빈곤에 내몰리고 있었다. 16~17세기 이후 적장자 중심의 상속이 계속 진행된 결과였다. 이 같은 상속제에서는 장자와 달리 차자는 소외되기 마련이었다.

명문 양반가에는 서얼 또한 적지 않았다. 어쩌면 적손보다 더 많았을지도 모른다. 서얼은 조선시대 줄곧 차별대우를 받았다. 그러나 18세기 이후 이들은 차별 철폐를 위해 조직적이고도 지속적인 운동, 곧 허통許通 또는 통청通淸 운동을 전개해 나갔다. 이들은 중앙의 청요직은 물론이고, 보다 근본적으로는 향촌 사회에서 적손과 동등한 지위를 획득하고자 했다. 서얼의 요구는 영조·정조 대를 거치면서 정치적으로 어느 정도 수용됐지만, 향촌 사회와 동성 가문 내에서의 차별은 여전했다. 따라서 적서의 갈등은 더욱 격렬할 수밖에 없었다.

동성마을의 발달은 이런 다양한 문제를 더 이상 외면할 수 없게 했다. 그러나 해결책은 간단하지가 않았다. 근본적 해결책이 없지는 않았지만, 그것은 양반 사회를 부정하는 것이니 아예 검토할 필요조차 없었다. 따라서 지엽적으로 접근하거나 임시방편이 동원될 뿐이었다. 그것은 다름 아닌 동성 간의 혈연적 결속과 화합의 강조였다. 이로써 지손의 경제적 차등을 은폐하거나 서얼 통제를 강화하고자 했다. 이 시기 동성마을에서 실시된 다양한 족계는 이 같은 목적을 위한 것이었다.

19세기에 큰 문제의 하나로 인식된 문벌의 폐단 또한 바로 동성촌락을 배경으로 한다. 이 시기에도 향촌의 특정 양반 가문은 종전에 누렸던 특권과 위세를 유지하거나 더욱 강화하기도 했다. 이들은 간혹 무단토호로 지목되기도 했다. 그러나 이것은 양반이라는 신분을 통해 획득한 것이 아니라 특정 가문의 개별적 노력의 산물이었다. 동성 간의 결집과 이를 통한 특권의 획득은 마을 또는 성씨 간의 갈등을 더욱 조장해 나갔다. 누가 더 명문이고, 누가 더 양반인지 경쟁할 수밖에 없었다.

동성마을과 그 주변에는 재실齋室이나 종가, 누정 등의 크고 작은 건축물이 있다. 이러한 건축물은 동성의 결속을 위한 공간이기도 했지만, 다른 한편으로는 하층민이나 여타 양반 성씨에 대한 그들 가문의 위세와 권위를 과시하고자 하는 상징물이라 할 수 있다. 결국 동성마을은 서얼의 도전과 하층민의 저항 그리고 관의 부세 수탈에 직간접적 대상이 됐던 양반층이 취할 수 있는 가장 이상적인 대응 형태였던 셈이다.

근대화와 동성마을

조선의 지배층인 양반의 거주지는 농촌이었다. 이것은 중국과 일본의 지배층과는 확연히 달랐다. 일본 막부시대의 무사는 도시에 거주했다. 수시로 동원이 이루어졌으므로 도시에 거주하는 것이 편리했기 때문이다. 중국의 향신鄕紳은 명·청대를 거치면서 농촌에서 도시로 이주했다. 상업의 발달과 더불어 상업에서 더 많은 경제적 이익을 확보할 수 있었기 때문이다.

한·중·일 엘리트의 이 같은 거주지 차이는 유학의 수용 태도와 크게 관련 있는 것으로 보인다. 중국은 유학의 발상지이자 중심지로, 유학이 중요한 학문 체계였다. 하지만 규정적인 힘을 가지지는 못했다. 또한 시대에 따라 유학에 대한 주체적인 해석이 가능했다. 일본은 비非유교 국가다. 반면에 조선은 유교를 국가이념으로 받아들였고, 그 명분에 충실하고자 노력하는 차원을 넘어서 누가 더 유교적인가로 서로 경쟁했다. 경제적 궁핍에도 유교적 명분에 입각하여 상업을 억압하고 부정했다. 따라서 농업에만 집착했고, 농촌에서 벗어날 수 없었다.

양반의 농촌 거주는 유교 질서가 농촌에까지 침투할 수 있게 하는 결정적 계기가 됐다. 이로써 조선 사회는 점차 유교화됐고, 이것은 조선 사회를 안정시키는 데 크게 기여했다.

그러나 양반의 농촌 거주는 이후 근대로 이행하는 시기에 또 다른 문제를 야기했다. 근대란 농촌이 아닌 도시화를 의미한다. 따라서 농촌의 양반은 결코 근대의 주역이 될 수 없었고, 그래서 이에 저항했던 것은 당연하다. 결국 향촌의 양반은 근대화가 아니라 이에 반대하는 것으로써 일본과 싸웠으니 장기적 측면에서는 아주 불리할 수밖에 없었다. 비록 조선이 자주적으로 근대화를 이룩했을지라도 양반은 그 주체가 되거나 주인공이 될 수 없었다. 만약 양반이 농촌이 아닌 도시에 거주했더라면 우리의 근대는 달라졌을 것이고, 오늘날 지방에도 서울 못지않은 대도시가 형성됐을 것이다. 부질없는 생각일 뿐이다.

유교적 향촌공동체

유교적 향촌공동체, 양반들의 이상세계

조선시대 향촌 사회는 이전의 지방 사회와는 아주 달랐다. 그것은 최고의 지배 신분층인 양반이 농민과 함께 거주했기 때문이다. 신라의 성골·진골이나 고려의 문무 귀족의 거주지는 왕경인 경주와 개성이었다. 따라서 조선시대 이전 지방에서 농민 위에 군림했던 존재는 기껏 촌주村主라 불리는 백성이나, 호족의 후예로 지방관아의 행정 실무를 담당했던 향리뿐이었다.

조선 최고의 신분층인 양반이 농민과 함께 향촌에 거주한다는 것은 분명 이전 사회와는 다른 것이었다. 여기서 다르다는 것은 사족이나 양반이 향촌에 거주했다는 사실 그 자체만이 아니다. 이들은 촌주나 향리와는 전혀 다른 존재였다. 촌주와 향리의 주된 역할은 국가의 세금이나 노동력 등을 지역 내의 농민에게 부과하고 거두어 납부하는 것이었다. 그러나 사족이나 양반이라고 불리는 조선의 향촌 지배 세력은 촌주나 향리와 마찬가지로 지방의 지배 세력이기는 했지만, 역할이 달랐다.

양반은 촌주나 향리 위에 군림했고, 그들과는 엄연히 구분되고자 노력했다. 생산 활동에 직접 참여하는 것은 물론이고 향리의 행정 실무 역할도 천시했다. 이들은 향촌의 지배 세력으로만 머물렀던 것이 아니라 과거를 통해 재경관인在京官人이 되어 중앙의 정치 세력이 될 수도 있었다. 그러니 이들은 단순한 지방 세력이 아니라 정책을 만들어내고 집행하는 상층의 행정가이고 정치 집단이었다.

또한 유교를 기본적인 학문 체계로 받아들인 사족 또는 양반은 향리나 농민과는 다른 가치관이나 세계관을 가지고 있었다. 양반에게 유교, 보다 구체적으로 성리학이라는 학문적 체계는 단순히 학문으로만 기능하는 것이 아니었다. 그것은 생활 속에서 실천되고 구현되어야 할 이념이기도 했다. 이런 점에서 유학, 특히 성리학은 강한 실천성을 가지고 있었다. 따라서 조선을 건국한 사대부는 성리학을 수용하여 성리학적 향촌 질서를 구현하고자 노력했다. 성리학적 향촌 질서의 실현, 그것은 곧 향촌 사회에 유교적 공동체를 건설하는 과정이기도 했다.

조선의 사족이 향촌 사회에 유교적 공동체를 건설하고자 했던 것은 향촌 사회가 그들이 살아가는 터전이었을 뿐만 아니라, 사회경제적 토대이고, 나아가 정치적 기반이었기 때문이다. 이들은 대체로 중소 지주로서의 경제 기반을 가지고 있었다. 그리고 농민과 같은 촌락에서 생활했고, 노비와 농민의 노동력에 전적으로 의존했다. 이런 사정에서 향촌 사회의 안녕과 질서에 아주 민감할 수밖에 없었다.

사족이 향촌의 안녕과 질서를 그들 중심으로 확립하고자 했음은 당연하다. 조선의 사족은 상층의 지배층이었고, 중소 지주로서의 경제 기반도 갖고 있었다. 따라서 사족 중심이라는 말은 상하 신분 질서의 확립과 지주-전호 관계의 안정적 유지를 의미하는 것이었다. 그리고 유학자로서 유교적 윤리도덕의 가치를 실현하고자 했음은 당연한 일이다. 즉 사족이 추구했던 향촌공동체는 다름 아닌 향촌 사회의 농민에 대한 신분적·경제적·윤리적 지배를 의미하는 것이었다. 이를 위해 사족은 향촌 사회를 자치적으로 운영하고자 했다. 따라서 유교적 향촌공동체는 사족 중심의 향촌 질서를 구축해가는 과정과 그 운영 원리를 통해 확인할 수 있다.

유향소, 사족의 향촌 지배 조직

사족은 조선 건국과 더불어 향촌 사회를 그들 중심으로 운영하고자 했다. 그 운영 원리는 물론 유교였다. 보다 구체적으로는 성리학에 근거한 것이었다. 이것은 사족이 향촌 사회에 존재하는 그 자체로 성립되고 확립될 수는 없었다. 조선 초기 향촌의 사족은 아직은 소수였고, 향리와의 신분적 차별성도 그리 분명하지 않았으며, 성리학에 대한 이해의 수준도 높지 않았다. 더구나 향촌 사회는 여전히 향리가 장악하고 있었다.

이러한 사정에서 사족이 기존의 향리를 배제하고 향촌 사회를 그들 중심으로 운영하기 위해서는 무엇보다도 정치적 힘이 필요했다.

향음주례 향음주례란 고을의 선비들이 향교나 서원 등에서 학덕이 높고 나이가 많은 이를 주빈으로 모시고 절차에 따라 예의를 갖추어 함께 술을 마시는 의례다. 김복영 사진.

그 힘은 사족의 결집과 조직을 통해 확보할 수 있었는데, 그것이 바로 유향소였다. 유향소는 조선 전기에는 향사당鄕射堂 또는 향소鄕所라고 했고, 후기에는 주로 향청鄕廳이라 했다.

조선 초에 이르면 유향소는 군현별로 임의적·개별적 기구로 조직되어갔다. 향촌의 사족은 유향소를 통해 우선 향사례와 향음주례鄕飲酒禮 등을 시행하고자 했다. 향사례와 향음주례는 고을의 선비가 모여서 활을 쏘고 술을 마시는 의식 행위를 말한다. 난잡하게 함부로 행하는 것이 아니라, 유교적 윤리와 격식에 맞게 거행함으로써 스스로를 수양하고 질서를 바로잡는 사족의 공동체적 의례 행위였다. 이로써 사족 상호 간의 결속 강화와 타 신분층에 대한 차별성을 강조해 나갔다. 그리고 공동체적 결속력을 바탕으로 수령을 견제하고 농민에 대한 직접적 지배도 불사하는 등 향촌 사회에 대한 자치권도 행사하기 시작했다.

그러나 유향소의 이러한 자치적 성향은 점차 왕권의 대행자인 수령과 마찰을 빚거나 농민을 침학함으로써 중앙집권화에 역행하는 경향을 띠게 됐다. 중앙집권화 정책을 강력하게 추진하던 정부는 유향소의 자치를 인정하거나 방치해둘 수 없었다. 마침내 1406년(태종 6) 유향소는 혁파되기에 이르렀다. 이후 세종 대에 복설됐다가 1467년(세조 13) 이시애의 난과 더불어 다시 혁파되는 등 설치와 폐지를 거듭했다.

세조 이후 중앙의 관료는 누대에 걸쳐 공신에 책봉되거나 왕실과 혼인함으로써 훈척이 되어갔다. 이들은 오늘날 재경향우회라 할 수 있는 경재소나 수령을 통해 연고지에 대한 경제적 기반을 확대해 나갔다. 이로써 농민 수탈은 더욱 가중됐다.

훈척 세력의 농민 수탈이 더욱 가중되어가던 15세기 후반에 향촌 사회에서는 새로운 정치세력으로서 사림 또는 사림파가 서서히 성장하고 있었다. 이들은 중앙 정계에 진출하여 훈척 세력이 자행한 여러 불법행위를 비판하는 한편, 유향소를 다시 세우기 위한 운동을 전개했다.

사림파의 유향소 복설 운동은 많은 논란 끝에 1488년(성종 19) 성공할 수 있었다. 그러나 다시 세워진 유향소는 도리어 대부분 경재소를 통한 훈구 세력에 의해 장악되고 말았다. 사림파가 의도했던 방향과는 전혀 다른 것이었다. 아무튼 유향소 다시 세우기를 통한 사림파의 향촌 자치운동은 실패로 끝날 수밖에 없었다. 이렇듯 향촌 사족의 힘은 아직 미약했다. 여기에 중앙으로 진출했던 사림파가 1498년(연산군 4)의 무오사화戊午士禍를 통해 훈구파의 정치적 보복을 받음으로써 향촌 자치운동은 크게 위축될 수밖에 없었다.

사림파의 향촌 자치운동이 다시 모색되기 시작한 것은 무오사화가 일어난 지 20여 년이 지난 1517년(중종 12)에 이르러서였다. 이 시기에 사림파는 성리학에 대한 이해를 더욱 심화할 수 있었다. 이로써 한편으로는 도학정치의 실현을 이념으로 표방하고, 다른 한편으로는 훈척 세력이 자행한 향촌 문제에 대한 해결책을 보다 새롭게 제시할 수 있었다. 그것은 다름 아닌 향약의 실시였다.

향약, 사족의 향촌 자치 규약

향약이란 중국 송나라 섬서성陝西省 남전현藍田縣에 살았던 도학자 여씨 형제가 향리 사람들을 교화하기 위해 덕업상권德業相勸·과실상규過失相規·예속상교禮俗相敎·환난상휼患難相恤의 네 강목을 만들고, 선적善籍과 악적惡籍을 두어 해당자를 기입했다가 향중의 회의 시에 상벌을 행했던 것을 말한다. 이것을 남송의 주자가 일부 수정하고 보완하여『주자증손여씨향약』을 만들었다. 여씨향약이 주자에 의해 수정·보완되고,『소학』과『주자대전朱子大全』에 수록됨으로써 유교 혹은 성리학의 이념에 기반한 향촌 사회 자치 규약으로서의 면모와 위상을 갖게 됐다.

사림파는 16세기에 이르러 심화된 성리학적 이해를 바탕으로 여씨 향약의 보급운동을 주도해 나갔다. 여씨향약은 향사례나 향음주례보 다도 더 실천적인 향촌 규약이었다. 향사례나 향음주례가 사족만의 의례였던 것에 비해, 향약은 고을의 상민·하민 모두를 대상으로 실 시할 수 있었기 때문이다. 사림파 관료의 향약 보급운동에 국왕 중종 도 호의적 반응을 보였다.

국왕이 관심을 보였음에도 여씨향약의 보급에는 많은 어려움이 있 었다. 사림파의 정치적 입지가 여전히 확고하지 못했고, 훈척 세력의 반대도 심했기 때문이다. 이러한 상황에서도 여씨향약은 1518년(중 종 13)에 이르러 감사와 수령을 통해 전국적인 범위에서 실시됐다.

그러나 사림파의 향약 보급운동은 성공적이지 못했다. 기묘사화 (중종 14)를 통한 훈척 세력의 반격이 곧바로 이어졌기 때문이지만, 관권을 통한 일방적 실시였기에 향촌민의 반발도 적지 않았다. 이로 써 여씨향약의 보급은 전면적으로 중단됐다가 마침내 혁파되고 말 았다.

이후 향약 실시에 대한 논의가 재개된 것은 20여 년이 더 지난 1543년(중종 38)에 이르러서였다. 그러나 이 시기의 향약 논의는 이 전과는 다른 차원에서 전개되고 있었다. 관권을 통한 일방적 실시가 아니라 개별 향촌 단위에서 자율적으로 실시하는 것으로 방향이 설 정된 것이다. 향약 실시에 대한 논의는 이후 명종 연간까지 계속됐 다. 내용적으로도 단순한 『주자증손여씨향약』의 보급이 아니라, 우 리 풍속에 맞도록 적절하게 줄이고 간편하게 하자는 제안에까지 이 르게 됐다. 이러한 발전은 이 시기에 이르러 사림파의 성리학적 이해가 더욱 심화됐고, 정치적으로도 크게 성장했기 때문에 가능한 것이었다. 이제 조선적 향약의 등장은 필연적 추세가 됐다. 퇴계 이황과 율곡 이이의 향약은 이러한 과정을 거친 산물이었다. 그러나 이것은 사실 향약적 체제를 갖춘 것도 아니었고, 해당 지역의 상민·하민 모두를 대상으로 한 것도 아니었다.

16세기 후반에 이르러 제정된 조선적 향약의 불완전성은 이후 계승자에 의해 보완되어 나갔다. 특히 퇴계향약은 임진왜란 직후 그의 제자 북애北厓 김기金圻(1547~1603)에 의해 완전한 향약적 체계를 갖추었다. 김기가 완성한 조선적 향약은 이후 영남 지역에서 실시된 대부분의 향약 내용이기도 했다. 이러한 조선적 향약의 성립은 17세기 초에 이르러 향촌 사족을 중심으로 한 향촌 질서, 곧 유교적 공동체가 굳건하게 자리를 잡았음을 의미한다.

종법 수용, 갈등과 분열의 심화

16세기 후반 혹은 17세기 초반에 구축된 사족의 향촌공동체는 군현을 단위로 한 유향소, 향안과 향규, 향약 등의 조직이나 규약을 통해 확인된다. 그리고 이러한 지배 조직과 규약은 공론을 통해 작동했다. 즉 공론 형성이 사족의 향촌 지배 질서, 곧 유교적 공동체의 존속 여부를 결정하는 기본 요소가 된다는 것을 의미한다. 적어도 16세기에서 17세기 초반까지는 향촌 사회에서 사족이 공론을 형성할 수 있었다. 그러나 17세기를 지나면서 이 같은 공론은 더 이상 형성될 수 없었다.

공론이란 정치적 또는 사회경제적 이해관계를 함께할 수 있을 때, 즉 공동체적 이해관계를 일치시킬 수 있을 때 형성될 수 있다. 그렇다면 16세기와 달리 18세기의 향촌 사족은 왜 더 이상 공론을 형성할 수 없었을까? 그 이유는 정치적 또는 사회경제적 측면에서 찾을 수 있다.

우선 정치적으로는, 16세기 중·후반을 거치면서 사림파는 훈구파를 완전히 배제하고 독점적 정치세력으로 등장했다. 이전까지 사림파는 훈구 세력이라는 거대한 정치집단에 비해 늘 약자였다. 약자는 생존을 위해 단결할 수밖에 없다. 내부의 상호 간 차이는 그리 큰 문제가 되지 않았다. 그러나 정치적 주도권을 장악하면서부터, 그것도 적대 세력이 소멸하자 사림파 내부에서는 현실 문제의 인식과 해결방안 또는 학문적 차이 등이 보다 크게 드러날 수밖에 없었다. 더구나 18세기 이후 노론과 세도 가문은 자신들의 전제 권력을 유지하기 위한 방책으로 향촌 사회에 자파 세력을 심기에 여념이 없었다. 이에 따라 향촌 사회는 심각한 내부 갈등을 겪기도 했다. 이러한 정치적 입장 차이는 고을 내의 공론 형성을 어렵게 만들었다.

그러나 향촌 사회의 대립과 갈등 또는 이로 인한 분열은 정치적 입장과는 무관한 경우가 많았다. 오히려 조선의 양반 사회가 선택한 유교적 가족질서로서의 종법의 수용과 그것의 일반화에서 그 원인을 찾을 수 있다.

종법이란 중국 고대 주나라의 제도다. 부계 혈통을 통해 적장자가 가계를 계승하여 조상의 제사를 받드는 것을 말한다. 종법이 조선에 본격적으로 보급되기 시작한 것은 대체로 16세기를 거치면서부터였다. 그리고 17세기 후반에는 대부분의 사족 가문에 수용됐다. 종법의 보급과 수용은 조선 사회에 크나큰 변화를 불러왔다. 그것은 종법이 고려 이후의 전통적인 여러 관행과는 크게 달랐기 때문이다.

종법이 보급되기 이전에는 가계 계승자가 반드시 적장자일 필요는 없었다. 어쩌면 장자와 차자의 구분도 그리 중요하지 않았던 것으로 보인다. 아들이 없어도 양자를 들이는 것은 흔한 일이 아니었다. 딸이 가계를 이었기 때문이다. 딸조차 없어야 법적으로 양자가 허용됐다. 게다가 남귀여가혼男歸女家婚이 보다 일반적인 혼인 풍속이었다. 남귀여가혼이란 남자가 여자 집으로 장가를 가서 처가에서 처부모를 모시고 사는 것을 말한다. 물론 이러한 가계 계승과 혼인 풍속은 자녀균분상속제를 기반으로 하여 성립된 것이다.

종법의 일반화는 이런 전통적 사회 관행에 일대 변혁을 가져왔다. 그리고 종법의 보편적 관행은 종족 내부의 변화만으로 끝나지 않았다. 종법은 결국 부계 혈연을 단위로 한 족적 결합을 강화했다. 이로써 향촌 사회에서 종족 단위의 경쟁은 더욱 격화될 수밖에 없었다. 이런 상황에서 이제 친손과 외손은 동등하게 취급되지 않았다. 종법의 강화는 외손의 입지를 크게 위축시켰고, 급기야 이들을 혈연적 구성원에서 배제했다. 외손에 대한 차별과 함께 친정에서는 딸을 출가외인으로 규정함으로써 혼인을 통한 연망聯網을 스스로 단절해버리고 말았다.

종법에 따른 적장자 중심 상속제는 사족 사회에 경제적 차등을 심화시켰다. 이에 따라 특정 가문의 성장과 몰락은 자연스러운 현상이 됐다. 그것은 종족과 종족 간의 상호 관계에서만이 아니라 종족 내부에서도 전개됐다. 물론 16~17세기에도 이런 현상은 없지 않았다. 그러나 이것은 사족 내부에서 어느 정도 조정됐고, 또한 한시적이었다. 비록 당대의 거대 지주라 하더라도 다음 세대에서는 재산이 자녀에게 균분됨으로써 부의 재분배는 자연스럽게 이루어졌다. 이런 균분 상속제 아래 사족 가문의 토지는 사실상 개별 가문의 소유라기보다는 공유에 가까웠고, 따라서 '공동체적 소유'라고 할 수도 있을 것이다. 16~17세기 향촌의 사족 사회는 이러한 공동체적 토지 소유를 통해 공동체의 이익을 굳건히 지켜낼 수 있었다.

그러나 18세기 이후 대지주와 몰락 양반은 한시적 존재가 아니라 거의 영구적이었고, 이런 현상은 시간이 지나면서 심화될 뿐이었다. 가령 적장자 중심의 상속 제도가 유지됨에 따라 적장자 계열은 상속에서 유리한 지위를 계속 이어갈 수 있었지만, 차자 계열은 더욱더 불리해졌다. 더욱이 딸이 재산 상속에서 소외됨으로써 차자 계열은 혼인을 통한 반전의 기회도 더욱 낮아졌다. 따라서 적장자 계열과 차자 계열의 경제적 기반이 동등해지거나 뒤바뀔 가능성은 거의 없었다. 문제는 적장자 또는 장자 계열은 소수이고, 차자 계열은 다수라는 사실이었다. 19세기의 종가형 지주는 이런 현상을 잘 보여준다. 아무튼 이 시기 동성마을은 종가의 사회경제적 기반을 배경으로 그 내부에는 빈곤한 많은 지손으로 편제되어갔다.

몰락 가문의 경우는 종족의 결합이 미약할 수밖에 없었고, 종가를 중심으로 한 동성마을의 형성도 사실상 불가능했다. 종가를 가지지 못한 가문은 향촌 사회에서 더욱 소외됐다. 문벌가와 몰락 가문 또는

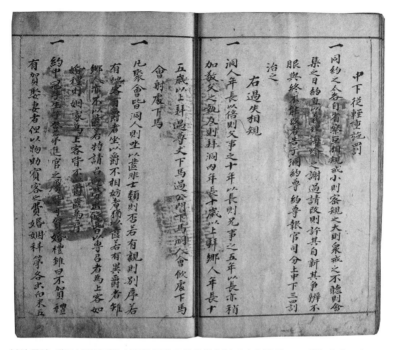

부인 동약 대구 부인동에서 실시한 동약 조문의 한 부분이다. 붉은색으로 찍힌 관인(官印)도 여럿 볼 수 있다. 동약은 사족의 주도하에 촌락 단위에서 자치적으로 실시됐다. 여기에 관인이 찍힌 것은 하층민의 저항으로 동약의 실시가 어려워지자 관의 권위를 빌리고자 한 것이다. 경주 최씨 백불암 종택 소장.

대지주와 몰락 양반으로 분화되는 상황에서 향촌의 사족 사회는 더 이상 공동의 이해를 관철할 수 없었다.

공동체는 공동의 이해를 전제로 하지 않고는 성립이 불가능하다. 결국 종법의 보급으로 인한 자녀균분상속제의 포기는 향촌의 사족 사회를 크게 분열시켜 더 이상 공동체적 질서를 유지할 수 없게 했다. 여기에 정치적 분열, 국가의 지방 지배 정책 등은 이를 더욱 가속화했다. 물론 그를 대신하여 부계 혈연의 동성마을을 중심으로 한 혈연공동체가 발달해갔다. 그러나 그것은 폐쇄적 공동체로 기능하고 있었다.

새로운 질서, 새로운 공동체

18~19세기 조선의 향촌 사회는 크게 변화하고 있었다. 향촌 조직을 운영하던 기존 양반층의 분화와 새로운 세력의 등장 및 성장, 하층민의 광범위한 저항 등이 얽히고설키면서 변화의 양상은 다양하게 전개됐다. 이러한 상황에서 기존의 향촌 지배 조직은 공동체적 이해를 기반으로 하는 것이 아니라, 도리어 수령의 지방 지배를 위한 조직으로 재편되거나, 심지어 농민 수탈의 도구로 이용됐다. 가령 유향소는 이제 사족의 자치 조직이 아니라 향리의 작청作廳과 함께 수령의 지방 지배를 위한 향청鄕廳으로 재편됐고, 향회는 위엄과 의식을 갖춘 사족의 회의에서 대소민大小民으로 그 구성원의 폭을 크게 확대했음에도, 도리어 수령의 부세 수탈을 위한 도구로 활용됐다. 향약은 토호나 향족이 민간에 작폐를 일삼는 명분으로 이용되기도 했다. 유향소와 향회, 향약 등은 16세기 이래 사족의 핵심적인 향촌 지배 조직이었다. 그러나 이들 지배 조직은 조선 후기에 이르러 더 이상 사족 공동의 이해를 관철할 수 없었다.

물론 해체되거나 존재의 근거를 상실해간 것은 다름 아닌 군현 단위의 유교적 공동체일 뿐이었다. 촌락 단위의 유교적 공동체는 새로운 질서에 대응하면서 그 나름대로 기능하고 있었다. 그러나 그것은 사족이 거주하는 촌락에서나 가능한 일이었다. 사족은 전 촌락에 흩어져 있었던 것이 아니라 특정 마을, 곧 동성마을을 중심으로 거주했다. 따라서 대부분의 마을은 민촌이었다. 민촌에서는 군현 단위의 유교적 공동체가 해체되면서 자연스럽게 농민공동체가 활성화됐다. 농민공동체는 비록 16세기 이후 사족의 유교적 공동체에 포섭되거나 매몰되어 있었지만, 소멸될 수 있는 것은 아니었다. 농민 또는 농촌의 삶이 공동체를 전제하지 않고는 영위되기 어렵기 때문이었다. 아무튼 농민공동체는 촌락 또는 촌락 사회의 다양한 생산과 노동 조직으로 기능했다. 이러한 농민공동체는 1894년 동학농민전쟁기에 다양한 계기를 통해 농민군 조직으로 활용되기도 했고, 또 집강소를 통해 군현 단위의 공동체 조직으로 발전할 가능성을 보여주기도 했다. 그러나 동학농민전쟁의 실패와 더불어 역사의 전면에서 그 존재를 드러내지는 못했다.

이후 일제강점기와 산업사회가 전개되면서 유교적 공동체는 물론이고, 공동체 자체의 존속은 크게 축소되어갔다. 공동체 이론에 따르면 공동체의 해체, 그것은 원시사회에서 시작된 인간관계를 통한 모든 구속과 속박에서 해방됨을 의미하며, 진정 자본주의로부터 얻을 수 있는 것으로 여겨졌다. 자본주의적 상품이 공동체적 인간관계를 대신해주리라 믿었고, 많은 이들이 이러한 자본주의화를 발전이라고 생각했다. 자본주의가 삶을 풍요롭게 해줄 뿐만 아니라 구속과 속박에서도 자유롭게 해주리라는 믿음 때문이었다. 그러나 자본주의가 인간의 삶을 결코 행복하게 해주지 못한다는 것은 이미 증명됐다. 그것은 허황한 꿈에 불과했다.

공동체는 해체되어야 할 대상이 아니다. 그것은 우리 삶의 소중한 근원이다. 그러나 그러기 위해서는 공동체가 적어도 삶을 차별화하는 도구가 되어서는 안 된다. 그것은 모든 구성원이 평등하게 더불어 살아갈 수 있는 최소한의 조건이어야 한다. 조선시대 사족이 구축하고자 했던 유교적 공동체는 분명 그들 중심의 공동체였다. 유교적 공동체가 오늘날 우리에게도 의미 있는 것이 되기 위해서는 당연히 다양한 차별을 철폐하는 것에서부터 시작해야 할 것이다.

양반, 산을 독점하다

산림천택, 백성과 공유하다

산은 원래 누구의 것도 아니었다. 산은 다만 산일 뿐이다. 그러나 고려 초부터 점차 사유화되기 시작했다. 고려의 전시과田柴科 제도는 귀족에게 토지와 함께 땔나무를 조달할 수 있는 산柴場을 지급하는 것이었다. 물론 특정 기간에만 주어졌다. 그러나 토지와 마찬가지로 산도 사사로이 점유되고 사유화되어갔다. 고려 말에 이르러 국가는 지배층의 산림 독점을 제어하지 못했을 뿐만 아니라, 도리어 사패賜牌 라는 형식으로 영원히 사유화할 수 있는 기회까지 제공했다.

조선은 개국과 동시에 산림은 물론이고 내川와 저수지까지도 사사로운 점유를 엄격히 금했다. 나아가 산림천택山林川澤에 대한 이익은 모두 공유하는 것으로 이념화했다. 그래서 과전법科田法에서도 토지만을 대상으로 할 뿐 산에 대한 언급이 없었던 것이다. 즉 산의 사사로운 점유私占를 금지하기 위함이었다. 산의 사유화 금지는 『경국대

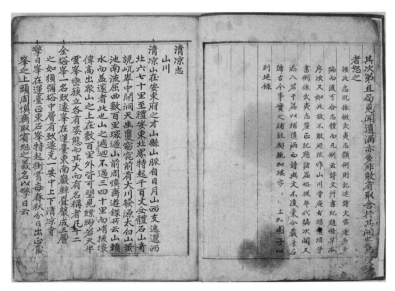

『청량지』 『청량지』는 청량산에 대한 일종의 산지(山誌)다. 청량산은 안동부(安東府) 재산현(才山縣, 경상북도 봉화군)에 있으며, 퇴계 이황이 젊은 시절에 공부하던 곳이기도 하다. 또한 오산당 (吾山堂), 청량사(淸凉寺), 김생굴(金生窟) 등 많은 역사문화 유적을 품고 있다. 안동시역사문화박물관 소장.

전』에도 수록됐다.

물론 국가는 도성都城의 경관이나 하천 범람 방지, 궁궐 조성이나 선박 건조 등을 위해 소나무 작벌斫伐을 금지하는 금산禁山 정책을 실시하여 일반 백성의 이용을 제한하거나, 개인의 분묘나 농가 등을 위해 최대 사방 100보 이내의 사사로운 점유를 허락하기도 했다. 물론 관직의 고하에 따른 차등은 있었다. 종친은 100보, 1품 관직자는 90보, 2품은 80보, 6품은 50보, 7품 이하와 관직이 없는 양반은 6품에 준했고, 부녀자는 남편의 직을 따랐다. 미터법으로 환산하면 50보는 대략 70미터이니 그렇게 협소하다고는 할 수 없다. 주목할 만한 사실은 서민에 대한 언급이 전혀 없다는 점이다.

조선의 이러한 정책과 조치에도 산의 사유화를 근본적으로 막지는 못했다. 이런 사정은 "땔나무하는 산山場柴草을 사사로이 독점해서는 안 된다"[1], 혹은 "땔나무하는 곳柴草場을 사사로이 점유하는 자는 매 80대의 형벌에 처한다"[2]는 법전의 규정이 계속해서 마련됐다는 것에서도 짐작할 수 있다.

조선 전기 산의 사유화는 주로 왕실이나 중앙의 권세가로부터 시작됐고, 그 대상 지역도 도성 내외거나 경기도 지역에 국한됐다. 그것이 지방 사회의 양반층에까지 일반화되기는 17세기 중·후반 이후였다.

산을 사유화하는 방법은 조상의 묘를 조성하거나, 사찰을 차지하여 정사精舍·재사齋舍 등으로 이용함으로써, 또는 현조·명조와의 관련성을 확보하는 것 등 다양했다. 어떤 경우에는 '우리 집 산吾家山과 마찬가지다'라고 한 문학적 표현을 빌미로, 또 어떤 경우에는 주위를 거닐거나 산의 이름을 지었다는 이유로, 또는 임진왜란 당시 태조의 영정을 모셨다는 명분으로 주위의 산 일대를 독차지했다. 이렇듯 원래 무주공산이었던 곳을 특정 가문에서 온갖 명분을 붙여 관으로부터 소유권을 인정받았다. 산의 사유화는 산 자체의 소유만이 아니라, 목재와 땔감, 개간지 등과 관련해 큰 이권이 발생하는 일이었고, 이를 결국 양반이 독점하는 것이었다.

양반이 산을 독점하는 것은 하층민에게 심각한 문제가 아닐 수 없었다. 그것은 생존과 직결됐다. 취사와 난방은 누구에게나 중요한데, 양반이 인근의 산을 독점함으로써 하층민은 땔감을 구하기 위해

나뭇짐을 진 나무꾼들 눈이 하얗게 쌓인 산에서 나무를 지고 내려오는 세 나무꾼을 그렸다. 산은 벌써 민둥산이 된 듯하다. 취사와 난방에 쓸 땔감이 많이 필요했다. 조선 후기 인구증가와 함께 산은 황폐해졌다. 이로 인해 홍수와 가뭄이 빈발했다. 김홍도 그림 「부신초동(負薪樵童)」, 개인 소장.

먼 곳까지 가지 않으면 안 됐다. 엄청난 시간과 노동력이 드는 일이었다.

가난한 농민의 삶은 '한 톨의 쌀'과 더불어 '아궁이에 지필 건불 나무 하나' 없다는 말로 표현되기도 한다. 농한기 농촌에서는 땔감을 구하기 위해 수십 명씩 무리를 지어 마을에서 멀리 떨어진 산으로 갔다. 이러한 과정은 자연스럽게 농민(주로 총각)으로 하여금 조직과 대오를 만들게 했다. 이들을 초군樵軍(나무꾼)이라 했다.

초군은 먼 길을 오가는 사이에 우두머리의 선창으로 노래를 부르기도 했는데, 그러다 보니 농번기에는 두레패가 되고, 풍물패가 됐다. 이들이 1862년 전국에 걸쳐 일어나는 임술농민항쟁의 주력 부대가 된 것은 당연한 일이었다.

유교식 장례와 조상 숭배 그리고 풍수지리설이 성행하면서 길지吉地에 조상의 묘를 조성하는 것은 후손의 부귀영화와 직결된다고 생각했다. 따라서 양반은 좋은 터를 찾아 어느 곳이든, 어떠한 방법이든 가리지 않았다. 심지어 하층민의 무덤을 파헤치기도 했고, 분묘 조성을 통해 주위의 산을 배타적으로 독점하기도 했다. 이러한 과정에서 남의 산에 몰래 묘를 쓰는 투장偸葬과 남의 무덤을 파내는 굴총掘塚이 반복되는 등 잦은 마찰과 갈등이 일어났는데, 이런 묘지를 둘러싼 쟁송을 산송山訟이라고 했다.

조상 묘 찾기와 좌청룡, 우백호

산송은 조선 후기에 가장 빈번하게 전개된 소송이었다. 다시 말하면 조선 전기나 17세기 초·중반까지만 하더라도 그렇게 심각한 문제는 아니었다. 이는 종법의 수용이나 그 결과로 일어난 자녀균분상속제 폐지 등과 관련이 있다.

종법의 수용은 부계 친족집단의 형성을 가져왔고, 자녀균분상속제 폐지는 그 물적 토대를 제공해주었다. 이제 부계 친족집단이 형성되면서 조상에 대한 관념이 점차 확립됐다. 그동안 별 관심이 없던 조상의 분묘에도 관심이 커졌다. 조상과 시조 무덤 찾기가 성행했다.

안동권씨 가문에서는 시조 권행權幸의 묘소를 오랫동안 실전해 그 위치를 알지 못했다. 그러다가 15세기 후반에 이르러 권행의 18대손인 평창 군사平昌郡事 권옹權擁이 『동국여지승람東國輿地勝覽』의 기록을 토대로 풍산현 동쪽 천등산에서 권행의 묘소를 찾아냈다. 그러나 권옹의 아들들이 다시 평창으로 돌아감으로써 천등산 묘역에는 권옹의 사위 류소柳沼 부부가 묻히게 됐다. 이후 류소의 후손 묘지가 계속해서 조성됨으로써 천등산 묘역은 이제 류씨의 종산宗山이 되고 말았다. 그러나 실전된 시조나 조상 묘 찾기와 이를 기반으로 한 종산의 형성은 대부분 17세기 이후에야 적극적으로 추진됐다.

문제는 실전된 묘소를 찾는 것으로 끝나지 않았다. 실전된 묘소의 주위에는 이미 다른 성씨의 분묘가 조성되어 있었기 때문이다. 서로 소유권을 주장하기 마련이니 지루한 소송이 전개될 수밖에 없었다.

18세기 후반 파평윤씨 가문에서는 고려의 시중侍中 윤관尹瓘의 분묘를 파주에서 찾았다. 그런데 문제는 청송심씨 심지원沈之源의 묘가 그 바로 위에 있었다. 파평윤씨 가문에서는 청송심씨 가문에 이장을 요구했다. 당연히 응해줄 리가 없었다. 100년 넘게 아무런 문제가 없었고, 심지원이 영의정까지 지냈으니 세도를 비교해도 뒤지지 않기 때문이다. 결국 법적 소송으로 비화될 수밖에 없었다. 두 집안의 싸움은 국왕 영조의 중재에도 불구하고 격렬하게 진행됐다. 두 가문의 정치·사회적 위상과 명예가 달린 문제였기 때문이다. 결국 두 집안의 당사자가 유배길에 오르거나 사망하기에 이르렀다. 문제가 해결된 것은 250여 년이나 지난 2010년에 이르러서였다.

남자들의 장가가기와 자녀균분상속제로 사위의 처가살이가 일반적일 때는 마을과 그 주위의 산 또한 사위에게 물려주는 일이 흔했다. 이로써 사위가 죽으면 처가의 선영에 묻히는 것이 당연한 일이었다. 다음 세대의 사위 역시 그러했다. 말하자면 자녀균분상속으로 인해 토지를 공유했듯이 산도 특정 가문의 소유가 아니라 사위와 그 사위의 사위와 더불어 공유했다. 아무런 문제가 되지 않았다. 이런 사정에서 특정 가문의 조상 묘소는 이곳저곳에 흩어져 있는 경우가 많았다. 처가의 산이거나 외가의 산인 경우가 대부분이었다.

종법이 수용되기에 앞서『주자가례』가 보급됐는데, 이는 분묘에 대한 인식을 크게 바꾸어놓았다. 주자는 좋은 곳을 택해 조상을 모셔야 후손이 번성할 수 있다고 했다. 이것이 바로 효孝라고 역설했다. 그리하여 사족은 좋은 묏자리를 찾아 여기저기를 누볐고, 또 멀고 가까움을 따지지도 않았다. 실제로 40~50일 걸리는 삼월장三月葬이나 유월장踰月葬 기간 거의 대부분을 택산擇山에 소비했다. 상주가 상가喪家를 비운 채 직접 풍수가를 대동하여 나서기 일쑤였다. 이제 이곳저곳에는 양반가의 분묘가 조성됐고, 이를 통해 양반은 산을 사사로이 점유해 나갔다.

『주자가례』와 풍수지리설의 결합은 묘역의 확대를 불러왔다. 통상 좌청룡左靑龍, 우백호右白虎로 불리는 좌우의 산자락에까지 확대된 것이다. 즉 주산을 중심으로 이를 감싸는 좌우측 산줄기가 곧 묘역이 됐다. 물론『경국대전』에 규정된 보수步數의 범위를 훨씬 넘어선 것이었고, 따라서 불법이었다. 그러나 나라에서도 이런 사대부층의 분위기를 끝내 외면할 수만은 없었다. 마침내 17세기 후반에 이르러 좌청

산형도 조선 후기 조상 숭배의 일환으로 명당에 조상을 모시기 위한 풍수가 크게 유행했다. 그래서 풍수 관련 책이 많이 나돌았다. 대부분 필사본이고, 앞부분에는 명당에 대한 산형도(山形圖)가 그려져 있다. 필사자가 그린 탓에 그림이 조잡하다.

룡, 우백호를 묘역으로 인정하는 조치가 취해졌고, 이 내용이 『속대전續大典』(1746)에도 수록되게 됐다.

이러한 조치는 더 큰 문제를 불러왔다. 하나는 좌청룡, 우백호의 대상을 특정하지 않았으니 비록 품계가 없는 일반 사대부일지라도 동일하게 적용됐다는 것이고, 다른 하나는 좌청룡, 우백호의 기준이 관점에 따라 다를 수 있다는 것이다. 이제 사족은 분묘를 통해 좌청룡, 우백호라는 주관적 잣대로 주위의 산을 널리 독점해 나갔다. 이 과정에서 경계가 서로 충돌할 수밖에 없었고, 이에 따라 산송이 격발했다. 이에 더해 기왕의 분묘도 더 나은 곳으로 옮기는 이장移葬이나 천장遷葬도 심심찮게 이루어졌다. 택산을 하는 풍수가의 관점이 서로 다르다는 것도 이를 부추겼다.

그러나 산송이 격발하게 된 가장 큰 이유는 투장 때문이었다. 투장이란 다른 사람의 분묘 구역 내에 몰래 또는 위세로 분묘를 조성하는 것을 말한다. 하층민이나 한미한 양반가의 경우 몰래 분묘를 조성했다면, 위세를 드러내며 공공연히 투장하는 경우는 권세가나 토호의 수법이었다. 투장은 점차 확산되어 하나의 사회문제가 됐다. 나라에서는 투장자는 물론이고 해당 고을의 수령도 엄히 다스린다는 법을 제정했지만, 이를 막을 수는 없었다.

사대부가의 투장뿐만 아니라 하층민의 투장도 크게 확산됐다. 유교식 상례·장례가 하층민에게도 확대되면서 이들에게도 길지에 대한 갈망이 생겼는데, 마을 인근의 산이 모두 양반가의 선산이 되어버렸으니 투장 외에는 달리 선택의 방법이 없었기 때문이다.

산송, 산을 둘러싼 기나긴 싸움

비록 명망 높은 사대부가의 묘역에 하층민이 투장을 했다 하더라도 권위나 폭력으로 문제를 해결할 수는 없었다. 관에 소송하고 청원하여 법적으로 해결해야 했다. 관청에 제출하는 모든 문서를 총칭해서 소지所志라고 하는데, 소송 및 청원 문서 또한 일반적으로 소지라고 한다. 이뿐 아니라 효자와 열녀를 표창해달라고 건의하는 청원서, 원통함을 호소하는 진정서白活, 혼자가 아니라 여럿이 함께 제출하는 등장等狀, 사대부가 친히 올리는 단자單子, 감사에게 올리는 의송議送, 감사나 성주城主 또는 암행어사 등에게 두루 이용되는 상언上言·상서

上書 등도 소지의 일종이라 할 수 있다.

소지를 관청에 올리는 사람은 주로 양반이었다. 그러나 대부분 노비의 이름으로 제출했다. 이를 받은 성주나 관찰사 등은 반드시 판결을 내려야 했는데, 이를 데김題辭·題音이라 했다. 판결은 별도의 종이에 작성하는 것이 아니라, 대부분 제출된 소지의 좌·우측 하단 여백에 큰 글씨로 청원의 대상인 수령이나 감사가 직접 쓴다. 이러한 소지는 제출한 본인에게 되돌려주어 판결의 증거 자료로 삼게 했다. 데김의 내용은 시비是非와 곡직曲直에 대한 직접적 판결도 있지만, 사안에 따라서는 확인을 해야 하고 절차를 밟아야 할 문제도 있었다. 확인과 절차가 필요하면 담당 향리나 면임面任 등에게 지시하는 내용으로 데김이 쓰여지기도 했다. 오늘날 흔하게 볼 수 있는 산송 문서는 이러한 과정을 거친 것이다.

소송의 경우 단순한 호소나 청원과 달리 승자와 패자가 있게 마련이다. 승소자勝訴者에게는 최종 판결문에 해당하는 입안立案이 발급됐고, 패소자敗訴者에게는 관의 판결에 승복한다는 의미에서 다짐考音이나 불망기不忘記 등을 작성하여 승소자에게 제출하게 했다.

특히 산송은 그 과정이 아주 지루했다. 심지어 한두 세대에 끝나지 않는 경우도 있었다. 양반가 대부분은 이런 소송을 한두 번씩은 겪었다고 봐야 할 정도로 아주 일반적인 일이었다. 이제 한 가문을 예로 들어 산송이 얼마나 빈번했는지 그리고 얼마나 오랫동안 진행됐는지를 살펴보자.

경상도 의성의 순천장씨順天張氏 가문은 조선 후기 이래 수군절도사, 각 도 병마절도사 등 주로 무반 관직을 대를 이어 수행할 정도로

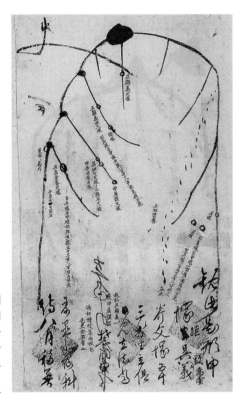

산송도 산송을 처리하는 과정에서 수령은 면임이나 담당 색리(色吏)에게 문제가 되는 산의 형국을 그려올 것을 지시한다. 이 산송도에는 산줄기와 함께 여기에 안장된 묘들이 그려져 있다.

명망이 있었다. 그런데 19세기에 들어와 산송이 이어졌다. 그것은 1835년에 어떤 사람이 장씨가의 선산 묘소와 아주 가까운 곳에 그의 아버지 무덤을 쓰면서 시작됐다. 장씨 집안에서는 즉시 소지를 올렸고, 1856년에는 투장자가 패소하여 무덤을 옮기겠다는 것과 소나무를 판매한 것에 대한 죄를 인정하는 수표手標를 작성하기까지 했다. 그러나 투장자는 수십 년 동안 온갖 핑계를 대며 약속을 지키지 않았다. 이에 장씨 집안에서는 투장자에게 엄형을 가하여 파옮길移掘 것을 독촉하는 상서를 관찰사와 성주에게 끊임없이 올렸다. 이 소송은 적어도 1872년에 이르기까지 50여 년간 계속됐다.

이런 유형의 소송은 이후에도 계속됐다. 1869년에는 집안사람과 산지기 등 여러 상한이 역시 선산에 투장하는 일이 발생했다. 이 역시 승소를 하여 투장한 무덤을 옮기겠다는 다짐을 여러 번 받았지만, 이행되지 않았다. 장씨 가문에서 1875년에 이르기까지 제출한 소지가 15회나 됐다.

1879년에는 또 다른 산송이 시작됐다. 이것은 1891년 종결될 때까지 35회에 걸친 상서가 있었고, 투장자의 다짐을 받은 것도 세 번이나 됐다. 이후에도 한두 차례 더 소송이 있었으니 장씨 가문은 19세기 내내 산송으로 세월을 보냈다고 할 수 있다.[3]

장씨가의 소송은 대부분 하층민의 투장으로 시작된 것이다. 따라서 관의 판결도 제법 신속하고 유리하게 받은 편이다. 만약 비슷한 양반 가문끼리 소송을 했다면 더 많은 시간이 소요됐을 것이다. 어쩌면 여러 대에 걸쳐 산송이 계속됐을지도 모를 일이다.

양반과 하층민 간의 싸움은 아예 상대가 되지 않았다. 하층민은 일방적으로 굴욕을 감내하지 않으면 안 됐다. 이 일방적 굴욕은 동학농민전쟁기에 폭발하고 말았다. 즉 동학농민군이 적극적으로 활동하던 시기에 농민군은 양반에게 조상의 묘를 파버리겠다掘塚며 위협하거나 실제로 묘지를 파내버리는 일이 곳곳에서 일어났다. 양반에 대한 가장 적극적인 적대감의 표시였다. 결국 동학농민군의 희망과 꿈은 좌절됐고, 다시 양반의 산에 대한 기득권은 인정됐다. 이것은 일제강점기의 근대적 법체계 아래서 재차 확인됐다. 이제 민중은 살아서뿐만 아니라 죽어서도 산으로부터 소외됐다.

산, 민중의 의지처

민중은 기나긴 세월 동안 어쩌면 산에 의지해 살아왔다고 해도 과언이 아니다. 그것도 힘들거나 고통받는 때일수록 더욱 그러했다. 산에서 나무를 베어 집을 짓고, 땔감을 구해 취사와 난방을 해결했다. 병이 들면 산에서 약을 구했고, 흉년이 들면 산에서 먹을 것을 찾았다. 난리가 나도 산에서 피난처를 구했다. 그뿐이 아니다. 죽어서도 산에 묻혔다. 산은 모든 사람을 어떤 이유로든 넉넉히 감싸주고 포용해주었다. 그래서 산은 세상의 꼴사나운 모습을 피해 들어온 은둔자의 보금자리가 되기도 했다. 백이伯夷와 숙제叔齊가 그러했고, 한식寒食날의 유래 또한 그러했다.

우리나라만큼 외세의 침략을 많이 받은 나라도 없을 것이다. 자연의 풍요를 누릴 수 있었던 것도 아니었다. 전쟁과 기근은 끊임없이 생존을 위협했고, 이에 더해 탐관오리의 수탈은 더욱 잔혹했다. 이것은 결국 민의 유망 현상으로 나타났다. 어느 때이고 백성의 유망이 문제가 되지 않는 해가 거의 없을 정도였다. 100호가 살던 마을이 텅 비었다거나, 수십 리를 가도 연기 나는 집을 볼 수가 없다는 기록은 이 같은 사정을 잘 말해준다.

실제로 임진왜란이 일어나기 30여 년 전 충청도 단양군에는 백성의 집이 겨우 40여 호밖에 되지 않는다는 보고가 있었다.[4] 이는 100여 년 전 세종 연간의 235호였던 것과 비교해 볼 때 도리어 6분의 1로 줄어든 것이다. 이 같은 사정은 전국이 마찬가지였다. 흉년과 가혹한 세금 때문이었다. 게다가 곧이어 임진왜란이 일어났으니 백성의 삶은 오죽했으랴.

그러나 지금 여기서 민중의 고통을 말하고자 하는 것은 아니다. 우리의 관심은 그러고도 어떻게 살아남았을까 하는 것이다. 그것은 오직 산에 의지함으로써 가능했다고 할 수 있다. 흉년이 들어서, 관리의 주구 때문에, 혹은 난리를 피해서 백성들은 산으로 들어갔고, 거기서 연명할 수 있었다. 그중 일부는 아예 산에서 눌러살기도 했다. 말하자면 화전민이 된 것이다. 물론 파악되는 한 예외 없이 이들에게도 세금은 부과됐다. 아무튼 산은 백성의 의지처이자 은신처였다. 또한 지배층에 대한 소박한 저항의 소굴이기도 했다.

어딘가에 의지할 수 있었던 사람은 그래도 나았다. 의지할 곳 없이 뿌리마저 완전히 뽑힌 사람은 생존을 위해 또 다른 방법을 찾지 않을 수 없었다. 아무것도 없는 사람이 살아가는 최후의 선택은 도적이 되는 것이었다. 이들 역시 산을 의지해 살아갈 수밖에 없었다. 산적인 것이다. 임꺽정과 장길산 등이 대표적이다.

이러한 일은 현대사에서도 일어난다. 전쟁과 분단 등 많은 일을 겪으면서 산은 우리 민중의 의지처요, 삶의 최후 보루이며, 저항의 역사적 상징물로 형상화됐다. 태백산맥과 지리산은 땅에 솟아 있는 자연이 아니라, 우리 현대사의 현장이고 저항의 상징으로 우뚝 서 있다.

산은 이제 더 이상 산으로만 존재하지 않는다. 산은 인간과 역사의 관계 속에서 더욱 산다워진다. 산은 그 무게만큼이나 깊고 고통스러운 인간의 삶을 부여안고 있고, 그들의 고통만큼이나 숱한 역사를 되새김하고 있다. 따라서 산을 다만 경치로만 볼 수 없게 한다.

우리는 산도 하나의 생명으로 간주한다. 정기精氣를 가졌다고들 한다. 훌륭한 사람이나 특출한 사람은 대부분 산의 정기를 받았다고 한다. 그래서 특출한 인간의 출생에는 산과 관련된 이런저런 이야기가 많이 전해진다. 이는 풍수지리설과 관련이 있는지도 모른다. 원래부터 그렇게 생각해온 것인지, 아니면 풍수지리설이 전래된 이후 형성된 생각인지는 확인할 수 없다. 여기서는 풍수사상이 나말여초에 변혁의 논리를 제공했다는 사실을 기억하는 것만으로도 충분하다.

그뿐만이 아니다. 임진왜란 당시 명나라 장수 이여송李如松(1549~1598)은 조선 각지의 혈맥을 잘랐다고 하고, 일본 제국주의는 우리 강산 곳곳에 쇠말뚝을 박아 민족의 정기를 말살하고자 했다고도 한다. 진실과는 관계없이 민중의 역사는 이렇게 전승되어왔다. 적어도 민중에게는 산이 늘 함께하고 있었다.

시끄러운 향촌 사회

향안, 양반의 명부

향안이란 대체로 16세기 이후 각 군현에서 작성된 양반의 명부다. 향안은 단독으로 존재했던 것이 아니라, 유향소 및 향규와 함께했다. 유향소는 위로는 수령을 견제하고 아래로는 향리를 감독하는 양반의 향촌 자치 조직이었다. 우리가 잘 아는 좌수와 별감이 바로 이 유향소의 직책이다. 향규는 유향소를 운영하고 향안을 작성하는 데 필요한 제반 규약이다. 말하자면 좌수를 어떻게 선출해야 하고, 향안을 언제, 어떠한 절차를 거쳐 작성해야 하는지 등을 규정해둔 것이다.

향안은 양반의 명부지만, 모든 양반을 수록하지는 않았다. 양반 중의 양반만을 엄선해서 이름을 올렸다. 그래서 향안에 이름이 기록된 사람은 스스로를 세족世族이니, 문벌門閥이니, 청문사족淸門士族이라고 칭함으로써 그러하지 못한 양반과 구분 짓고자 했다.

상주 향안 향안은 고을마다 달랐는데, 상주에서는 『상산향언록(商山鄕彦錄)』이라고 했다. 그리고 아주 소중하게 취급했다. 그래서비단과 철권(鐵券)으로 장정되어 있다. 함부로 열람할 수도 없었다. 상주향교 소장.

조선의 각 고을에서 향안은 아주 중요한 것이었다. 좌수와 별감은 물론이고 향안에 이름을 올린 이들의 권위는 대단했다. 특히 '안동의 좌수는 나라님도 어쩌지 못한다'고 하거나, 향안에 기록되는 것을 '조정의 벼슬아치 명부仕版에 이름을 올리는 것과 같다'고 표현할 정도였다.

조선 후기 대부분의 영남 양반은 과거를 보지 못하고 관직에 나아가지 못했다. 이것이 오래 지속되면 명문 양반가로 대우받기란 사실상 어려워진다. 그러나 향안에 이름을 올리면 당당히 명문 양반가로 행세할 수 있었고, 따라서 혼인에도 크게 유리했다. 반대로 향안에 들지 못한 양반은 고을의 공식 회의인 향회鄕會에 참석하지 못했으니, 양반으로서 실질적 특권을 행사하지 못하는 셈이다. 그러나 향안에 든 양반과 들지 못한 양반의 차이란 극히 애매했다. 이름을 올리지 못한 양반은 지극히 원통하게 생각했다. 향안에는 원칙적으로 5년마다 새로운 인물을 등록해야 했지만, 이것이 제대로 지켜지지는 않았다.

향안의 보관 또한 엄격했다. 궤에 넣어 봉인한 후 향청에 소중하게 보관했다. 향안에 이름 올린 사람을 향원鄕員이라고 했는데, 이들은 물론이고 임원인 좌수와 별감도 함부로 열람할 수 없었다. 대체로 전직·현직 임원으로 구성된 원로들이 동원되어 대단한 의식을 거행한 다음에야 향안을 열람할 수 있었다. 이것은 향안의 권위를 더욱 높여 범상하게 대할 일이 아님을 과시함이었다. 양반은 이런 식으로 자신들의 권위를 만들어 나갔다.

향안에 오르지 못하는 사람

향안에 이름을 올릴 사람, 곧 향원에 대한 자격 심사와 절차는 엄격했다. 자격은 대체로 "내외內外 사족으로 허물이 없는 자"[1] 정도로 간단했다. 사족은 양반의 또 다른 이름인데, 양반이 그러하듯이 사족도 항상 일정하게 쓰인 것만은 아니었다. 시기에 따라 조금씩 의미가 달랐다. 16세기 중반에는 대체로 6품 이상 벼슬에 오른 가문의 후손과 적어도 유학적 소양을 연마하는 학생이나 교생(향교의 생도) 이상이면 사족으로 취급했다. 이렇게 보면 사족이라는 규정은 그리 까다로운 조건은 아닌 듯싶다.

사족은 비사족과 비교하면 보다 분명해진다. 비사족으로는 향리, 서얼, 백성이 있다. 향리는 지방의 행정 실무를 담당하는 사람이고, 서얼은 첩의 자식이다. 백성이란 이들을 제외한 양인 신분의 농민을 지칭한다. 이들은 하는 역할이나 신분에서 사족 혹은 양반과 뚜렷이 구별된다. 이들이 향안에서 일차적으로 배제되는 것은 당연하다. 그런데 문제가 되는 것은 사족 가문에서도 초기에는 백성가와 혼인한 경우가 없지 않았다는 사실이다.[2] 향안에는 이들 사족 가문도 배제됐다. 그 당사자뿐만 아니라 친가, 외가, 처가까지 모두 문제 삼았다.

향안에 이름을 올릴 수 있는 자격은 바로 위와 같은 신분상 하자가 없는 경우다. 따라서 이전의 향안에 이름이 올라 있다면 그 자체로서 사족이라는 것이 증명된다. 이렇듯 향안에 참여하는 것을 향참鄕參이라고 했다. 부·모와 함께 처가도 이미 향안에 이름을 올렸다면 이를 흔히 삼향三鄕 또는 삼참三參이라고 했다. 삼참인 경우 자신에게 중대한 결함이 없다면 곧바로 향안에 오를 수 있었다.

그러나 삼참을 제외하고는 비록 하자 없는 사족이라 하더라도 그것은 그냥 자격일 뿐이었다. 다시 기존의 향원에게 가부를 묻고, 향선생鄕先生이라는 전임자나 원로의 의견을 들어야 했다. 누구라도 반대가 있다면 향안 입록은 불가능했다. 그러니 향안에 이름을 올린다는 것이 얼마나 어려운 일인지, 반대로 이름을 올리지 못한 사람이 지역의 양반 사회에서 느껴야 할 패배감과 소외감이 얼마나 클지를 짐작해볼 수 있다.

그러나 실제로는 향안에 오른 양반과 오르지 못한 양반의 차이는 극히 애매한 경우가 많았다. 또한 그 자격 기준이 일관되게 관철된 것도 아니었다. 신분의 경계 자체가 원래 모호할 수밖에 없는데, 좀 더하거나 덜한 양반의 구분이란 애초부터 어려울 수밖에 없었다. 늘 문제가 생겼고, 분란이 일어날 수밖에 없었다. 향안 입록을 주관했던 좌수와 별감은 도리어 누락된 자가 다음 기회에는 원통함을 설욕할 수 있길 간절히 바라는 실정이었다.

서얼의 반격

향안을 작성하는 이유는 누가 세족이고 누가 문벌인지 구별하여, 이들로 하여금 향촌의 풍속을 바로잡고자 함이었다. 그런데 세족과 문벌을 구별한다는 명목으로 서얼과 향리를 철저하게 차별했다. 향리와 서얼은 모두 사족인 양반과 같은 조상의 후예였다. 따라서 농민이나 노비와 달리 양반과 비슷한 처지에서 경쟁할 수 있는 존재였다.

18세기 이후 향리는 거의 문제가 되지 않았다. 향리와 사족은 같은 조상에서 분화했지만 점차 대수代數가 멀어지면서 확연히 구분됐다. 또 정치와 행정 또는 학문과 실무라는 점에서도 상호 역할 분담이 가능했다.

그러나 서얼 문제는 18세기 이후 더욱 심각해졌다. 적과 서는 아주 가까운 형제와 숙질 사이에도 존재했고 또 끊임없이 재생산됐다. 더욱이 서얼과는 서로 나눌 만한 역할도 달리 없었다. 서얼은 정치사회적으로는 차별받았지만, 경제적 또는 학문적 식견에서는 적손 못지않은 기반을 갖추고 있었다. 서얼은 18세기 이후 각종 변란變亂에 적극 참여하거나, 적손 중심의 사회질서에 저항하는 다양한 활동을 전개했다.

서얼은 특히 18세기 이후 법적·정치적으로 자신들에게 가해지는 차별을 철폐하기 위한 운동을 벌여 나갔다. 이들은 중앙 관직에 대한 차별 철폐뿐 아니라, 향안에도 적손인 사족과 함께, 그것도 나이에 따라序齒 기록되기를 요구했다. 이러한 서얼의 요구는 영조 연간에 부분적으로 수용되다가 정조 원년(1777)에 이르러 거의 관철됐다.

이제 서얼은 중앙 관직에서도 차별받지 않게 됐고, 향촌 사회에도 우두머리 자리를 제외하고는 적손의 양반과 동등한 자격으로 참여할 수 있게 됐다. 물론 이러한 조정의 조치가 향촌 사회에서 그대로 받아들여진 것은 아니었다. 특히 영남 지역에서 그러했다. 1772년(영조 48) 영조는 경상도 서얼 유생 3천여 명의 향안 참여에 대한 상소에 허락하는 답을 내렸다.[3] 그러나 다음 날 이를 번복하는 소동을 벌였다. 영남 선비의 반발을 의식하지 않을 수 없었다. 그러나 이는 일시적인 것이었고, 서얼에 대한 차별 철폐 정책은 이후에도 계속됐다. 향촌의 양반이 조정의 법을 계속해서 거부할 수는 없었다. 영남이라고 하여 다를 것이 없었다.

향안에 서얼의 이름을 올린다는 것은 적통의 양반으로서는 도저히 받아들일 수 없는 일이었다. 그렇다고 조정의 법을 무시할 수도 없었다. 이를 최소화하기 위한 온갖 방법이 동원됐다. 안동에서는 향안의 마지막에 새로 소통된 사람이란 의미의 '신통新通'을 표기한 후에 서얼의 이름을 따로 모아서 기록했다. 또 나이도 60세 이상으로 한정했다. 이렇게 함으로써 서얼을 차별함과 함께 그 수를 최대한으로 줄이

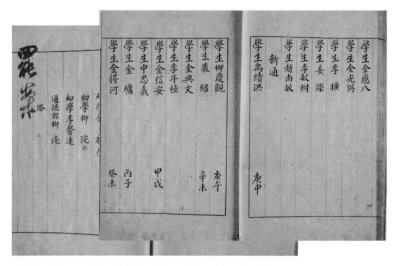

신통과 파안 1773년에 작성된 『안동향록』의 일부다. '신통(新通)'이란 새로 양반과 통하게 됐다는 의미로 서얼을 지칭한다. 마지막에 '파안(罷案)'이라 붉게 쓰여 있는 것은 파기되어야 할 향안이라는 것이다. 그러나 적통의 양반들은 이를 파기하지 않고 남겨두어 누가 서얼인지를 확인할 수 있게 했다. 안동 하회 영모각 소장.

고자 했다. 서얼 또한 이를 지켜볼 수만은 없었다. 60세 이상으로 한정함은 서얼에게만 해당된 문제가 아니지만, '신통'을 별도로 두어 차별한 것은 분명 위법이었다. 서얼은 나라의 법을 거론하며 강력히 항의했다. 안동의 양반도 어쩔 수 없이 이미 만들었던 향안을 파기하고 다시 작성할 수밖에 없었다.

적통의 양반으로서는 불만이 아닐 수 없었다. 이들의 불만은 결국 향안을 더 이상 작성하지 않는 것으로 마무리됐다. 향안을 작성하는 목적이 서얼 등을 차별하고자 함이었는데, 그것이 가능하지 않게 된 상황에서 굳이 계속 작성해야 할 이유는 없었다. 사족은 이미 몇 세대에 걸쳐 향안에 입록되어 있었기 때문에 향촌 사회에서 누릴 신분적 특권과 사회적 권위를 이미 확보한 셈이었다. 굳이 신향新鄕이라 불리는 서얼과 어깨를 나란히 할 필요는 없었다. 또한 서얼이 기록되는 상황인 만큼 가계상의 미미한 하자로 향안에 오르지 못했던 여타의 양반을 거부할 명분도 없어졌다. 대부분의 지역에서 이런 사정으로 말미암아 향안을 더 이상 작성하지 않았다. 그러나 이를 둘러싼 다툼은 분분했다.

끝나지 않는 싸움, 향전

조선 후기 향촌 사회에서 일어난 대립과 갈등은 향안 때문만은 아니었다. 그것은 아주 다양한 요인으로 촉발됐다. 어쨌거나 향촌 사회에서 발생하는 대립과 갈등을 향전鄕戰이라고 한다.

조선 후기에는 정치적으로는 물론이고 사회경제적으로도 큰 변화와 발전이 있었다. 이로 말미암아 한편에서는 양반 사회 내부의 분화와 분열이 가속화됐고, 다른 한편에서는 양반 이하 계층의 성장과 도전이 두드러지고 있었다. 말하자면 양반 사회가 재편되고 있었다.

조선 전기에는 양반의 수도 적었지만, 친손과 외손이 전혀 차별받지 않았다. 사실상 한 지역의 양반은 혼인을 통해 재산을 주고받으면서 서로 얽히고설켜 있었다. 이로써 양반의 혈연공동체가 형성될 수 있었다. 그러나 16~17세기를 지나면서 종법이 보급되고 확산되면서 친손과 외손은 점차 구별됐다. 종법은 부계 혈통을 중시해 적장자 중심으로 제사를 받드는 체계다. 부계 혈통을 중시하면 외손은 큰 의

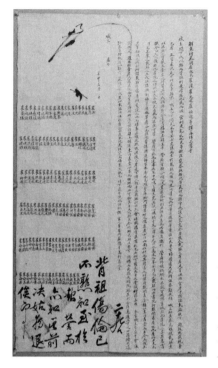

소송 문서 1872년(고종 9) 최씨 족인 116명이 종통(宗統) 문제를 해결하기 위해 대구부(大丘府)에 올린 소지다. 수령의 수결과 일종의 판결문에 해당하는 제사(題辭)가 큰 글자로 쓰여 있고, 관인도 찍혀 있다. (63×110.5cm). 경주최씨 백불암 종택 소장.

미가 없어진다. 따라서 다른 성씨와의 연대는 점차 약해질 수밖에 없고, 도리어 경쟁 체제가 형성될 뿐이었다.

조선 후기 문벌이 중시되면서 지역사회에서는 성씨 간, 심지어 동성의 문중 간에도 우열 경쟁이 격화되고 있었다. 양반 사회에서는 작은 문제를 가지고도 서로 시비하고 불화했다. 서원에 안치할 선현의 위패를 왼쪽에 둘지 오른쪽에 둘지, 누가 누구의 제자인지 아닌지 등을 두고 치열하게 다툼을 벌였다. 문집 간행에 들어갈 한두 글귀를 두고도 지루하게 왈가왈부했다. 그뿐 아니라 종통宗統 시비와 적서 갈등이 심각한 집안도 많았다. 산이나 전답의 소유와 묘지 개설을 둘러싼 소송과 갈등도 심각했다. 이러한 대립과 갈등은 양반 상호 간이 나 양반과 서얼·하층민 사이에도 일어났다. 특히 양반 상호 간의 갈등과 대립은 수십, 수백 년을 두고 계속되기도 했다.

영남의 양반은 대개 정치적으로 남인의 입장을 고수해왔다. 그러나 17세기 중반 이후 점차 중앙 진출이 차단되고 소외되면서 향촌 사회에 대한 관심이 더 커질 수밖에 없었다. 일찍부터 영남의 양반은 향촌 사회를 기반으로 하여 중앙 정계에 진출하여 집권 세력과 대립해왔다. 따라서 노론과 세도정권은 영남 남인에게 향촌 사회를 전적으로 내맡길 수가 없었다. 무엇보다도 남인의 비판과 도전을 사전에 둔화시킬 필요가 절실했다. 노론 집권 세력은 이 시기에 새롭게 흥기하던 서얼이나 노론으로 전향한 세력을 직간접적으로 지원하고 두둔함으로써 이들로 하여금 영남의 전통적 지배 세력인 남인과 지루한 향전을 벌이게 했다.

안동에서는 새로 노론으로 전향한 세력이 김상헌 서원金尚憲書院을 건립하고자 했다. 노론의 경상 감사와 안동과 인근의 수령들이 이를 적극 지원했음은 물론이다. 청음淸陰 김상헌(1570~1652)은 선대에 안동에서 서울로 진출한 안동김씨로 노론의 대표적 인물이었다. 노론은 이 서원을 거점으로 하여 남인 세력의 중심지인 안동을 제압하고, 나아가 영남을 조종하고자 했다. 안동의 선비로서는 묵과할 수 없는 일이었다. 결국 완공 직전에 이 서원을 부숴버렸다. 주동자는 귀양을 갔지만, 서원은 다시 들어서지 못했다.[4]

영해에서는 수령이 향교에서 거행하는 석전제에 노론계 서얼들을 제관으로 추천했다. 그러자 남인계 적손들이 이를 거부했다. 수령은 이들을 구금하면서까지 서얼을 참여시키고자 했다. 그러나 경상 감사가 교체되면서 상황이 바뀌었다. 영남의 여러 고을 선비도 통문을 돌려 조직적으로 항의했다. 이로 말미암아 수령은 파직되고, 적·서의 핵심 인물 열네 명도 함께 귀양길에 올랐다.[5] 이렇듯 향전은 지역 사회 내부의 적서나 남인·노론의 대립·갈등만이 아니라 그 배후에는 노론 집권 세력의 적극적 지원과 조종이 있었다.

향전을 벌였지만 노론 세력이 향촌 사회를 장악하지는 못했다. 그러나 적어도 영남의 남인을 향촌 사회에 묶어둘 수는 있었다. 반대로 향촌 사회의 자질구레한 싸움에 휘말린 영남의 남인은 노론과 세도 가문의 전제정치에 제대로 대응할 수 없었다. 영남의 남인이 오랫동안 재야 세력으로 존재할 수밖에 없었던 것은 당연한 결과였다.

남인의 오랜 재야 생활은 새로운 문물이나 세상의 흐름에서도 멀어지게 했다. 자신 있는 것은 새로운 것이 아니라 옛것이었다. 옛것을 고쳐 새롭게 하는 것이 아니라 그냥 묵수하고 고수할 뿐이었다. 묵수와 고수로는 새로운 세상에 대응할 수 없었다.

영남의 남인에게도 기회는 있었다. 정조의 등극이 그랬고 흥선대원군의 집권이 그랬다. 모두 남인을 적극 지원했고 스스로 남인으로 자처하기도 했다. 그러나 영남의 선비는 기회를 살리지 못했다. 국정 경험도, 새로운 시대를 이끌어갈 경륜도 없었고, 새로운 비전도 갖추지 못했다. 이래서는 기득권 세력이 아무리 문제가 많다 하더라도 그것을 역사의 뒤안길로 밀어낼 수 없다. 그저 후견인 정조나 대원군의 운명과 함께하는 종속변수에 불과할 뿐이었다. 이것이 영남 남인의 한계였다.

전염병에서 살아남기

의원도 있고, 약국도 있었다

양반의 일기에서 가장 빈번하게 등장하는 것이 병과 탕약이다. 오늘날에는 의료기술이 발달해 전염병은 대부분 예방된다. 그러나 조선시대에는 사소한 병이라도 죽음에 이르는 치명적 원인이 됐고, 홍역·천연두·괴질 등이 돌면 거의 속수무책이었다. 따라서 누구나 이같은 질병과 전염병에서 자유로울 수 없었다.

조선의 양반가에서는 침이나 뜸보다 주로 탕약에 의존했다. 침이나 뜸에 대한 기록은 흔하게 볼 수 없다. 양반가에 환자가 생기면 대부분 인근의 의원을 불러왔다. 아이가 아프면 가마에 태워 의원에게 보내기도 했다. 탕약은 의원에게서 구입했지만, 화제和劑라고 하는 처방전을 받아서 직접 또는 약국에서 제조하기도 했다. 약재와 탕약에 대한 지식은 대부분 『동의보감東醫寶鑑』을 통해 습득한 것으로 보인다. 1613년(광해군 5)에 간행된 『동의보감』은 널리 유포됐다. 이를

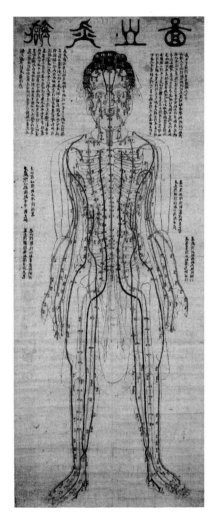

「경혈도」 침을 놓거나 뜸을 뜨는 자리를 표시한 그림이다. 오늘날에도 한의원에서 자주 볼 수 있다. 국립중앙박물관 소장.

토대로 하여 의원과 약국이 번성했고, 선비도 이를 통해 병과 약재에 대해 관심과 지식을 갖게 됐다.

양반은 약재와 탕약에 아주 관심이 많았다. 그도 그럴 것이 대부분 한두 가지의 병은 앓고 있었기 때문이다. 약물에 지나치게 의존한 나머지 약을 오용하거나 남용하는 문제도 심각했다. 역사적으로 왕의 죽음에 독살설이 끊이지 않는 것도 탕약의 오남용에서 말미암은 것이거나 이를 활용한 것이라 할 수 있다. 이처럼 약의 오남용이 많았던 것은 병을 정확하게 진단하지 못한 탓도 있었지만, 결과적으로는 의원의 질적 수준이 낮은 데서 오는 문제이기도 했다.

약국은 큰 읍내의 경우 몇 개씩, 몇몇 마을 단위로도 한두 곳 정도는 있었던 것으로 보인다. 의원은 더욱 많았다. 전업 의원도 있었지만, 진맥과 병에 일정한 상식을 가진 사람도 의원 역할을 했다. 탕약에 필요한 기본 재료는 상비했지만, 인삼이나 꿀 등은 그리 흔한 것이 아니었다. 특히 인삼은 여러 병에 고급 치료제로 인기가 높았다. 구하기 어렵거나 값비싼 약재는 주로 벼슬살이하는 친척이나 친구를 통해 구입했다. 보약이나 환제도 사용됐지만, 탕약에 비해 아주 비쌌다. 그래서 아주 부유한 양반이 아니면 엄두도 내지 못할 일이었다. 약재 소비가 많아지고, 또 귀한 약재는 고가로 매매됐기 때문에 가짜도 많이 유통됐다.

18세기 전반 대구 북면 지역에서는 정鄭 의원이 활동했고, 대구부 읍내에는 강姜 의원, 서徐 의원 등이 있었다. 그리고 영국嶺局이라 불리는 약국도 있었다.

대구의 해북촌면 칠계에서 살던 어느 한 양반은 1735년 3월 초부터 6월 말에 이르기까지 가슴과 배의 통증으로 심하게 고생하고 있었다. 심할 때는 배 왼쪽 아랫부분에 덩어리가 만져질 정도였다. 이것을 치료하기 위해 의원을 불러 진맥한 것이 일고여덟 번이었고, 아들이나 노비를 시켜 탕약을 제조해온 것도 여러 차례였다. 주로 정 의원을 통해 치료를 했지만, 읍내의 강 의원이나 서 의원에게 약을 문의하기도 했다.

이를 치료하기 위해 다양한 탕약이 쓰였다. 계지감초탕桂枝甘草湯(3첩), 시호궁하탕柴胡芎夏湯(4첩), 행기향소산行氣香蘇散(5첩), 소적정원산消積正元散(10첩), 생맥산生脈散(21첩), 가감오적산加減五積散(8첩), 지실리중탕枳實理中湯(3첩), 가감시진탕加減柴陳湯(3첩), 가감육군자탕加減六君子湯(3첩), 정기천향탕正氣天香湯(10첩), 목향파기산木香破氣散(7첩), 곽향정기산藿香正氣散(5첩), 삼자양친탕三子養親湯(5첩) 그리고 온백원溫白元 등이 그것이다.

병은 위암 말기쯤으로 보인다. 쓰인 약은 모두 배 속의 덩어리를 제거하거나 완화하기 위한 것이다. 그러나 효과가 없었기 때문에 이런저런 약을 처방했던 것으로 보인다. 암의 존재를 몰랐으니 당연한 결과다. 그리고 이 탕약과 함께 주로 먹은 것으로는 잉어회와 닭 국물이 있는데, 이것은 속을 따뜻하게 해주는 음식이다.

일반적인 질병의 치료에 탕약과 함께 빼놓을 수 없는 것이 영양가 높은 음식물이었다. 말하자면 보신 음식을 먹음으로써 병에 대한 저항력을 높이는 간접 치료법인 셈이었다. 병에 대한 정확한 진단이나 딱 맞는 치료제가 없는 상황에서 보신 음식은 병을 이겨내게 하는 간접 치료제 구실을 했다. 보신용 재료로는 닭이나 개 또는 각종 민물고기 등이 있었는데, 그중 개고기가 가장 흔하게 사용됐다.

개는 농촌에서 키우기가 가장 쉬웠고 영양가도 아주 높았다. 개는 따로 먹이를 주지 않아도 됐으니 특별히 돌봐야 할 일도 없고, 농가에 피해를 주지도 않았다. 닭은 가두어 키우지 않는다면 남새밭을 망칠 수 있었고, 가두어 키우려면 먹이를 주어야 했다. 돼지 키우기에는 사료가 적잖이 들었다. 그럴 사료가 있다면 소를 우선 먹여야 했다. 소는 농사철에 농민 두 사람 몫을 할 뿐만 아니라 거름도 많이 생산하니 농가에는 절대적 존재였다. 소가 있다는 것은 중농 이상임을 의미한다. 돼지는 소 다음이었으니, 돼지를 키울 여력이 있다는 것은 아주 큰 부자였다는 얘기다.

조선시대 상민은 물론이고 양반도 쇠고기를 먹는다는 것은 그리 흔한 일이 아니었다. 쇠고기는 양반가의 제사나 향교 및 서원의 향사享祀 등 제수에 주로 사용됐다. 그래서 고을의 푸줏간은 향교 가까이 있었다. 초정楚亭 박제가朴齊家(1750~1805)는 이런 목적으로 도살되는 소가 1년에 근 500마리나 된다고 했다. 물론 이를 핑계 삼아 도살하는 일도 많았을 것이다.

나라에서는 소의 도살을 금하는 정책을 펼쳤다. 자연재해로 인한 흉년과 사회불안, 농우農牛 부족 등이 우려될 때 더욱 강조됐지만, 그 실효성은 늘 의문이었다. 아무튼 이 같은 국가 정책은 쇠고기 섭취를 어느 정도 제약했음을 의미한다.

개고기는 오늘날 대부분 혐오 또는 금지 식품으로 취급된다. 그러나 조선시대 개고기는 상민뿐만 아니라 양반의 보양식이기도 했다. 양반의 향중 모임인 향회나 유회儒會에는 어김없이 개장국이 상에 올랐다. 그래서 선비가 먹는 고기라 하여 개고기를 흔히 '유육儒肉'이라고도 했다. 농부는 특히 여름철에 개고기를 먹어 단백질을 섭취함으로써 고된 노동을 감당할 수 있었다. 또한 잘 상하지 않아 여름철 음식으로 애용됐다. 나아가 음식의 차원을 넘어 병든 사람의 간접 치료제로도 쓰였다.

병이 심하여 더 이상 방법이 없는 경우 무당을 불러 굿을 하기도 했다. 나쁜 질병을 귀신의 소행으로 생각했던 것이다. 유가儒家에서 굿을 한다는 것은 있을 수 없는 일이었지만, 그 절박함을 차마 외면할 수도 없었다.

피병, 깨끗한 곳으로 피신하기

전염병은 개인의 질병과 비교할 수 없을 정도로 치명적이었다. 당시 유행한 흔한 전염병은 두역痘疫 혹은 마마로 알려진 천연두였다. 치료할 수 있는 약이나 방법은 없었다. 당시 사람이 할 수 있는 것은 우선 외부인의 출입을 차단하거나 환자나 자신을 격리하는 일뿐이었다.

우선 출입 차단은 전염을 미연에 방지하는 가장 일차적인 방법이다. 예를 들어 전염병이 발생하면 외지에서 오는 손님이나 비록 가족이라도 곧장 마을로 들어오지 못했다. 혹시나 전염의 우려가 있었기 때문이다. 특히 이미 전염병이 발생한 지역을 거쳐서 온 사람의 경우는 아랫마을에 하루나 이틀 정도 묵어서 별다른 이상이 없다는 것이 확인되어야 들어오거나 아니면 돌아가는 것이 관례였다. 여기서 아랫마을이란 반촌의 입구에 있는 민촌이다. 따라서 전염병이 사방에서 창궐하면 교통이 두절되기 마련이었다.

마을에 환자가 생기면 환자를 격리하거나 오염되지 않은 다른 마을로 피신할 수밖에 없었다. 전자의 경우는 주로 하층민에게 적용됐고, 후자는 피병避病이라 하여 주로 양반의 대응 방법이었다.

피병은 거주 지역에서 병이 물러갈 때까지 계속되는데, 경우에 따라서는 1년을 넘기기도 했다. 이러한 피병은 당시에 일상화된 것이었다. 가족이 많으면 여러 곳으로 나누어 갈 수밖에 없었다. 피병지로는 주로 인근의 사찰이나 노비의 집이 이용됐다. 전염병이 창궐하면 외부인의 출입을 제한하기는 어느 마을이나 마찬가지였다. 양반이라 하더라도 연고가 없는 마을에서는 배척을 받기도 했다. 피병지가 항상 청정 지역일 수는 없었기 때문에 몇 번이고 옮겨 다녀야만 했다. 하지만 모두가 집을 떠나는 것은 아니었다. 이동이 쉽지 않은 노인이나 종은 집을 지켜야 했다. 피병이 완벽한 해결책은 아니기에 죽음의 화를 면하지 못하는 사람도 많았다. 전염병이 창궐하는 상황에서 죽은 이를 장사 지내는 것은 더욱 처참한 일이었다.

피병은 경우에 따라서 장기간 지속되기도 했다. 대구의 한 양반가는 1737년 두병(천연두)으로 인한 피병 생활을 12월부터 다음 해 10월까지 무려 11개월이나 계속했고, 1742년에도 역시 두병으로 2월부터 다음 해 2월에 이르기까지 1년 넘게 피병 생활을 했다. 더욱이 1742년에는 전염성 열병인 여역癘疫이 함께 극성을 부려 많은 사람이 죽음을 면치 못했다. 그래서 마을에서는 돈을 거두어 전염병이 물러가기를 기원하는 제사를 지내기도 했다.

1746년에는 1월부터 시작된 두병이 다음 해 6월까지 계속됐다. 이때는 전염병이 전국적으로 극성을 부려 임금이 직접 백성을 걱정하는 글을 내리고, 감사가 여역이 물러나길 기원하는 제사를 지낼 정도였다. 어린 손자와 친척, 노비의 사망이 이어지는 참극이 벌어졌다.

1752년에는 2월에 시작된 두병이 1754년 5월에야 진정됐으니 무려 2년 4개월이나 피병 생활을 해야만 했다. 1755년, 1761년, 1770년에도 8~9개월 혹은 1년이 넘는 피병 생활이 계속됐다. 1759년에는 돌림병輪症으로 8개월이나 피병 생활을 하기도 했다.

1886년 6월에는 설사를 동반한 괴질이 전국에서 발생했다. 이로 말미암아 죽은 사람이 6월 한 달에만 전국적으로 몇만 명인지 알 수 없을 정도였다. 대구에서는 1만 3천여 명이, 예천읍에서는 300여 명이, 상주에서는 1,300여 명이 죽었다. 괴질은 9월에야 소멸했으니 그 참상이 어떠했는지는 짐작하기조차 어렵다.

팔공산 아래 거주하던 최씨가의 경우 병을 피해 찾아간 곳은 주로 동화사나 부인사 등 인근의 사찰과 팔공산 산자락 마을이었다. 집에서 너무 먼 곳은 적당하지 않았다. 피병 생활은 가족이 함께 지낼 수도 없었다. 혹시 가족 모두가 한꺼번에 전염되는 최악의 경우가 생길 수도 있었고, 임시로 거처하는 집의 규모가 전 가족을 수용할 수 있을 만큼 넓은 곳이 아니었기 때문이다. 특히 겨울에는 피병 자체가 어려웠다. 여름에는 노비가 상전에게 방을 내어주고 밖에서 기거할 수 있었지만 겨울에는 그럴 수 없었기 때문이다. 따라서 전염병이 진정되더라도 집으로 돌아오는 것 또한 한꺼번에 이루어질 수 없었다.

이렇듯 전염병이 혹심하여 사방에서 창궐하면 옮겨갈 곳이 마땅찮았다. 앞서 말한 대구의 양반가에서는 전염병에서 벗어나자 의원과 친척, 노비를 불러 모아 소와 닭을 잡아 고된 피병 생활과 투병 생활을 위로하기도 했다.

반면에 노비가 천연두나 열병 등의 전염병에 걸리면 마을과 떨어진 곳에 임시 막사를 지어 격리했다. 하층민도 마찬가지였다. 격리가 의무는 아니었지만, 모두가 주시했다. 겨울에 격리되면 대부분 추위로 얼어 죽게 마련이었다. 하층민에게 전염병은 더욱 참혹할 수밖에 없었다.

질병이나 전염병이 특정한 신분에만 문제가 된 것은 아니었다. 그러나 탕약의 사용이나 피병으로 좀 더 적절하게 대응할 수 있었던 양반보다는 이것이 원천적으로 불가능했던 하층민에게 더 큰 고통이었음을 짐작하기 어렵지 않다. 질병과 전염병은 경제적 빈곤, 관리의 가렴주구 등과 함께 하층민에게 이중·삼중의 질곡으로 작용했음이 틀림없다.

질병에 대응하는 데 양반이 하층민에 비해 상대적으로 유리한 입장이었다고 하더라도 결코 자유로울 수는 없었다. 우리는 한 개인이나 역사를 이해할 때 질병이나 전염병에 대해서는 거의 관심을 두지 않는다. 그렇지만 전근대사회에서 질병이 한 개인의 정치·사회적 활동에, 또는 전염병이 당시의 인구 문제에 끼쳤을 심각한 영향을 더 이상 대충 보아 넘겨서는 안 될 것이다. 일상에서 일어난 이러한 문제에 대해 좀 더 구체적으로 이해할 수 있다면, 우리는 역사에 대해 보다 겸손해질 수 있을 것이다.

그래도 중세 서양의 페스트(흑사병)에 비한다면 약과다. 우리는 격리나 피병으로 대응했지만, 서양에서는 교회로 모여들어 하느님에게 의지했다. 페스트가 급격하게 확산됐음은 물론이다. 인구의 절반이 죽어 나갔다고 한다. 인구의 급감은 세상을 크게 변화시켰다. 노동력이 귀해졌고, 따라서 장원을 중심으로 구축됐던 봉건제도가 붕괴될 수밖에 없었다. 동시에 인간은 신으로부터 벗어날 수 있었다. 새로운 세상은 뜻하지 않은 우연으로도 온다.

가장 무서운 병, 숙환

얼마 전까지만 하더라도 신문의 부고란에는 어김없이 '숙환宿患으로 별세'했다는 기사가 실렸다. 그래서 고치지 못할 가장 무서운 병을 숙환이라고 한다는 우스갯소리도 있다. 조선시대 대부분의 사망 원인도 바로 이 오래된 병인 숙환이었다. 오늘날과 같이 병명과 원인을 정확하게 진단하지 못하던 시대에는 평생 무슨 병인지도 모르고 살아갈 수밖에 없는 경우가 많았다. 또 여러 치료 방법이 동원됐지만, 성공적으로 치료된 경우는 그리 많지 않았다. 그래서 사람들은 질병 또한 타고나는 운명으로 생각했다. 결국에는 평소 가지고 있던 병이 죽음에 이르는 숙환이 되고 만다. 숙환이 가장 무서운 병일 수밖에 없다.

조선 후기 양반의 일기에는 일상이 기록됐지만, 그 가운데서도 가장 자주 등장하는 것이 자신과 가족의 질병에 관한 내용이다. 질병은 천연두나 괴질 등과 같이 전염되거나 곧장 죽음에 이르지는 않지만 어쩌면 거의 매일을 병과 함께 생활할 수밖에 없게 했다. 그래서 어떤 경우에는 수십 년 동안 '오늘은 조금 차도가 있다', '오늘은 더욱 심하다'는 식으로 일기 첫머리를 장식하기도 했다. 지병持病이란 바

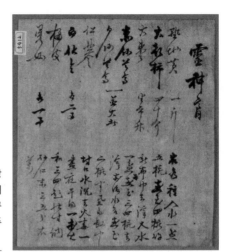

처방전 오늘날 병원에서 발급하는 처방전이나 마찬가지다. 이를 가지고 약국에서 약을 짓기도 했고, 스스로 약재를 구해 조제하기도 했다. (19.5×22cm). 경주 최씨 백불암 종택 소장.

로 이를 두고 하는 말이다. 오늘날에는 지병의 대부분을 간단한 치료만으로도 완치할 수 있지만, 당시에는 특별한 방법이 없었다. 따라서 언젠가는 이로 말미암아 죽음에 이를 수밖에 없었다.

지병의 상당 부분은 정결하지 못한 식생활로 말미암은 것이었다. 회충 감염이나 설사 같은 소화기 계통의 질병이 이에 속한다. 채소나 물고기 등 날것을 즐겨 먹는 식생활을 하면 회충이나 간디스토마 등의 감염이 당연할 수밖에 없다. 그런데 이를 치료하기 위해 많은 이들이 담배를 즐겼다. 담배는 또 충치 예방을 한다고도 여겼다. 이외에도 당시 사람들은 만성 위장병인 속앓이나 치질, 안질 등 온갖 질병으로 고생했다.

조선시대 사람들이 주고받은 편지에는 단순한 안부와 더불어, 구체적인 건강 상태와 질병, 약재 구입과 부탁, 비방秘方 등에 대한 이야기가 자주 나온다. 부모나 자신, 식솔 중 누군가는 병중에 있었음을 알 수 있다. 그것도 수십 일, 수개월 동안 계속되는 병이었다. 병세가 다소 나아져 다행인 날이 도리어 얼마 되지 않았다. 찾아가지 못했다거나 편지를 쓰지 못한 데 대한 변명이기도 했으니 다소 과장된 측면도 있을 것이다. 그러나 뒤집어보면 질병으로 인한 고통이 너무나 일상적이어서 안부조차도 구구절절 물을 수밖에 없었던 사정을 충분히 이해할 수 있다.

당시에는 '인생칠십고래희人生七十古來希'라 할 정도로 일흔 살까지 오래 사는 것은 드문 일이라고 생각했다. 중국 당나라 때 이야기이기는 하지만 조선시대에도 유행한 말이었을 것이다. 늘 병을 안고 살았으니 당연한 일인 듯 보인다. 그래서 예순 살이 되면 환갑잔치를 성대히 치렀고, 이후에는 진갑進甲(61세), 칠순七旬(70세), 미수米壽(88세), 망백望百(90세), 백수白壽(99세) 하는 식으로 일정한 나이마다 그 의미를 부여하면서 장수를 축하했다.

그렇다면 도대체 조선시대 양반의 평균수명은 어느 정도였을까? 족보를 이용한 한 통계에 따르면, 양반 중 성인 남성은 40세 이전에 죽는 경우가 약 20퍼센트, 60세 이상 생존율이 약 40퍼센트, 70세 이상 생존율이 약 20퍼센트였다. 그리고 여성은 60세 이상 생존율이 무려 65퍼센트에 이른다. 그러나 평균수명은 남성과 여성이 59세와 60세로 크게 차이 나지 않는다.[1] 여성의 경우 출산과 관련된 사망률이 높았다.

특기할 만한 것은 관직의 유무에 따라 평균수명이 크게 차이 난다는 사실이다. 남성은 관료가 관직을 가지지 못한 사람보다 30~40대에 죽는 비율이 높지만, 이후에는 훨씬 더 오래 살았다. 그래서 평균수명도 7~8세 정도나 높다. 반대로 여성은 관직을 가지지 못한 사람의 처가 도리어 4~5세 정도 오래 살았다. 아마도 남성 관직자는 30~40대에 벼슬길에 나아가기 위해 크게 무리를 했을지도 모를 일이다. 반대로 관직에 나아가지 못한 사람은 그것을 평생 한으로 안고 살아야 했기 때문에 늘그막에 불행하다는 생각을 더 많이 했을지도 도 모르겠다. 여성은 남편이 관직 생활을 하는 동안 혼자 집을 지키면서 농장을 관리하고, 자녀를 양육하고, 노비를 통솔해야 했으니 여간 고통스러운 생활이 아니었을 것이다.

그렇다 하더라도 조선시대 사람들이 우리가 짐작하는 것보다는 더 장수했음을 알 수 있다. 더욱이 70세를 넘겨 장수하는 사람이 20퍼센트에 달한다는 사실에서 '인생 칠십'도 그렇게 드물지 않았던 것으로 보인다. 그런데도 드물다고 생각한 것은 장수에 대한 욕망이 강했기 때문이다. 조선시대 사람들의 평균수명은 같은 시기의 서양인보다도 높았다고 한다. 그러나 유의해야 할 점이 있다. 족보에는 혼인하기 이전에 죽은 사람에 대한 기록은 전혀 없다. 조선시대도 기본적으로는 여전히 다산다사多産多死의 시기였다. 많이 낳았지만 성인이 되기 전에 또 많이 죽었다. 이들은 통계에서 당연히 제외됐다.

호적 역시 10여 세 미만의 아이는 거의 등재하지 않았다. 그래서 10대 인구가 70대보다도 적다. 그뿐 아니라 기록된 나이도 믿을 만하지 않다. 양반·상민 할 것 없이 대부분 나이를 높였기 때문이다. 서너 살은 보통이고 10여 세 이상 높인 경우도 많았다. 상민은 군역에서 벗어나기 위해, 양반은 수직壽職을 받기 위해서였다. 상민도 60세가 되면 군역에서 면제됐고, 70세가 넘으면 수직을 받을 수 있었다.

수직은 오직 품계만 주어지는 명예직에 불과했다. 그러나 이 또한 가문의 영광이었다. 부모를 오래 건강하게 잘 모셨다는 효도의 상징이기도 했지만, 조선 후기 지방의 양반이 그만큼 관직에 목말라했던 탓도 있다.

생물학적 연령과 그에 대한 인식이 항상 일치하는 것은 아니다. 젊어서도 스스로 늙었다고 생각한다면, 그것은 나이에 상관없이 늙은 이가 된다. 흔히 늙은 사람을 '할아버지'라고 한다. 물론 손자가 부르는 호칭이기도 하다. 할아버지는 손자를 볼 정도의 나이가 된 사람을 의미하기도 한다. 남성의 혼인 연령이 통상 20세 전후였으니 산술적으로 따져서 마흔 살쯤이면 손자 볼 나이가 된다. 그래서 조선시대 사람은 통상적으로 40~50세에 이르면 늙고 병들었다는 표현을 서슴없이 했다. 이때쯤이면 치아도 빠지기 시작했으니 외형적으로도 할아버지 모습이 된다.

'골골 30년'이라는 말이 있다. 병으로 늘 골골거리면서도 30년은 버틴다는 말이다. 조선시대 양반의 삶이 대부분 이러했던 것으로 보인다. 물론 무병장수한 경우도 없지 않았다. 그러나 골골거리며 더러는 불우한 시대를 살면서도 스스로 깨닫고 만족할 줄 아는 '자득自得'적 삶을 살 수 있었던 것은 끊임없는 유학적 실천과 성찰을 통해서였다. 이것이 선비의 삶이고, 일상이었다.

제
3
부

가정생활과
의례

가족과 가족 구성

처와 첩은 어떻게 다른가

조선 후기의 양반 사회는 절대적인 남성 중심 사회였다. 가정생활에서도 마찬가지였다. 특히 가장인 남편은 정식 아내인 처妻 외에 또 다른 아내를 둘 수 있었다. 이 또 다른 아내를 흔히 첩妾이라고 했다. 많은 양반이 첩을 두었다. 또 양반만이 아니라 왕실에서도 마찬가지였다. 말하자면 조선은 일부일처제가 아니라 일부다처제 사회인 셈이다. 이것은 불법이 아니라 합법이었다. 그래서 왕실에서는 비빈 제도가, 양반에게는 처첩 제도가 있었던 것이다. 비妃와 처는 정식 혼례식을 치르고 맞이한 부인이고, 빈嬪이나 첩은 이러한 절차 없이 들인 부인이다. 우리가 잘 아는 장희빈은 정식 비가 아니라 빈이고, 홍길동의 어머니도 처가 아니라 첩이었다.

양반은 혼인을 아주 중요하게 여겼다. 특히 중요한 것은 혼인 당사자가 아니라 가문이었다. 양반이 아닌 가문과의 혼인이란 상상도 할 수 없는 일이었다. 그것은 곧 그들 자신이 더 이상 양반이 아님을 선언함이나 마찬가지였기 때문이다.

어느 가문이든 더 격이 높은 집안과 혼인하고자 했다. 이렇게 신분을 따지고 가문의 높낮이를 고려해서 하는 혼인은 처를 맞이할 때만 적용됐다. 물론 정식 절차를 밟아 혼인한 처가 사망하여 다시 혼인할 때도 마찬가지였다. 남성은 두 번, 세 번 혼인하는 일이 허다했지만 이것이 허물이 되지는 않았다. 이 경우에도 역시 정식으로 혼인 절차를 거쳤기 때문에 처로 호칭됐다.

첩은 정식 혼인 절차를 밟지 않았을 뿐만 아니라, 그들의 신분 또한 문제가 되지 않았다. 첩은 주로 상민의 딸이거나 종인 경우가 많았다. 간혹 관청의 종이나 기생을 첩으로 삼아서 큰 문제를 일으키기도 했다. 이들은 개인의 소유물이 아니라 나라의 재산이었기 때문이다. 예나 지금이나 나라의 재물에 손을 대는 것은 법으로 금지된다. 생존한 처는 한 명이지만, 첩은 두세 명에 이르기도 했다.

양반은 여러 이유를 들어 첩 두는 것을 당연시했다. 남편은 첩과 그 자식들을 잘 감싸 거두는 것이 처의 도리라 생각했다. 처도 대부분 겉으로는 그렇게 생각했다. 어려서는 아버지를, 시집가서는 남편을, 늙어서는 아들을 따라야 한다는 여성의 삼종지도三從之道를 어려서부터 듣고 익혔기 때문이다. 더욱이 질투는 칠거지악七去之惡의 하나였다.

칠거지악이란 아내가 쫓겨날 수 있는 일곱 가지 악행을 말한다. 즉 질투와 함께 시부모에게 불손한 것, 아들을 낳지 못하는 것, 음란한 행위를 한 것, 투기하는 것, 나쁜 질병이 있는 것, 남을 험담하여 구설수에 오르는 것, 도둑질을 한 것이다.

이렇게 보면 여성은 쫓겨나거나 이혼을 당할지 모른다는 불안감 속에서 살았을 것 같다. 그러나 실제로는 이혼이 거의 허락되지 않았고, 나라에서도 최대한 이혼을 억제했다. 이는 정절 이데올로기 때문이다. 남편이 죽은 뒤에까지 정절을 지키게 하려면 재혼은 금지될 수밖에 없었고, 재혼이 금지된 사회에서 이혼녀가 양산된다는 것은 사회적으로 큰 문제가 되기 때문이다. 또한 법이 아니더라도 혼인이 오늘날과 같이 개인 간의 사랑이 아니라 가문과 가문의 결합이었기 때문에 이혼이란 결국 집안 간의 문제로 비화되기 마련이었다. 가문의 체통을 중요하게 생각했던 양반 사회에서 이혼이란 결코 명예로운 일이 아니었다.

이혼이 어려웠다는 것은 아내의 자리를 지켜주고 보호해준다는 측면도 있었지만, 여성을 더욱더 큰 고통 속으로 몰아넣기도 했다. 시부모와 남편이 며느리 혹은 아내를 이런저런 사정으로 내쫓을 수 없다 하더라도 이혼 이상의 고통을 줄 수 있는 방법은 다양했다. 소박이 그 한 가지였다.

소박이란 형식적으로는 부부로 생활하지만, 실제로는 남남으로 사는 것이다. 축첩이 허용되던 당시의 관습을 이용해 마음에 드는 첩을 들여 처를 소외하는 것이었다. 가족이지만 가족으로 인정하지 않고 따돌림을 하는데, 남편만이 아니라 때로는 시부모와 온 가족이 한통속이 되기도 했다. '때리는 시어미보다 말리는 시누이가 더 밉다'라는 속담이 이 같은 사정을 잘 대변해준다. 칠거지악과 달리 소박, 곧 전 가족 구성원의 따돌림은 뚜렷한 이유 없이 생길 수 있었고, 또 크게 드러나지도 않았다는 점에서 여성을 더욱 고통스럽게 했다.

한편 가정에서 처의 지위는 법으로 보장되지는 못했지만 아주 특별한 것이었다. 물론 상대적이고 개인적이지만, 아들딸 잘 길러내고 부모의 삼년상을 함께 치른 조강지처라면 그렇다는 것이다. 그래서 칠거지악에도 예외 조항이 있었다. 처에게는 자식이 든든한 울타리가 될 수도 있었다. 더구나 남편이 늘 도덕군자로 자처했다면, 도덕은 처에게도 큰 무기가 될 수 있었다.

16세기 후반 학자이자 관료였던 미암 유희춘은 예순이 좀 덜 된 나이에 서울 생활이 적적하다는 핑계로 첩을 들였으면 하여 시골에 있는 아내에게 편지를 보냈다. 아내는 대뜸 "당신이 지난 몇 달 동안 독수공방한 것을 무슨 큰 은혜라도 베푼 양 떠들어댈 수 있느냐"고 쏘아붙였다. '당신이 정말 군자라면 그럴 수 있느냐, 이러고도 어떻게 당신을 존경하라고 강요할 수 있느냐'고 따져 물은 것이다. 유희춘은 움찔했음이 틀림없다. 정말 당신을 군자라고 할 수 있느냐는 아내의 항변에 달리 할 말이 없었을 것이다. 그러나 다들 당연하게 들이는 첩 없이 자신은 몇 달간 독수공방했으니 묵인해주리라 기대했던 유희춘으로서는 아내가 야속하고 못마땅했을 것이다.

역시 16세기 성주에서 귀양살이를 하던 이문건은 기생과 정분이 났다. 기생에게 사랑하는 것은 그대뿐이라고 고백도 했다. 기생은 이를 자랑스럽게 떠들고 다녔다. 아내가 발끈하자 그럴 수 있는 것 아니냐고 어깃장을 놓았다. 아내도 지지 않았다. 이문건은 아내가 질투가 심하고 성질이 모질다고 푸념을 했다. 아내의 노기가 계속되자 아내에게 이런저런 고자질을 해대는 종을 불러 자신은 오직 아내만을 사랑할 뿐 기생은 한때의 노리개에 불과하다는 '홍보'를 하지 않을 수 없었다.

가정사는 내밀한 문제다. 함부로 논단하기가 쉽지 않음은 예나 지금이나 마찬가지다. 그러나 모두가 16세기의 사정이라는 사실을 염두에 두어야 한다. 여성에 대한 차별은 16~17세기를 지나면서 더욱 심화됐다.

조선은 남녀도 유별有別하고 부부도 유별한 사회였다. 남자는 하늘이고 여자는 땅이라고 차별했을 뿐만 아니라, 서로의 역할도 달랐다. 집 밖의 일은 남자의 몫이었고, 집 안의 일은 여자의 몫이었다. 그래서 아들에게는 학문을 가르쳤지만, 딸에게는 바느질을 가르쳤다. 조선시대 남자가 집안일을 돕거나 하는 것은 상상할 수 없는 일이었다. 따라서 가정에서 여자의 도움이 없으면 남자는 아무것도 할 수 없었다.

남편이 벼슬길에 오르거나 서울에서 생활하게 되면 누군가의 도움 없이는 먹고 입는 일을 스스로 해결할 수 없었다. 이 또한 첩의 존재를 자연스럽게 만들었다. 반면에 남편이 벼슬길이나 과거 준비를 하는 동안 집을 관리하고 경영하는 책임은 온전히 처의 몫이었다. 가계를 돌보는 것은 물론이고 무엇보다도 안팎의 종을 잘 거느려야 했다. 종은 기회만 있으면 도망을 쳤다. 종이 없으면 농사도 제대로 지을 수 없었다. 더구나 큰집이나 종가라면 그 많은 제사도 일일이 챙겨야만 했다. 그러니 양반집 부인이 집 밖을 나선다는 것은 쉬운 일이 아니었다. 시부모가 있다면 더욱 그러했다.

조선 후기 여성이 집 밖으로 나설 수 있는 경우는 친정 나들이가 거의 유일했다. 그러나 그것은 즐거운 일이 아니라 주로 부모상을 당했을 때나 할 수 있는 가장 슬픈 나들이인 경우가 많았다. 이러한 형편이었으니 남편의 객지 생활을 뒷바라지한 것은 처가 아닌 첩의 몫이었고, 남편의 성공과 출세 뒤에는 처의 헌신과 희생이 있었다.

조선 후기 이래 오랫동안 남편은 '내조'라는 얄팍한 이름으로 아내에게 희생을 강요했다. 내조는 지금도 종종 미화되고 있다. 아내들도 최고의 미덕으로 여기며 살아왔다. 아무튼 남편은 내조의 역할을 아내에게 부여함으로써 집안일로부터 벗어날 수 있었다.

남녀평등을 주장하는 오늘날에는 사정이 많이 달라졌다. 많은 남편이 가정에서 밥을 짓거나 청소를 하거나 빨래를 하는 등 다양한 일을 한다. 그런데 문제는 이것을 '돕는다'라고 생각하는 데 있다. 나아가 상당수의 남편은 아내가 '고마워해야 한다'고 서슴없이 말한다. 더러는 아내 역시 이런 남편을 둔 것에 대해 감사해한다. 그러나 집안일이 여성의 전업인 시대는 이미 지나갔다. 그것은 여성을 집 안에만 묶어두던 시절의 이야기다. 오늘날에는 여성도 남성 못지않게 다양한 사회 활동을 한다. 이제 집안일은 여자뿐만 아니라 남자도 당연히 해야 하는 세상이 됐다. 따라서 남편이 뻐길 일도, 아내만이 고마워하고 감사해야 할 일도 아니다. 정말이지 서로가 서로에게 고마워하고 감사해야 할 일이다. 진정한 남녀평등을 위해서라면!

아들과 딸 그리고 적자와 서자

조선 후기 양반 집안에서 아들은 없어서 안 될 존재였다. 아들만이 가계를 계승할 수 있고, 조상의 제사를 받들 수 있기 때문이었다. 아들을 두지 못하여 조상의 제사를 받들 수 없게 되면, 이는 불효 중에서도 가장 큰 불효였다. 아들을 낳지 못함을 칠거지악의 으뜸으로 삼았던 것은 이 때문이다. 설사 아들을 낳았다 하더라도 유아 사망률이 높던 당시에는 생존하여 성인이 된다는 보장도 없었다. 이래저래 아들을 두지 못하는 경우가 많았다. 아들을 얻는다는 명분으로 첩을 두기도 했지만, 그러나 정작 첩의 아들인 서자에게는 가계를 잇게 하여 조상에게 제사 지낼 자격을 주지 않았다.

조선 후기에는 처에게서 태어난 적자가 없으면 서자가 아무리 많다 하더라도 양자를 들였다. 양자란 주로 조카나 가까운 친척의 아들을 데려와 자신의 아들로 삼는 것이다. 어릴 때 데려오기도 하지만, 장성한 이후 들이는 경우도 있었다. 물론 친부모의 허락이 있어야 하지만, 특히 종손이라면 집안 어른들에 의해 결정되기도 했다. 원래는 예조禮曹에 보고하여 허락을 받아야 했지만, 대부분 집안 문제로 처리하고 말았다. 당시에는 아들을 주고받는 일이 아주 흔해서 당연한 것으로 받아들여졌다. 그래서 양자를 주었다가 다음 세대에는 다시 양자를 받는 경우도 많았다.

아들이 중요한 사회에서 딸은 상대적으로 덜 중요했다. 딸은 혼인 후 시집으로 들어가면 그것으로 끝이었다. 그래서 혼인한 딸을 출가외인이라고 했다. 젊은 나이에 남편이 죽더라도 다시 혼인할 수 없었고, 시집 식구의 소박으로 쫓겨나더라도 친정으로 돌아오기 어려웠다. 친정 또한 가문의 명예를 더 중요하게 생각하여 소박맞은 딸을 받아들이기 쉽지 않았다. 따라서 한번 시집간 딸은 살아서도 그러했지만, 죽어서도 시집의 귀신이 되어야만 했다. 이것이 조선 후기 딸과 며느리 곧 모든 사대부 집안 여성의 운명이었다. 물론 상민의 경우에는 이와 달랐다. 이혼도 할 수 있었고, 남편이 죽은 뒤에는 재혼하는 것도 흔한 일이었다. 그러나 유학이 확산되어 생활화되면서 이들도 크게 자유롭지는 못했다.

아들과 딸의 차별이 확고해진 것은 조선 후기의 일이다. 조선 전기, 곧 16세기 중·후반까지만 하더라도 적어도 가정에서는 딸도 아들 못지않은 지위를 누렸다. 여자가 시집을 가는 대신에 남자가 장가를 들었고, 딸이 시집살이를 하는 게 아니라 사위가 처가살이를 했기 때문이다. 이러한 시기에는 딸도 아들과 똑같은 자격으로 부모의 재산을 상속받았고, 조상의 제사에도 함께 참여했다. 가계 계승에 굳이 아들만을 고집할 이유가 없었기 때문에 양자를 들이는 것이 도리어 예외적이었다. 이것이 우리의 오랜 풍습이고 전통이었다.

아들딸이 동등하게 대우받다가 아들, 그것도 맏아들이 중요하게 부각된 시기는 대체로 16세기를 지나면서부터였다. 이렇게 된 데는 유학의 영향이 컸다. 유학은 이제 단순한 학문이 아니라 삶의 지침이었고 나침판이 됐다. 양반이나 선비는 유학의 가르침을 따르고 실천하고자 했다. 유학에서는 남자가 하늘이고 기둥이며 세상의 중심이었다. 중심인 하늘이 움직이고 기둥이 이리저리 옮겨지는 것은 있을 수 없는 일이라고 생각했다. 그래서 세상의 중심인 아들, 그것도 큰

아들에서 큰아들로 이어지는 가계 계승이야말로 중요해졌고 법이 됐다. 이제 아들이 장가가는 일도, 딸이 친부모의 제사를 받드는 일도 점차 사라져갔다. 오직 아들만이 중요한 세상이 됐다.

같은 아들이지만, 아들 노릇을 할 수 없는 아들도 있었다. 서자가 그들이다. 서자란 첩에게서 태어난 아들이고, 딸은 서녀라 했다. 또 첩 가운데서도 종에게서 태어난 아들딸은 얼자孽子·얼녀孽女로 불렸다. 이들을 신분상으로 서얼이라 했다. 이들은 홍길동이 그러했듯이 아버지를 아버지라 부르지 못하고, 형을 형이라 부르지 못하는 경우도 있었다. 그리고 서얼의 자손은 서얼의 신분을 계승했다. 양반의 자식이지만 양반으로 대우받지 못하고 가정에서나 사회에서나 많은 멸시와 차별을 받았다.

첩의 자식인 서자는 적자 못지않게 많았다. 처는 한 명이지만, 첩은 두세 명인 경우도 있었기 때문이다. 그러나 서자는 신분을 꼭꼭 숨기고 살았다. 대부분 고향을 멀리 떠나 살았다. 세상이 조금씩 변하면서 영조와 정조 때는 집단적으로 상소하여 차별을 없애줄 것을 호소했다. 이들의 요구는 일부 받아들여져, 서자도 적자의 일반적 호칭인 '유학'으로 자신의 신분을 표기할 수 있게 됐다. 일부는 벼슬길에도 나아갔다. 정조는 규장각을 설치하여 이들을 적극적으로 등용하여 개혁 정치의 이론적·학문적 토대를 만들게 했다.

그러나 지방에서는 차별이 여전했다. 양반의 명부인 향안에도 여전히 이름을 올려주지 않았다. 서원이나 향교를 운영하는 임원으로 뽑아주지도 않았다. 영남이 특히 그러했다. 마침내 임금의 명령을 어길 수 없어 마지못해 향안에 이름을 올려주긴 했지만, 끄트머리에 서얼만을 몰아서 별도로 적었다. 서얼이 나라에 다시 호소하자 이번에는 아예 더 이상 향안을 작성하지 않았다.

이래저래 적자와 서자는 사이가 좋지 못했다. 여러 지역에서 다툼이 끊이지 않았다. 영남의 양반은 집안이나 고을에서 서얼과 다투느라 정신이 없었다. 그래서 정작 노론이나 임금의 외척 세도가가 전제 권력을 휘두르는데도 제대로 대응해보지도 못했다. 조선 후기 이후 영남의 양반은 그들이 익히고 배운 바를 세상을 위해, 백성을 위해 실천해볼 기회를 가질 수 없었다. 그저 재야의 선비로서 만족할 수밖에 없었다.

희망은 대가족, 현실은 글쎄요

가족이란 기본적으로는 남편과 아내로 구성된 최소 생활공동체다. 여기에 부모와 자식 그리고 방계 친인척이라도 함께한다면 이 또한 가족이라 할 수 있다. 이들은 식생활을 함께한다는 의미에서 식구食口라고 표현되기도 한다. 가족은 흔히 그 규모에 따라 대가족 혹은 소가족으로 나누기도 하고, 혈연적 결합 유형에 따라 부부가족, 직계가족, 방계가족 등으로 나누기도 한다.

일반적으로 조선의 양반은 대가족을 구성했을 것이라 생각한다. 이것은 양반의 가옥을 '고래 등 같다'고 표현하는 것이 함께한다. 여기서 대가족이란 대체로 부모와 혼인한 아들이 함께 사는 것을 말한다. 부모가 두 명의 아들을 두고 그 두 아들이 각각 세 명의 자녀를 두었다고 가정하면 가족 수는 모두 열두 명이다. 이들이 한집에서 살기 위해서는 적어도 여섯 개의 방이 필요하다. 사랑방, 안방, 큰아들, 작은아들 그리고 손자들의 방 둘로 계산해본 것이다. 이 정도의 가족이라면 적어도 광이 달린 한두 칸 규모의 부엌과 마구간, 헛간, 안팎의 정낭(화장실)은 있어야 할 것이다. 물론 종가나 큰집이라면 조상신을 모신 사당도 별도로 갖추어야 한다. 무엇보다도 양반의 일상생활에 손발이 되어주는 종 한두 가족의 생활공간도 확보해야 한다. 그러니 적어도 고래 등 같은 가옥이 아니라면 이런 대가족을 꾸리는 것은 애초에 불가능하다.

양반의 가옥은 규모뿐만 아니라 구조도 유교적 세계관에 맞추어 지어졌다. 조선은 남녀가 유별한 사회였다. 남성의 공간인 사랑채와 여성의 공간인 안채는 분리했다. 그 가운데 중문이 있어서 함부로 넘나들지 못하게 만들었다. 또한 남녀의 유별뿐만 아니라 상하의 차별도 엄격하게 지키도록 지었다. 사랑채 앞의 대문 좌우에는 행랑채라 하여 노비가 거주했다. 사랑채는 행랑채보다 높은 축대 위에 대체로 난간을 둘렀다. 그래서 양반인 주인이 기대거나 서성일 수 있는 공간이 있었다. 또한 난간이나 방에 기대어 앉아서도 마당에 선 종을 내려다볼 수 있었다. 종의 입장에서는 주인인 상전은 언제나 우러러보일 뿐이었다. 지체 높은 양반의 집은 바로 이렇게 구성되어 있었다.

하지만 조선 후기 양반 모두가 이러한 집에서 살았던 것은 아니다. 고래 등 같은 기와집은 명문 양반가의 종손이나 부유한 일부에서나 가능했고, 대부분의 양반은 이보다 못한 집에서 살았다. 1905년 경상도 단성현 어느 한 반촌의 평균 가옥 규모는 기껏 초가 서너 칸에 불과했다.

양반은 부모와 형제가 함께 사는 것을 최고의 미덕으로 삼았다. 앞에서도 언급했듯이 대가족의 핵심은 가정을 이룬 형제가 부모를 모시고 한집에서 함께 생활하는 것이다. 이 같은 형제 동거는 유학의 주요 덕목의 하나인 '형제간 우애'의 상징이었다. 따라서 양반은 형제간의 우애 있는 삶을 높이 평가했고, 또 그렇게 살기를 희망했다. 그러나 희망 사항과 실제 삶이 같았던 것은 아니다.

혼인한 차남 이하는 대부분 분가하여 큰집 주위에서 살았다. 장남은 부모가 살던 집을 물려받았으므로 특별한 경우가 아니면 분가할 이유가 없었다. 장남이 부모의 집을 물려받게 된 것은 물론 조선 후기의 이야기이고, 이전에는 주로 사위가 처부모의 집을 물려받았다. 아들이 더 이상 장가를 가지 않고 장남이 부모의 집을 물려받음으로써 비로소 종가가 생기게 되고, 같은 성씨가 마을을 이루는 동성마을도 생길 수 있었다.

조선 후기에 이르러 남자 형제는 대부분 그들이 자란 마을에서 함께 살았다. 매일 부모의 집을 찾아 문안 인사를 드리기도 하고, 큰집에서 행하는 이런저런 일에도 참여했다. 따라서 형제가 마치 한집에서 사는 것처럼 보였고, 또 그렇게 이해됐다. 그뿐만 아니라 호적에도 마찬가지로 꾸몄다. 이렇게 함으로써 형제간의 우애를 과시할 수 있었고, 집ᅟ 단위로 부과되는 세금을 줄이는 효과도 가져왔다.[1]

호적은 현재 상황에서 가족의 규모를 살필 수 있는 유용한 자료다. 그러나 호적의 성격에 대해서는 유념해야 할 부분이 많다. 아무튼 호적을 보면 물론 지역에 따라 아주 다른 경우도 있지만, 양반집이라고

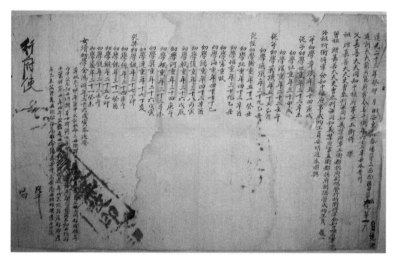

호적 자료 1843년(헌종 9)에 작성된 강두환(63세) 호적에는 동생과 종제, 조카, 종손, 사위 등 모두 25명이 가족(?)으로 구성되어 있다. 그러나 모두 성인 남성뿐이다. 여성도 없고 아이도 없다. 이것은 실제로 있을 수 있는 일이 아니다. 호적 자료가 현실을 늘 있는 그대로 반영하는 것이 아님을 잘 보여준다. 개인 소장.

하여 특별히 가족 수가 많았던 것은 아니다. 대가족을 구성한 경우는 10퍼센트에도 미치지 못했다. 그러나 가만히 그 속을 들여다보면 우선 양반집에는 거의 대부분 딸이 없다. 그리고 10여 세 미만의 아이도 별로 없다. 아이가 없기는 상민들도 마찬가지였다. 이것은 호적이 현실의 가족 구성을 그대로 반영한 것이 아님을 보여준다. 이러한 사정을 감안하면 양반이나 상민이나 실제 가족은 부모와 자녀로 구성된 경우가 일반적이었다.

역사란 기록을 아주 중요시한다. 그렇다고 그대로 믿기만 하면 스스로 '광대'가 되고 말 때가 많다. 오늘날에도 별반 다르지 않다. 진실은 고사하고 사실조차 제대로 밝혀주지 않는 신문들은 그저 새로운 소문만을 양산해낼 뿐이다. '아니면 그만이고!'라는 식으로.

기록도 중요하지만, 현실은 더욱 중요하다. 가족이 해체되고 있다. 한때 한국의 가족은 세계에서 가장 전형적이고 모범적인 가족 체제를 유지하고 있었다. 그러나 지금은 그 어느 나라보다도 더 심각하고 급격하게 가족이 해체되고 있다. 낮은 혼인율과 더 낮은 출산율 때문만이 아니다. 명절이 되거나 집안 행사가 아니라면 자식은 거의 부모 집을 찾지 않는다. 결혼하지 않은 경우라면 더욱 그러하다. 가족은 이제 그냥 교과서의 용어이거나 허울뿐인 경우가 많다.

무엇이 우리를 이렇게 만들었을까? 유교가 그처럼 애지중지하던 가족 이데올로기를 포기한 것일까? 아니면, 우리 사회가 탈유교화한 것일까? 그렇지도 않은 것 같다. 한편에서 유교적 도덕과 질서는 여전히 강조되고 있다. 가정에서 더욱 그러하다. 부모는 자식을 독립적인 인격체로 인정해주지 않는다. 자신이 스스로 채울 수 없었던 욕망을 자식에게 강요한다. 당연히 사회정의나 공익과도 저만치 삐뚤어져 있다. 그러면서도 자식을 위해서이고, 자식이 잘되라고 그런단다. 가족의 울타리를 벗어난 자식은 그 울타리 밖에서 방황한다. 돌아갈 수 없는 가족이기에 더욱 그리워한다. 유교적 가족질서, 이젠 청산되어야 할 유물이 됐다.

사대부 집안 여성의 삶

여자와 쪽박, 내돌리면 깨진다

한때 흔히 '여자와 쪽박은 내돌리면 깨진다'라고들 했다. 내돌린다는 것은 문밖으로 나가 돌아다니게 하는, 말하자면 이런저런 사회 활동을 허락하는 것이다. 그리고 깨진다는 것은 여자가 정조를 잃음을 말한다. 쪽박이 깨지면 다시 붙여 쓸 수가 없듯이, 여자도 정조를 잃으면 더 이상 여자로서 자격이 없다는 말이다. 그러니 여자를 절대로 문밖으로 나가 돌아다니게 해서는 안 된다고 생각했다.

그러면 문밖으로 나가 돌아다닐 수 있는 사람은 누구인가? 그것은 말할 것도 없이 남자다. 남자는 내돌려도 깨질 일이 없을 뿐 아니라 혹시나 누군가를 '깨버리더라도' 별문제가 되지 않는다. 그것은 남자로서 있을 수 있는 일이지 결코 수치가 아니라고 여긴 것이다. 이렇듯 사회 활동은 남자의 몫이자 의무이고 권리다. 그래서 아내를 지칭하는 말로 흔히 쓰는 '집사람'이니 '안사람'이라는 표현도 아마 여기에서 연유했을 것이다.

남자와 여자에 대한 이 같은 극단적 생각, 곧 여성에 대한 억압과 차별은 오늘날에 이르기까지 거의 당연한 일로 치부되어왔다. 그리고 이것은 또한 우리의 오랜 전통으로 이해되어왔다. 전통이란 극단적으로 거부하고 청산해야 할 대상이거나, 아니면 그 자체로서 무조건 정당화하고 합리화하는 도구로 이용된다. 이것은 전통에 대한 편견과 오해에서 비롯됐다. 이 같은 편견과 오해는 전통사회뿐만 아니라 오늘날 우리 사회를 올바로 이해하는 데도 큰 장애가 된다.

여성에 대한 억압과 차별은 언제부터 시작된 것일까? 어떤 이는 남성의 육체적 힘이 보다 유용하게 쓰이기 시작하던 원시사회부터라고 말한다. 그러나 이것은 힘의 우열에 따른 차이일 뿐 사회적 차별이 아니었다. 우리는 역사가 발전한다는 생각에 늘 사로잡혀 있다. 그래서 원시사회에서 고대사회로, 다시 중세와 근대 사회로 발전한다고 여긴다. 그렇다면 여성에 대한 인식은 어떻게 발전한 것일까? 그것은 남녀 간 육체적 힘의 우열에 따른 차이에서 점차 능력의 차등과 사회적 차별로 변해갔다. 이것이 발전이라면, 그 주체는 당연히 남성이었다. 따라서 여성의 입장에서는 말 그대로 억압과 차별의 강화, 곧 역사의 퇴보일 뿐이었다. 역사란 남성에 의한, 남성을 위한 산물이다.

우리 사회에서 여성에 대한 사회적 억압과 차별이 보다 구체화되고 제도화된 것은 그리 오래지 않다. 오래지 않다는 말은 반만년 역사에서 살펴볼 때 그렇다는 것이다. 결론적으로 말하자면 그것은 대체로 조선 초·중반기인 15~16세기부터 시작된 것이라 할 수 있다.

유교, 여성을 차별하다

유교에서 바라보는 남성과 여성의 관계를 압축적으로 표현하는 말은 다름 아닌 '부부유별夫婦有別'이다. 즉 남편과 아내 사이에는 구별이 있다는 말이다. 남편과 아내만이 아니다. 남자와 여자는 다르다는 것이다. 이 다름은 곧 서로 다름의 차이가 아니라 차별을 의미한다. 즉 우주만물에 하늘과 땅이 있듯이 인간에게도 남자와 여자가 있는데, 이는 음양의 법칙에 따른 것이다. 따라서 부부는 상호 보완적이되 각자의 일이 완전히 분리되어야 조화를 이루게 된다. 그러나 이러한 남녀유별은 평등을 의미하는 것이 아니다. 남자는 하늘, 여자는 땅으로서, 남자는 우주만물을 형성하는 근원이며, 여자는 그에 종속되는 것으로 생각했다. 조선시대 이러한 불평등한 남녀 관계는 아이가 태어나서 자라는 동안 교육과 행동을 통해 주입됐다. 그 결과 열살이 되면 아들에게는 학문을, 딸에게는 바느질을 가르쳤던 것이다.

조선시대 양반이라면 최소한의 문자 해독력과 유교적 교양을 갖추어야 했다. 그래서 양반은 어린 시절 반드시 읽고 학습해야 하는 책이 『소학』이었다. 『소학』이란 중국 남송대의 주자가 제자들과 함께 편찬한 것으로, 초학자의 유학 입문서이자 교과서라고 할 수 있다. 우리나라에서도 조선시대에 한글로 풀이되어 널리 보급되고 교육됐다.

『소학』은 읽고 외우는 공부로서만이 아니라 그 가르침을 실천하는 데 더 큰 의의를 두었다. 그래서 일부 유학자는 '소학동자小學童子'로 자처하듯이 평생 『소학』의 가르침을 실천하는 것을 학문의 목표로

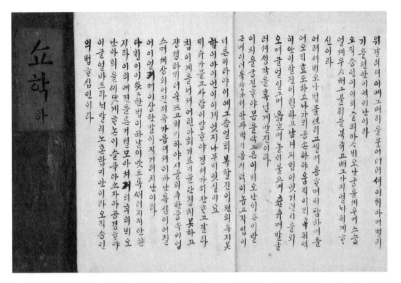

『소학』 『소학』은 조선시대 사대부의 자제들이 반드시 배우고 익혀야 하는 책이었다. 여기에는 유자로서 갖추어야 할 심성과 교양, 일상생활 등에 관한 지침이 담겨 있다. 대부분 한문으로 발간됐고, 한글로 언해된 것은 1587년(선조 20)이었다. 위의 자료는 필사본이다. 국립중앙박물관 소장.

삼았고, 또 이를 통해 유교적 이상사회를 실현하고자 했다. 따라서 『소학』은 조선의 유학자가 배우고 익혀서 실천해야 하는 유교적 생활 지침서였다. 이런 『소학』에는 남자와 여자, 특히 여자에 대한 입장이 아주 자세하게 열거되어 있다.

왕촉이 말했다. 충신은 두 임금을 섬기지 않고, 열녀는 두 남편을 섬기지 않는다.

「내칙內則」에 말했다. 예는 부부가 서로 삼가는 데서 시작되니, 집을 짓되 안과 밖을 구분하여 남자는 밖에 거처하고 여자는 안에 거처하여, 남자는 안에 들어가지 않고 여자는 밖에 나오지 않는다.

남자와 여자는 옷 거는 횃대와 시렁을 함께 사용하지 아니하여 감히 남편의 옷걸이와 횃대에 옷을 걸지 않으며, 감히 남편의 상자에 물건을 보관하지 않으며, 감히 욕실을 함께하여 목욕하지 않는다.

남자는 집 안의 일을 말하지 않고 여자는 집 밖의 일을 말하지 않으며, 제사나 상사가 아니면 서로 그릇을 주고받지 않는다. 그릇을 주고받을 때는 여자는 광주리로 받고, 광주리가 없으면 남녀 모두 앉아서 남자가 그릇을 땅에 놓은 뒤에 여자가 가지고 간다. 여자는 문을 나갈 적에 반드시 그 얼굴을 가리며, 밤에 다닐 적에는 횃불을 사용하니, 횃불이 없으면 다니지 않는다. 길에서 남자는 오른쪽, 여자는 왼쪽으로 다닌다.

공자가 말씀하셨다. 부인은 사람(남자)에게 복종해야 한다. 그러므로 마음대로 할 수 없고 따라야 할 세 가지 도가 있으니, 혼인 전에는 아버지를 따르고, 시집가서는 남편을 따르고, 남편이 죽으면 아들을 따라 감히 독단하는 일이 없어서 가르침과 명령이 규문閨門을 나가지 않으며, 일하는 것은 음식을 만드는 것뿐이다. 그러므로 여자는 규문 안에서 하루 종일 보내야 하고, 백리 먼 길에는 초상이 나도 가지 않으며, 낮에는 뜰에 나다니지 않으며, 밤에 집 안을 다님에 횃불을 사용하니, 이것은 부녀자의 덕을 바르게 하는 것이다.

부인은 일곱 가지 내쫓김이 있으니, 시부모에게 순종하지 않으면 내쫓기며, 자식이 없으면 내쫓기며, 음란하면 내쫓기며, 질투하면 내쫓기며,

나쁜 질병이 있으면 내쫓기며, 말이 많으면 내쫓기며, 도둑질하면 내쫓긴다. 그러나 내쫓기지 않는 세 경우가 있으니, 갈 곳이 없으면 내쫓기지 않으며, 함께 삼년상을 지냈으면 내쫓기지 않으며, 전에 가난했다가 뒤에 부귀를 누리게 됐거든 내쫓기지 않는다.

앞의 인용문은 모두 『소학』 「명륜明倫」 편의 일부다. 즉 임금에게 충성하는 것은 어디까지나 남자의 권리이고 의무다. 그래서 여자에게는 요구되지 않았다. 여자에게는 다만 남편에 대한 절개를 지키는 의무만이 있었다. 가정에서 남녀의 공간은 엄격히 구분됐다. 조선의 양반집은 이런 세계관과 가치관에 입각해 건축됐다. 남자의 공간인 사랑채와 여자의 공간인 안채는 분리했고 가운데 중문을 두어 함부로 넘나들지 못하게 했다. 남자와 여자는 하는 일도 구분됐고, 일상생활에서도 말이나 물건을 서로 주고받을 수 없었다. 따라서 남자는 집 안의 일을 말하지 않았고, 여자는 집 밖의 일을 말하지 않았으며, 부부가 밥상을 함께한다거나 옷을 뒤섞어 걸어둔다는 것도 있을 수 없는 일이었다.

특히 여자는 아주 가까운 친척을 제외하고는 남자와 만나는 것은 물론 말을 나누는 것도 금지됐다. 이를 내외법內外法이라 했고, 이렇게 행동하는 것을 '내외한다'고 했다. 이런 사정이었으니 문밖출입이 자유롭지 못했음은 당연하다. 부득이 외출할 때는 반드시 지붕 있는 가마를 타거나 얼굴을 쓰개치마로 가려야 했다. 물론 길을 걸을 때도 남자는 오른쪽, 여자는 왼쪽으로 다녀야만 했다.

『소학』은 바로 이 같은 내용을 담고 있다. 이는 양반의 자식이 유학에 입문할 때 반드시 배우고 익혀야 하는 내용이었다. 또한 일상생활에서 반드시 실천해야 하는 일이었다. 『소학』은 양반의 생활 지침서였고, 이것의 실천을 최고의 덕목으로 치부했다.

그러나 보통 사람의 경우 『소학』에서 제시하는 삶을 사는 것은 불가능했다. 여자도 남자와 함께 논밭에 나가 일해야 하는 처지에 내외법이 적용될 수는 없었다. 그러나 조선 후기에 유교 문화가 점차 하층민에게도 확산되면서 하층민도 양반의 남녀차별을 흉내 냈다. 결국 남녀차별은 유교 문화의 전형적 특징으로서 일반화되어갔다.

법, 다시 시집가는 것을 금하다

『소학』의 남녀차별은 교육을 통해 어린 시절부터 자연스럽게 주입됐다. 물론 유교가 보편화·생활화되면서 그것은 점차 일상의 규율이 됐다. 그렇다 하더라도 이는 어디까지나 개인 또는 가정의 문제일 뿐이었다. 오랜 습관과 관습은 쉽게 바뀌지 않을 수도 있었다. 배운 것을 그대로 일상생활에서 실천한다는 것은 쉬운 일이 아니었다. 유교적 이념에 충실하고자 했던 사람들은 이에 만족할 수 없었다. 그래서 좀 더 강력한 힘, 즉 법으로 강제해야 한다고 생각했다.

『소학』은 중국의 유학자가 만든 책이다. 그런데 중국의 사정과 조선의 사정은 다를 수도 있었다. 그래서 중국에서는 전혀 문제가 되지 않던 것이 조선에서는 큰 문제가 되기도 했다. 그런 문제 중의 하나가 바로 혼인이었다. 혼인은 유교가 제시하는 가족질서와 직결되어 있었다.

유교적 가족질서란 어디까지나 남성이 중심이 되어 아들, 그것도 장자가 조상의 제사를 모시는 것이다. 이를 체계화한 것이 바로 종법이다. 종법은 중국 고대 주나라의 법이었지만, 공자에 의해 유교적 가족질서로 수용된 것이다. 종법에 기초한 가부장적 가족질서는 조선의 유학자가 반드시 실현해야 할 성현의 법도였다. 그런데 조선의 가족질서는 이와 부합되기 어려웠다. 그것은 다름 아닌 혼인 풍속이 다르기 때문이었다. 자주 언급했듯이 조선 고유의 혼인 풍습은 남자가 장가를 가는 남귀여가혼이었다. 이것은 남성 중심이 아니라 여성 중심의 혼인 제도다. 조선 사회를 유교화하려면 무엇보다도 이 혼인 풍속을 바꾸지 않고는 불가능한 일이었다.

중국의 예의는 바로 혼인에서 시작합니다. 음이 양을 좇아 여자가 남자의 집으로 가서 아들과 손자를 낳아 내가內家에서 자라게 하니 본종本宗의 중함을 알게 되는데, 우리는 옛 습속을 따라 양이 음을 좇아 남자가 여자의 집으로 가서 아들과 손자를 낳고 외가에서 자라게 하니 본종이 중한지를 알지 못하게 됩니다.[1]

여기서 내가니 본종이니 하는 것은 바로 아버지 쪽 가계를 가리킨다. 태종 대까지만 하더라도 남자가 장가가는 남귀여가혼이 일반적이었음을 보여준다. 세종 대에도 크게 다르지 않았지만, 세종은 친영례에 보다 적극적이었다. 그리고 더 나아가 1435년(세종 17)에는 왕실에서 처음으로 친영례를 거행하는 모범을 보이기도 했다.[2] 말하자면 사위를 맞아들인 것이 아니라 공주를 시집보낸 것이었다. 유교화·중국화 경쟁에서 왕실이 사대부 관료에게 밀리고 싶지 않았을 것이다.

왕실에서 모범을 보였다고 오랜 풍습이 쉽게 바뀌는 것은 아니었다. 대부분의 관료도 애써 외면했다. 세종은 이런 관료들을 책망했다. 친영례의 정착에는 아직 더 많은 시간이 필요했다. 16세기 이후에야 점차 일반 사대부 집안에서도 행해졌다.

조선시대 여성에 대한 차별은 다양한 형태로 나타났다. 그 하나는 이제까지 자유롭게 재혼을 했던 여성에게 수절을 강요하는 것이었다. 장황하지만 조선 초기 유학자의 주장을 보기로 하자.

중국의 장횡거張橫渠라는 사람이 말하기를 "남자가 절개 잃은 여자를 배우자로 삼으면 남자 역시 절의節義를 잃는 것이다"라고 했다. 한번 남편과 혼인했으면, 종신토록 고치지 않는 것이 부인의 도리다. 만일 딴 남편을 섬긴다면 짐승과 무엇이 다르겠는가. 지금 세속에서는 절의를 생각하지 아니하고 다시 시집을 가는데, 국가에서도 금하는 법령이 없어 절개를 잃은 자의 자손에게도 깨끗한 벼슬자리와 높은 관직을 주고 있다. 이것이 습관이 되어 절의를 버리는 것을 예사로 알고, 비록 중매자가 없더라도 자진하여 남편을 구하는 자가 있으니, 만일 이를 금하지 않는다면 무슨 짓인들 못하겠는가. 이제부터는 다시 시집가는 것을 모두 금지하고 만일 금령을 어겨 개가하는 자가 있으면 실행失行한 죄로 다스리며 그의 자손 역시 벼슬하지 못하게 하여 절의를 장려하는 것이 좋겠다.[3]

앞의 인용문을 보면 여성의 재혼에 대한 인식이 이전과는 현저히 달라지고 있음을 알 수 있다. 개가하는 여성은 짐승이나 마찬가지니 실행한 죄로 다스리자는 것이다. 이 주장은 곧 법으로 공표됐다. 여성에 대한 수절 강요는 재가녀再嫁女의 자손에 대한 억압과 차별, 즉 서얼차대법庶孽差待法과 재가녀 자손의 금고禁錮 등으로 보다 강화되어갔다.

여성에 대한 억압과 차별은 다른 한편에서는 그들의 활동 공간을 집 안으로 제한하는 것으로도 나타났다. 그것은 곧 문밖출입을 통제하는 일이었다. 역시 세종 연간(1431)에 논의된 내용이다.

『예禮』에 부인은 낮에 뜰을 거닐어도 안 되고 까닭 없이 중문을 나가서도 안 된다고 했으니, 성인聖人이 부녀자들이 지켜야 할 법도를 엄히 함이 이와 같은데도, 우리나라의 부녀자들은 고려 왕조의 잘못된 풍속을 그대로 좇아 무슨 행사가 있을 때마다 다투어 거리로 나와 난간에 기대어 거리낌 없이 구경하니 차마 입에 담기조차 부끄럽습니다. 이는 부녀자들이 지켜야 할 도리에 어긋나는 것일 뿐만 아니라, 중국 사신이 올 때 그들의 웃음거리가 되지 않을까 두렵습니다. 이제부터는 부녀자들이 구경하는 것을 일절 금하고 잘못된 풍속을 개혁하여 부녀자들이 지켜야 할 법도를 바로잡으시길 바랍니다.[4]

고려 또는 조선 초기까지만 하더라도 부녀자가 구경거리를 좇아 거리를 활보할 수 있었던 것이다. 그런데 이것은 중국 또는 유교의 법도상 있을 수 없는 일이라고 생각했다. 그래서 중국 사신의 웃음거리가 되지 않을까 조선의 관료들은 전전긍긍했다. 예나 지금이나 주인으로서의 주체성은 온데간데없고 오직 이웃 강대국의 눈치만을 항상 의식한 셈이다. 사대事大란 총칼의 힘에 굴복하는 것이 아니라, 이렇듯 우리의 의식 세계에 자리 잡고 있는 것이다.

아무튼 이후 여성의 활동 공간을 집 안으로만 한정하고자 했지만, 문밖출입이 불가피한 경우도 있게 마련이었다. 이 불가피한 경우를 위해 등장한 것이 지붕 있는 가마였다.

조선 초기 사대부가의 부녀자는 말을 타거나 평교자平轎子를 탔다. 평교자란 쉽게 말해 벽과 지붕이 없는 가마다. 그러니 사방을 둘러보기 좋을 뿐만 아니라 자연스럽게 누군가와 옷깃도 스칠 수 있고, 정담도 나눌 수 있다. 바로 이 점 때문에 평교자는 더 이상 여성이 이용할 수 없게 됐고, 벽과 지붕이 있는 가마로 대체됐다. 이로써 가능한 한 여성을 남성으로부터 또는 사회로부터 엄히 격리하고자 했다. 가마를 탈 수 없었던 여성이 외출 시 장옷이나 쓰개치마, 너울 등으로 얼굴을 가렸던 것도 마찬가지라 할 수 있다.

여성에 대한 차별과 억압은 조선 후기를 지나면서 더욱 강화됐고, 또 부분적으로는 오늘날에도 은연중에 전통이라는 이름으로 불쑥 나타나 우리를 당혹스럽게 한다. 굳이 전통을 들먹여야 한다면, 사람을 차별하는 구습은 버려야 한다. 남녀차별, 그것은 유교가 가진 가장 큰 폐단이다. 제대로 된 유학자라면 이 점을 직시할 수 있어야 했다.

이제 조선시대 부부의 삶을 보기로 하자. 다음은 남편이 아내에게, 아내가 남편에게 보낸 편지다. 굳이 장황한 설명이 필요하지 않을 것이다. 그저 느낀 대로, 그저 보이는 대로 그렇게 보면 된다. 이게 삶

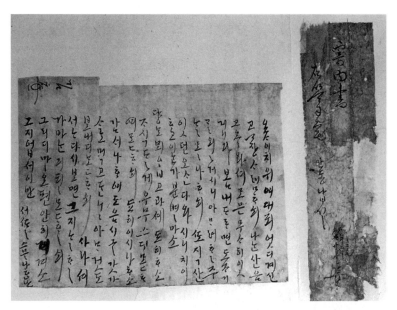

학봉 김성일 편지 학봉 김성일이 부인 권씨에게 1592년 12월 24일에 보낸 한글 편지와 그 봉투다. 봉투에는 '기내서(寄內書) 우감사댁(右監司宅)'이라고 쓰여 있고, 편지 끝 부분과 마찬가지로 김성일의 수결이 있다. 김복영 사진.

이고, 이게 역사다.

　남편이 아내에게

　요사이 추위에 모두들 어찌 계신지 가장 염려하네. 나는 산음고을에 와서 몸은 무사히 있으나, 봄이 이르면 도적이 대항할 것이니 어찌할 줄 모르겠네. 또 직산 있던 옷은 다 왔으니 추워하고 있는가 염려 마오. 장모 뫼시옵고 설 잘 쇠시오. 자식들에게 편지 쓰지 못했네. 잘들 있으라 하오. 감사라 하여도 음식을 가까스로 먹고 다니니 아무것도 보내지 못하오. 살아서 서로 다시 보면 그때나 나을까 모르지만 기필 못 하네. 그리워하지

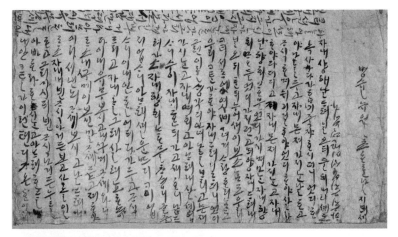

원이 엄마 편지와 미투리 31세에 요절한 남편과 영원히 이별하면서 아내가 관에 넣어준 편지다. 미투리는 남편이 병이 들자 아내가 머리를 잘라 짜준 것이다. 그러나 남편은 이 미투리를 신어보지도 못하고 떠나고 말았다. 이 편지에는 남편을 호칭하는 '자네'라는 표현이 열다섯 군데나 나온다. 국립안동대학교 박물관 소장.

말고 편안히 계시오. 끝없이 이만. 섣달 스무나흗날.

학봉 김성일이 1592년(임진) 12월 24일 경상우도 감사로서 경남 산음현(산청) 진중陣中에서 안동 본가의 정부인 권씨에게 보낸 한글 편지의 내용이다. 학봉은 이 편지를 보낸 후 석 달 뒤인 3월 29일에 진주성 진중에서 왜적을 방어하던 중 병으로 순국했다. 길지 않은 편지인데도 많은 사연이 녹아 있다. 그리고 참 애틋하다. 읽고 또 읽어도 그리움이 저미어온다. 『소학』이나 조정 논의와는 사뭇 다른 분위기다. 감정을 법으로 규제하기란 어려운 법이다. 16세기 후반임에도 김성일은 혼인과 함께 처가살이를 했다. 그래서 장모를 뫼시고 설 잘 쇠라고 한 것이다.

원이 아버지에게
병술년(1586) 유월 초하룻날 아내가
자네(당신) 언제나 나에게 "둘이 머리 희어지도록 살다가 함께 죽자"고 하셨지요. 그런데 어찌 나를 두고 자네 먼저 가십니까? 나와 어린아이는 누구의 말을 듣고 어떻게 살라고 다 버리고 자네 먼저 가십니까?

자네 나에게 마음을 어떻게 가져왔고 또 나는 자네에게 어떻게 마음을 가져왔었나요? 함께 누우면 언제나 나는 자네에게 말하곤 했지요. "여보, 다른 사람들도 우리처럼 서로 어여삐 여기고 사랑할까요? 남들도 정말 우리 같을까요?" 어찌 그런 일들 생각하지도 않고 나를 버리고 먼저 가시는가요?

자네를 여의고는 아무리 해도 나는 살 수 없어요. 빨리 자네께 가고 싶어요. 나를 데려가 주세요. 자네를 향한 마음을 이승에서 잊을 수가 없고, 서러운 뜻 한이 없습니다. 내 마음 어디에 두고 자식 데리고 자네를 그리워하며 살 수 있을까 생각합니다.

이 내 편지 보시고 내 꿈에 와서 자세히 말해주세요. 꿈속에서 자네 말을 자세히 듣고 싶어서 이렇게 써 넣어드립니다. 자세히 보시고 나에게 말해주세요. 자네 내 배 속의 자식 낳으면 누구를 아버지라 하라시는 거지요?

아무리 한들 내 마음 같겠습니까? 이런 슬픈 일이 하늘 아래 또 있겠습니까? 자네는 한갓 그곳에 가 계실 뿐이지만 아무리 한들 내 마음같이 서럽겠습니까? 한도 없고 끝도 없어 다 못 쓰고 대강만 적습니다.

이 편지 자세히 보시고 내 꿈에 와서 자네 모습 자세히 보여주시고 또 말해주세요. 나는 꿈에는 자네를 볼 수 있다고 믿고 있습니다. 몰래 와서 보여주세요. 하고 싶은 말 끝이 없어 이만 적습니다.

서른한 살에 죽은 남편 이응태의 입관 때에 넣어준 아내 고성이씨의 편지다. 경황이 없었으니 요리조리 따지고 고치고 할 겨를이 없었을 것이다. 그저 평소에 나누던 말 그대로 쓴 것임이 틀림없다. 아마 '사랑'이라는 말이 글로 쓰이기는 처음이 아닌가 싶다. 비록 유교의 부부유별이라는 성가신 장막에 갇혀 있었지만, 부부란 이렇게 서로 어여삐 여기며 사랑하면서 함께 살아가야 하는 사이다. 이것은 역사의 전통이 아니라 인간의 참모습이다.

아내는 남편이 병이 들자 머리를 잘라 미투리(짚신)를 삼아 하루 빨리 병이 완쾌되기를 빌었다. 그러나 남편은 이 신을 신어보지도 못하고 이승을 하직하고 말았다. 이 신도 관 속에서 함께 나왔다. 인용문 가운데 '자네'란 남편을 지칭하는 말이다. 한두 번이 아니라 열다섯 번이나 나온다. 그냥 말끝마다 자네가 등장한다. 스스럼이 없다. 그만큼 일상적으로 쓰던 말임이 틀림없다. 조선시대 부부 사이는 이런 관계였다. 서로 높낮이를 가지런히 하거나, 아니면 아내가 남편에게 "자네, 오늘 좀 일찍 들어오소!" 이렇게 말했다.

남편을 자네라고 마구 부르다니! 오늘날의 '양반'님들이 들으면

참 분기탱천할 노릇이다. 오늘날 '자네'는 친구나 아랫사람을 대우하거나 처부모가 사위를 지칭하여 부를 때 쓰는 말이다. "김 군, 자네 내 심부름 좀 해주게!" 하듯 말이다.

혼례, 남자가 장가가다

장가가기와 시집가기

오늘날에는 결혼이라는 말을 많이 쓴다. 그러나 조선시대에는 혼인이나 혼례라고 했다. 그리고 혼인하는 것을 남자는 '장가간다'고 하고, 여자는 '시집간다'고 한다. 비록 사전을 들춰보지 않더라도 '간다'는 말은 이곳에서 저곳으로의 이동을 의미한다. 따라서 여자가 혼인하여 남편의 집으로 가는 것을 시집간다고 한다면, 장가간다는 것은 남자가 혼인하여 신부의 집으로 간다는 의미다. 그런데 시집가는 것은 당연한 일이지만, 장가간다는 것은 그리 쉽게 상상되지 않는다. 그것은 우리가 이미 오랫동안 여자가 시집가는 세상에서 살아왔기 때문이다. 오늘날 장가가는 행위는 없어지고, 그 말만 남아 있게 된 것이다.

그렇다. 남자의 '장가가기'는 우리의 오랜 전통이었다. 우리의 혼인 풍속에는 말만이 아니라 행위로서 정말로 남자가 장가를 가던 시절이 있었다. 그런데 그것이 바뀌어서 여자가 시집을 가는 세상이 됐다. 아들 중심의 세상이 된 것이다. 이제 딸 가진 일부의 성급한 부모는 혼례를 '딸 치운다'고 한다. 마치 귀찮은 물건을 치우듯이.

남자의 장가가기와 여자의 시집가기는 혼인하여 누가 어디로 가느냐 하는 단순한 문제가 아니다. 혼인 풍속 또는 혼인 제도는 그 시대의 아들딸에 대한 인식 및 사회의 전반적 구조와 깊은 관련이 있다. 따라서 그 변화는 다만 결혼 제도가 바뀌는 차원이 아니라, 사회 자체가 바뀜을 의미한다. 장가가기가 시집가기로 바뀐 것은 조선 중기, 보다 구체적으로는 16세기를 지나서였다.

조선 전기에는 대체로 남자가 장가를 갔다. 남자는 장가를 가서 처가에서 아들딸 낳아 기르면서 처의 부모를 모시고 사는, 말하자면 처가살이를 했다. 이 같은 풍속은 조선 전기뿐만 아니라 이전부터 우리 고유의 전통이었다. 반대로 오늘날 우리가 전통이라고 생각하는 여자가 시집가는 친영례는 대체로 조선시대 중반기를 거치면서 점차 일반적인 혼인 풍속으로 자리를 잡았다. 이것은 유학의 전래와 함께 들어온 중국의 풍속이었다.

우리나라 풍속은 중국과 같이 친영親迎하는 예식이 없으므로, 남자는 모두 처가를 내 집으로 여기고 처의 부모를 아비·어미라고 하면서 자기 친부모같이 섬긴다. 이것 또한 강상綱常이다.[1]

이 같은 이야기는 조선 초기 세종·성종 연간의 실록에서 자주 찾아볼 수 있다. 여기서 강상이란 윤리 도덕적으로도 떳떳하다는 말이

친영례 「평생도」중 혼례 장면이다. 친영례는 원래 혼인하는 날에 신랑이 신붓집으로 가서 신부를 맞이하여 본가로 데려와 혼례하는 예다. 그러나 조선시대에는 신붓집에 가서 혼례를 치른 후 신부와 함께 본가로 돌아왔다. 국립중앙박물관 소장.

다. 이것은 남자가 장가를 가는 것이 조선 전기의 양반 사대부 가문에서 당연시됐고, 여자가 시집을 가는 중국의 풍속은 조선 초기만 하더라도 거의 행해지지 않았음을 의미한다. 이러한 사정에서 삼남三南 각 고을 명문 양반가의 입향조 대부분은 '누구의 사위로 들어오게 됐다'는 공통된 역사를 갖고 있다. 그리고 이 같은 과정을 통해 각 본관지를 근거하여 존재하던 토성, 곧 토착성씨가 전국적으로 널리 퍼지게 됐다.

남자가 장가를 가는 상황에서는 특정한 마을에 아버지와 아들, 손자로 이어지는 부계 혈통의 자손이 폐쇄적 혈연 사회를 만드는 것은 불가능하다. 그뿐 아니라 아들이 없다고 반드시 양자를 들일 필요도 없었다. 이러한 사정에서 오늘날 동성마을의 역사는 16세기 이전까지 소급될 수 없으며, 반대로 이 시기에는 친손이 아닌 외손이 제사를 모시는 외손봉사 또한 흔한 일이었다. 게다가 적어도 가정에서는 아들딸의 차별이 없었고, 또 아들에게 집착할 이유도 없었다.

남자의 장가가기는 유교적 가족질서를 확립하고자 하는 조선시대에 점차 문제가 됐다. 유교적 가족질서는 철저히 아들, 그것도 맏아들을 중심으로 이루어진다. 그러기 위해서는 우리 고유의 풍속을 버리고 중국의 친영례를 적극 시행해야만 했다. 법을 만들어서라도 그렇게 하고자 했다. 그러나 이러한 분위기에도 조선 초기에는 왕실 또는 유학자 사이에서 일부 행해질 뿐이었다. 그러나 친영례는 16~17세기를 거치면서 하나의 대세를 이루어 마침내 보편적인 우리의 혼인 풍속으로 자리 잡게 됐다.

혼담과 혼례, 연줄혼과 낙혼

혼인을 하기 위해서는 혼인에 대한 이야기가 오가는 혼담婚談이 있어야 한다. 혼담은 적령기의 아들딸을 가진 부모와 가족으로부터 시작된다. 고려시대까지만 하더라도 신랑, 신부가 스스로 짝을 찾기도 했던 것으로 보인다. 그러나 조선의 양반 사대부가에서는 있을 수 없는 일이었다. 조선시대의 혼인이란 '아내를 맞이하는 것'이 아니라

'며느리를 보는 것'이었다. 따라서 혼담에서 혼례에 이르기까지 전 과정은 어디까지나 부모의 일이었다. 신랑과 신부는 그저 결정된 일을 따를 뿐, 주체적 역할은 전혀 하지 못했다.

조선 후기, 특히 지방의 양반은 가문의 사회적 지위를 유지하고 높이기 위해 심혈을 기울였다. 그것이 궁극적 목표였다고도 할 수 있다. 그래서 과거를 통해 줄기차게 관직에 나아가려 했다. 이것이 여의치 않게 되자 향교와 서원을 출입하고 향안에 이름을 올리는 한편, 조상을 위한 사당을 건립하고 족보와 문집을 편찬하여 향촌 사회에서 사회적 혹은 혈연적 결속력을 강화하고자 했다. 이러한 과정과 결과를 통해 확보된 가문의 지위, 곧 가격家格에 따라 혼인할 수 있는 가문과 혼인할 수 없는 가문이 정해졌다.

혼인할 대상은 사회적 지위가 서로 엇비슷하거나 좀 더 나은 가문이어야 했다. 명문 가문은 역시 명문 가문과 혼인했고, 그렇지 못한 양반 가문은 또 그들끼리 혼인을 했다. 하지만 비록 가격이 비슷한 가문끼리 혼인했다 하더라도 그 결과는 다를 수 있었다. 어떤 경우에는 부부가 장수하여 많은 자녀를 낳고 훌륭하게 길러 그 자식들이 높은 벼슬에 오르기도 하여 가문에 영광을 가져왔지만, 그렇지 못한 경우도 있게 마련이었다. 이후 혼담은 자연히 결과가 좋았던 가문과 오갔다. 따라서 혼인 대상 가문은 그리 많지 않았다. 사정이 이렇다 보니 같은 집안과 서로 혼인하는 경우가 잦아지게 됐다. 말하자면 숙모가 조카의 배필을 친정 쪽에서 물색하게 됨으로써 숙모와 질부는 친정이나 시집 양쪽으로 친척이 되는 셈이었다. 이런 경우를 연줄혼이라고 했다. 연줄로 혼인을 맺다 보니 특정 가문과 가문 사이에는 중첩된 혼인 관계가 형성됐다. 결국 영남의 명문 양반가는 대체로 30~50여 가문끼리 서로 혼인했다.[2]

명문 양반가에서는 동격의 가문끼리 혼인 관계를 맺는 것을 가장 바람직하게 생각했다. 그러나 경제적 또는 사회적 이해관계에서 서로 격에 맞지 않는다고 생각되는 혼인도 적잖이 이루어졌다. 즉 격이 높다고 생각하는 가문에서는 경제적 이익을, 격이 낮다고 생각하는 쪽에서는 사회적 지위를 얻고자 했다. 말하자면 지체가 낮은 집안에서는 딸을 출가시키면서 논밭 수십 마지기를 함께 보냈다. 이로써 가난한 양반 가문은 일정한 경제적 이익을 취할 수 있었고, 지체가 낮은 양반 가문은 사회적 지위를 높일 수 있었다. 이런 경우 전자를 낙혼落婚이라 하고, 후자를 앙혼仰婚이라 한다. 이렇게 부유한 집안에 장가든 신랑을 '치마양반'이라 부르기도 했다.

흔히들 옛날에는 아주 이른 나이에 혼인을 했을 것이라고 생각한다. 이른 나이란 대개 10대를 말한다. 조선 후기 18세기 초반의 혼인 연령은 대체로 남녀 모두 20세가 넘었으니, 전체적으로는 조혼의 흔적을 찾아볼 수 없다. 물론 일부 양반은 좀 더 이른 시기에 혼례를 치른 것으로 보인다. 아마 자손이 귀한 집안에서 손자 보기에 급급해서였을 것이다. 가난한 농민의 경우 딸을 가진 쪽에서는 입 하나를 덜기 위해, 며느리를 보는 쪽에서는 노동력을 확보하기 위해 혼인을 서두르기도 했다.

그러나 대한제국 말의 박영효朴泳孝는 국정 개혁안에서 유년기(10여 세) 아이의 혼인을 법으로 금할 것을 주장했고, 1894년 갑오개혁 때는 남자 20세, 여자 16세 이상이 되어야 혼인할 수 있는 법과 제도를 만들었다. 그리고 1950~1960년대를 살았던 우리 할머니의 옛날 이야기나 빛바랜 사진을 통해서도 이 같은 조혼의 풍속은 확인된다. 이런 사실만 보더라도 적어도 19세기 말, 일제강점기에는 이른 혼인의 풍습이 있었음을 알 수 있다.

대한제국 말 일제강점기의 이른 혼인 풍속은 생존을 위한 전략적 선택이었다. 사회가 어렵고 혼란스러우면 부모는 불안하기 마련이다. 그래서 자녀를 빨리 혼인시켜 손자를 보려는 종족 보존의 본능이 크게 작동했던 것이다. 한말의 동학농민전쟁과 의병전쟁, 일제에 의한 정신대 동원과 강제징집 등 정말 언제, 어떻게 될지 모르는 불안한 상황이 계속되고 있었다.

반면에 오늘날에는 늦은 나이에 혼인을 한다. 남녀 모두 교육 기간이 길어졌고, 특히 여성의 자아실현과 자립의 욕구가 강해졌기 때문이다. 남성의 경우 군복무라는 문제도 고려해야 한다. 무엇보다도 무한경쟁을 부추기는 세상에서, 여성 차별이 여전한 세상에서 젊은이의 삶은 미래를 꿈꿀 여유가 없다. 그저 내 한 몸 부지하는 것도 쉽지 않다. 혼인이 늦은 것이 아니라 아예 하지 않는다. 이러고도 세상이 계속되리라 생각한다면, 그것은 큰 오산이다.

혼인 연령의 높고 낮음은 한 시대의 발전·퇴보와 깊은 상관관계가 있다고도 한다. 혼인 연령이 늦은 시대에는 젊은이에게 그만큼 더 많은 기회를 준다. 책임져야 할 가족이 없기 때문이다. 이른 혼인은 어린 나이부터 안정을 추구하게 한다. 무엇보다 자신의 꿈을 이룰 기회를 가지지 못한다. 아니, 미래를 꿈꿔볼 시간조차 가져보지 못한 채 가족이라는 짐을 덥석 지고 만 셈이다. 조선의 양반 사회가 500년이나 장기 지속적으로 유지될 수 있었던 것은 보다 이른 나이의 아들에게 기성세대의 두툼한 옷을 입혀놓았기 때문이라고도 생각해볼 수 있다.

아들딸 앞세워 신행길에 오르다

자녀가 혼인 적령기에 접어들면 자연스럽게 혼사가 거론되게 마련이다. 서로 격에 맞지 않는 혼처를 거론한다는 것은 모욕이나 마찬가지니 잘 살피고 아주 조심스럽게 접근할 수밖에 없다. 그러니 가까운 친척이 아니면 함부로 나설 수도 없는 일이었다. 이런저런 혼처 가운데 부모가 마음에 드는 곳이 있다면 무엇보다도 상대의 의사를 먼저 타진해봐야 한다. 일이 이루어지기도 전에 혼담이 오갔다는 소문이 나면 서로 난처해지기 때문에 의사 타진은 아주 은밀하게 추진된다. 이러한 과정은 주로 상대 집안을 잘 아는 친척이나 중매쟁이가 담당한다. 혼담이 어느 정도 무르익으면 대개 신랑 측에서 신부 될 당사자를 제삼자를 통해 살피기도 하지만, 정작 부모나 신랑이 며느리나 신부의 모습을 직접 볼 기회는 거의 없었다.

조선 후기 중매쟁이 역할은 주로 방물장수가 담당했다. 부녀자가 필요로 하는 가사 잡물이나 패물 등을 집으로 찾아와 파는 여자 행상이다. 함부로 드나들기 어려운 양반집 안방이 그들의 시장인 셈이다. 그래서 양반집 속사정에 정통했다. 신분은 미천했지만, 어느 양반집이나 함부로 대할 수 없었다. 이곳저곳에 슬쩍 정보를 흘릴 수도 있

었기 때문이다. 반대로 남의 집 속사정에 대한 정보가 필요할 때도
있었다. 수집된 쓸 만한 정보는 곧장 남편에게 전달된다. 같은 고을
또는 이웃 고을의 이런저런 양반 가문과 은근한 대립 혹은 갈등이 항
상 살얼음처럼 녹고 얼기를 반복하던 시대였다. 양반가 안주인으로
서는 방물장수를 통해 안에서 안으로 연결되는 소리 소문 없는 정보
망을 구축해두는 것이 필요했다.

혼인 적령기의 자녀를 둔 어머니로서는 더욱 그러했다. 아들딸의
혼사를 가능하면 자신의 주관하에 치르고 싶은 마음이 클 수밖에 없
었다. 그런데 바깥세상의 내밀한 정보는 기껏 친정 식구로부터 전해
들을 수 있을 뿐이다. 그나마 친정이 가까울 때의 이야기다. 이래저
래 방물장수가 제격이었다. 혼사가 성사되지 않더라도 간단히 무시
할 수 있었다. 천한 방물장수가 어찌 양반집 혼사에 끼어들 수 있느
냐고 하면 그것으로 마무리될 수 있었던 것이다.

방물장수도 양반집 혼사에 끼어들고 싶어 안달했다. 그러기 위해
서는 고급 정보가 필요했다. 무엇보다도 혼사가 성사된다면 내놓고
자랑이야 할 수 없지만, 혼사에 필요한 최소한의 패물이나 옷감 등
을 팔 수 있었기 때문이다. 그뿐 아니라 혼사 이후에도 시집간 딸에
게 접근하기가 훨씬 쉬워진다. 새로운 단골을 확실하게 확보하게 되
는 셈이다. 또 시집간 딸과 친정집을 수시로 드나들 수 있으니 딸의
안부가 궁금한 어머니는 딸의 소식을 전해주는 방물장수를 빈손으로
돌려보내지 못한다. 그저 적당한 물건을 구입해줌으로써 다음을 기
약해둘 필요가 있었다. 이렇듯 양반가 안방에서는 공식적으로는 사
돈 간에 편지가 오갔고, 은밀하게는 방물장수가 통신망의 역할을 충

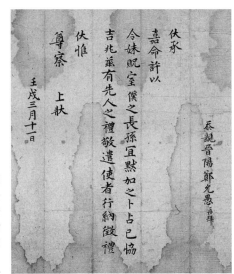

혼서 신랑집에서 신붓집으로 보내는 납폐 문서다. 내용은 대체로 딸을 며느리로 허락해주시고 좋은 날을 잡아 보내주심에 감사하며, 이에 삼가 폐백을 바친다는 식이다. 성산이씨 응와 종택 소장.

실히 했다.

혼담을 통해 혼인이 합의되면, 신랑집에서는 신랑의 사주단자와 청혼서를 신붓집으로 보낸다. 사주단자란 신랑의 출생 연·월·일·시를 적은 종이를 말한다. 이로써 신부와 궁합이 맞는지 파악하게 된다. 신붓집에서 사주단자를 받아들인다는 것은 곧 혼인을 승낙하는 것이나 마찬가지다. 이제 신붓집에서는 공식적으로 혼인을 허락한다는 허혼서許婚書와 혼인날을 잡아서涓吉 보낸다. 그러면 신랑집에서는 초행에 앞서 함진아비를 통해 함을 보낸다. 함에는 대개 약간의 패물이나 신부의 치마저고릿감을 넣는데, 지방에 따라서는 목화씨나 고추, 수수 등을 넣어 부귀와 많은 아들을 기원하기도 했다.

신랑은 신붓집에 가서 혼례를 치른 다음 그곳에서 여러 날을 머문 후에 신부와 함께 본가로 돌아온다. 신부가 친정을 떠나 시집으로 가는 것을 신행新行이라고 했다. 얼마 전까지 하더라도 대부분 '3일 신행'이 일반적이지만, 조선 후기에는 석 달 혹은 그 이상을 처가에 머물면서 아들딸을 낳고 비로소 신행길에 오르기도 했다.

혼례가 신붓집에서 치러진다거나 신랑이 이후 오랫동안 신붓집에 머물렀다는 것은 조선의 혼인 풍속이 유교적인 친영례를 행했다 하더라도 그것은 어디까지나 겉으로 보이는 형식에 불과했음을 의미한다. 따라서 이러한 혼인 풍속은 차라리 조선적인 것이라고 할 만하다. 이런 특성은 우리가 일반적으로 유교적이라고 생각하는 생활 문화 곳곳에서 확인된다. 따라서 조선시대의 유학·유교 그 또한 조선적 유학·유교임이 분명하다.

신랑은 대부분 처가에서 오랫동안 머물기를 원했다. 우선 부모의 엄한 통제에서 벗어나 더할 나위 없는 '손님'으로서 최상의 대접을 받았으니 이보다 더 좋을 수는 없었을 것이다. 또한 지긋지긋한 공부에서도 잠시 벗어날 수 있었다. 그러나 신랑의 부모는 아들이 처가에 오래 머무는 것을 달가워하지 않았다. 철딱서니 없이 처나 처가에 홀딱 빠지지나 않을까 걱정했다. 글 읽기를 소홀히 한다는 것을 핑계 삼아 엄한 훈계를 늦추지 않았다.

신부가 친정에 머무는 동안에도 신랑은 처가만이 아니라 자주 부모에게 문안 인사도 해야 했고, 집안의 제사나 이런저런 행사에도 참석해야 했다. 신랑은 친가와 처가를 오가면서 지낼 수밖에 없었다. 그렇다고 옛날처럼 영원히 처가에 머물 수 있는 시대는 아니었다.

신행이 이루어지면 당연히 신행 잔치가 있었다. 이제 본격적인 시집살이가 시작되는 셈이다. 시집살이와 함께 이제 신부는 친정 나들이조차 자유롭지 않게 된다. 물론 근친觀親이라는 이름으로 친정 부모를 뵐 기회는 있지만 그리 자주 있을 수는 없었다. 친정이 먼 곳에 있다면 더욱 어렵다. 오늘날과 같이 교통편이나 숙박시설이 잘 갖추어지지 않은 상황에서 양반집 부녀자의 행차는 쉬운 일이 아니었다. 이런저런 사정으로 말미암아 신행길은 어쩌면 다시 돌아오기 어려운 마지막 길인지도 모를 일이었다. 그래서 신행길에 오르는 딸이나 보내는 부모의 심정은 슬프고도 안타까울 수밖에 없었다.

열녀, 더할 나위 없는 가문의 영광?

여자들의 시집살이는 아주 고달픈 일상이었다. 낯설고 물선 타향에서 마음을 터놓고 이야기할 사람 하나 없었으니 그럴 수밖에 없었다. 남편이 있으나 글을 읽어 과거 준비를 해야 했으니 아내가 거처하는 방으로 출입하는 것도 자유로운 일이 아니었다. 부모에게 중요한 것은 무엇보다도 손자의 탄생이었다. 그래서 음양의 이치를 살펴 좋은 날을 잡아 아들과 며느리의 합방을 허락하기도 했다. 좋은 날이란 아들을 낳을 수 있는 날을 의미한다. 양반가의 족보를 보면 출생이 특정한 달에 상대적으로 집중되어 있는데, 여기서 이 같은 사정을 읽을 수 있다.

남편이 아내의 방에 자주 출입하는 것은 아내에게 큰 흉이 될 수 있었다. 철없는 남편의 잘못은 곧 며느리의 책임이 된다. 혹시나 시부모의 기대에 어긋나거나 아직 아들을 낳지 못했다면 시집살이는 더욱 어려울 수밖에 없었다. 부부 금실이 비록 좋다 하더라도 남편은 언제나 아내의 편이 될 수 없었다. 며느리는 외로운 섬이나 마찬가지였다. 그래서 여자의 시집살이는 '고초·당초보다 맵다'고 했고, 또 '벙어리 3년, 귀머거리 3년, 봉사 3년'이라고 표현되기도 했다.

물론 이 같은 여자의 시집살이는 극단적인 예일 수도 있고, 19세기나 일제강점기의 사정일 수도 있다. 그러나 조선 전기 남자가 장가가던 시기에 비해 조선 후기 여자의 지위와 권리가 크게 축소된 것만은 분명하다. 후대에 남존여비 사상이 심화되면서 아내는 점차 남편의 예속적 존재로 전락했다.

16세기 말 안동의 원이 엄마는 젊은 나이에 죽은 남편과 영원히 이별하면서 쓴 편지에 남편을 '자네'라고 불렀다. 서로 머리 희어지도록 사랑하면서 살자고 했던 약속을 저버리고 떠난 남편을 애절하게 그리워한다. 남편과 아내는 동등한 인격체였음을 보여준다. 19세기 중엽 정재定齋 류치명柳致明도 혼인한 아들에게 부부는 서로 공경해야 하고 예의 없이 함부로 서로를 대하는 것은 사대부 집안에서 하는 행동이 아니라고 당부했다. 남편이 아내를 예속적인 존재로 취급하여 함부로 대하는 당시의 풍속을 경계함이었을 것이다.

유교적 사회질서를 확립하고자 했던 조선에서는 여자에게 불평등한 요구를 많이 했다. 그 가운데 하나는 남자에 대한 무조건적 복종이었다. 이것은 여자 삼종지도三從之道라는 이름으로 권장됐다. 여자의 주체적 삶이란 용납되지 않았다. 이런 상황이었으니 설사 혼례가 끝나기도 전에 남편이 죽더라도 청상과부로 늙을 수밖에 없었다. 요구는 여기서 그치지 않았다. 남편이 죽으면 아내가 따라서 죽는 것을 열녀烈女라 하여 여자의 최고 미덕으로 권장했다.

열녀! 그것은 더할 나위 없는 가문의 영광이었다. 고을에서도 칭송해 마지않았으며, 나라에서는 열녀문烈門을 세워 충신·효자와 동격으로 표창했다. 표창이란 다른 사람도 그렇게 되기를 권장하는 것이다. 권장만 한 것이 아니라 사실은 그렇게 만들기도 했다. 대부분의 경우 남편의 죽음과 삼년상을 치른 며느리는 시집에서 감싸주지 않는다면 심신이 지쳐 병약해질 수밖에 없었다. 가끔은 남편의 죽음에 대한 책임까지도 져야만 했다. 더구나 이웃 고을에 열녀가 났다는 전혀 새롭지 않은 소식은 시도 때도 없이 되풀이됐다. 이쯤 되면 "너는 왜 열녀가 안 되냐?" 하고 윽박지르는 것이나 마찬가지다.

많은 며느리가 스스로 목숨을 버릴 수밖에 없는 처지로 내몰렸다. 죽으면서도 너무나 원통하고 또 원통할 뿐이다. 그러나 이제 남은 일은 열녀로 포장하는 일이다. 이것은 친척이 앞장설 일이고, 오직 가문의 능력에 달린 문제였다. 인근의 선비를 모아 청원도 하고 상소도 했다. 원통한 죽음은 이렇게 가문의 영광으로 왜곡된다.

남자에게 충과 효가 요구된 반면에 여자에게는 남자에 대한 복종과 순종이 강요됐던 것이다. 이러한 분위기 속에서 남편을 따라 죽지 못한 아내에게는 삶이 큰 죄악이었다. 스스로도 죄인이라 했다. 말하자면 조선 후기의 양반 사회는 여자의 목숨까지도 요구한 셈이었다.

사회적 약자를 죽음으로 내몬 것이 어디 조선시대뿐인가? 오늘날에는 재개발이란 미명으로, 혹은 공공의 질서란 이름으로, 더욱 심하게는 평화라는 이름으로 그들의 생존과 생명을 마구 유린한다. 그러고는 빌딩을 세우고 기념비를 세운다. 그래도 조선시대에는 원통한 죽음을 열녀라는 거룩한 이름으로 포장이라도 했지, 오늘날에는 생존을 위한 거룩한 죽음을 도리어 폭도로, 파괴자로 내몰아 짓밟는다. 아, 너무 잔인한 세상이다!

상례와 장례,
죽음을 모시다

유교에서의 삶과 죽음

조선 양반의 학문인 유교는 단순히 학문의 차원에만 머문 것이 아니었다. 그것은 삶과 의식을 규제하는 규범이었다. 유교적 삶의 규범으로서 가장 전형적인 것이 조상 숭배다. 조상 숭배는 유교의 인간에 대한 이해에서 출발해야 한다.

유교에서 인간 존재란 인간이 심성心性과 신체身體로 구성됐다고 이해하는 것이다. 즉 인간은 궁극적 존재인 하늘로부터 성품性品을 받고 부모로부터 육신을 받아 태어난다. 인간은 하늘로부터 받은 성품만큼이나 부모로부터 받는 신체도 중요하다. 따라서 부모는 하늘과 더불어 인간 생명의 근원으로 일컬어진다. 하늘을 아버지로, 땅을 어머니로 인식하는 것은 『주역』의 건괘乾卦와 곤괘坤卦가 이를 상징한다는 사실에서도 확인할 수 있다.

유교에서 하늘이 인간에게 성품을 부여한다는 것은 인간 개개인에게 개별적 성품을 준다는 뜻이 아니다. 곧 성품은 모든 인간에게 동일하게 부여된다. 근본적으로는 인간의 성품만이 아니라 인간과 사물의 성품도 동일한 것이라고 주장되기도 한다. 따라서 하늘은 인간에게 보편적인 품성을 부여하고, 인간 개개인의 특성은 부모로부터 받는 신체에 의해 결정된다. 따라서 인간의 신체를 소중하게 여기는 의식은 유교적 생명관에 깊이 뿌리 박혀 있다.

그러면 유교에서 죽음이란 무엇인가? 양반은 죽음을 어떻게 이해했을까? 성호 이익의 『성호사설星湖僿說』과 용재 성현成俔(1439~1504)의 『용재총화慵齋叢話』에서는 다음과 같이 설명한다.

죽음이란 양의 기운陽氣이 떠서 흩어짐浮散을 뜻하며, 흩어진 양의 기운은 둘로 나뉜다. 하나는 하늘로 올라 양으로서 신神이 되고, 하나는 지하세계로 내려가 음으로 귀鬼가 된다.[1]

천지간의 만물에는 기氣가 있다. 기란 정령精靈을 말하며, 양기의 정령을 혼魂이라 하고, 음기의 정령을 백魄이라 한다. 죽음이란 양기가 떠서 하늘로 올라감昇天을 의미한다. 승천하는 것은 신명神明이 되지만 생전의 원한이나 미련으로 승천하지 못한 양기는 사방에 흩어져 있다가 음기가 되어 자의로 행동하니, 이것이 소위 귀신이다.[2]

인간이 죽은 후에 혼은 하늘로 올라가고, 백은 땅으로 돌아간다는 것이다. 그래서 죽음이 확인되면 죽은 자를 소생시키는 의식을 행한다. 이를 초혼招魂 혹은 고복皇復이라 한다. 즉 죽은 이가 평소에 입던

윗옷을 가지고 지붕 위에 올라가 북쪽을 향해 "아무개 복復"이라고 세 번 외친다. 말하자면 떠난 혼백을 돌아오라고 부르는 것이다. 한 번은 위를 향해 불러서 혼이 하늘에서 내려오게 축원함이고, 한 번은 아래를 향해 불러서 백이 땅에서 돌아오게 축원함이고, 한 번은 북쪽을 향해 불러서 혼백이 천지사방에서 오도록 축원하는 것이다.

유교에서 인간이란 존재는 죽음으로 끝나버리는 것이 아니다. 죽은 다음에 신체와 영혼이 분리됐다가 서서히 자연으로 돌아간다. 자연으로 돌아간다는 것은 개체성個體性의 상실이다. 따라서 인간의 개체는 신체와 더불어 유지되고 죽은 뒤에 신체의 소멸과 함께 사라지는 것이지만, 다른 한편에서는 그 개체성이 자신의 신체적 분신인 자손을 통해 유지·계승된다고 할 수 있다.

이러한 사정에서 양반은 후손이 끊어지는 것을 가장 큰 불효로 여겼다. 그래서 최후에는 양자를 들였다. 양자를 혈연적 유대가 어느 정도라도 있는 혈족에서 들이는 것도 이러한 생명관에 따른 것이다. 따라서 조상이란 자신의 생명을 부여해주었을 뿐만 아니라, 자신과 일체가 되는 후손으로 번성해 나가는 연속성의 선구자다. 아무튼 유교에서 조상은 생명의 뿌리로서 소중하게 받들어야 하며, 소중히 지켜가야 할 내 생명의 모습이기도 하다. 조상을 존중하는 일은 바로 자기 존재의 존중이라는 의미를 지닌다.

영원한 이별 그리고 떠나보냄

조선의 양반은 상례와 장례를 당연히 유교적으로 치렀다. 유교식 상례·장례에서 가장 특징적인 것은 죽음을 슬퍼하는 '곡哭'이다. 곡은 슬픔의 가장 상징적 표현으로, 그냥 슬퍼서 우는 것과는 다르게 일정한 형식을 가진다. 곡이란 너무 슬퍼해서 난잡해지거나 한바탕의 울음으로 슬픔을 다해버리는 것을 적절하게 통제하여 일정 기간 동안 지속될 수 있게 한다. 그래서 경우에 따라서는 슬픔과 관계없는 형식적인 것이 되기도 하고, 지루하지 않게 고저장단을 가지기도 한다. 곡은 상주만이 아니라 조문객도 당연히 해야 한다. 그러나 상주와 조문객의 곡은 다르다.

양반의 상례에서 곡은 필수이고, 또 그것이 끊어져서는 안 된다. 그래서 양반 가문에서는 곡비哭婢라는 여종을 두고 밤낮으로 곡이 끊이지 않게 했다.

유교에서는 내세를 인정하지 않는다. 그래서 죽음이란 존재와 존재의 영원한 이별을 의미한다. 부모와 자식의 영원한 이별, 자식으로서는 이보다 더 큰 슬픔이 없다. 그래서 거친 옷을 입고, 거친 음식을 먹으며 곡을 하는 것이다. 슬픔을 주체할 수 없어서 상주가 입는 옷에는 흐르는 눈물을 받고 슬픔을 등에 짊어진다는 뜻으로 가슴에는 최衰를, 등에는 부판負版을 단다. 먹지도 못하고 애통해하기를 지극히 하다 보니 허약해진 신체를 지팡이喪杖에 의지할 수밖에 없게 된다. 지팡이 높이는 심장 부분까지인데, 상주는 죄인이기에 고개를 들 수 없기 때문이다. 유교에서 죽음이란 이렇듯 슬픈 것이고, 곡이란 슬픔을 표현하는 가장 적절한 방법이었다.

죽음, 곧 영원한 이별을 어떻게 생각하느냐에 따라 떠나보내는 절차와 의례가 크게 달라진다. 모든 사람이 죽음을 항상 슬픈 것으로만 받아들이지는 않았다. 시대에 따라, 종교에 따라 달리 생각할 수도 있을 것이다. 원시 인류가 죽음을 슬퍼했을까? 어쩌면 그들은 계절이 바뀌는 것처럼 자연스러운 현상으로 인식했을지도 모른다. '돌아갔다'는 표현은 원시사회 이래 죽음에 대한 우리의 원초적 생각일지도 모른다. 더욱이 이 세상을 고난과 고통으로 가득 찬 것으로 그리고 죽어서 영원한 생명을 얻어 천당이나 극락에 간다고 생각한다면, 이별의 아쉬움은 있을지언정 그리 슬퍼할 일만은 아닐 것이다.

하지만 유교에서는 죽음이 슬픈 것이니, 장례 또한 슬프고 엄숙할 수밖에 없었다. 그렇다고 우리의 장례가 항상 유교식으로 치러졌던 것은 아니다. 그보다는 술과 노래와 춤이 오랫동안 어우러졌고, 불교가 전래되면서는 화장火葬 또한 일반화됐다. 조선 초기까지만 하더라도 이런 다양한 형태의 상례·장례가 행해졌다. 그래서 조선의 유학자는 화장이 풍속과 인륜을 심하게 해친다고 걱정했고, 상가喪家에서 밤에 제사를 올릴 때 남녀 수십 명이 모여 노래하고 춤추거나 잡스러운 오락으로 밤을 지새우는 풍속을 엄히 금해야 한다고 역설하기도 했다. 이러한 유학자의 걱정과 주장은 다름 아닌 유교적 상례·장례가 아직 정착되지 못했음을 보여준다.

조선의 유학자에게 유교적 상례·장례는 예禮의 실천일 뿐만 아니라 하층민과의 차별성을 과시하는 것이기도 했다. 하층민은 유교식 상례·장례의 절차와 형식을 모르기도 했고, 또 그럴 만한 경제적·

시간적 여유도 없었다. 그러나 무엇보다도 그들의 정서가 아직은 유교적인 엄숙하고 번잡한 의식을 그리 쉽게 용납하지 않았을 것이다. 하층민에게도 점차 유교식 상례·장례가 일반화된 것은 18세기 이후였다.

오늘날 우리의 장례는 어쩌면 유교에 우리 고유의 전통을 적절하게 혼합한 것이라 할 수 있다. 말하자면 유교식이 아니라 한국식인 셈이다. 이렇게 본다면 1970~1980년대까지만 하더라도 상가에서 흔히 볼 수 있었던 도저히 용납되지 못할 것만 같은 행위도 새롭게 이해할 수 있다. 예를 들어 떠들썩한 음주와 고스톱을 조선시대 유자들이 '잡스럽다'고 표현했던 오락이나 음주가무의 변용이라고 한다면 너무 지나친 억측일까? 전통의 변용이 아니라 하더라도 이 같은 분위기 속에서 자연스럽게 상가의 한 모퉁이를 차지할 수 있었을 것이다.

왜 삼년상인가

유교식 상례의 또 다른 특징은 삼년상에 있다. 삼년상은 흔히 알고 있듯이 부모상을 당했을 때뿐만이 아니라, 장자나 남편이 죽었을 때도 해당한다. 반대로 장자가 아닌 차자 이하나 아내의 상이라면, 그것은 일년상에 불과했다. 유교가 남자, 그것도 맏아들 중심의 사회질서를 추구했음을 여기서도 잘 볼 수 있다.

전통 상례로서의 삼년상은 그리 오랜 역사를 가진 것은 아니다. 고려에서는 백일상이 행해졌고, 조선에 들어와서도 군인에게 상례를 위해 준 휴가는 100일이었다. 그렇다고 하여 고려와 조선 전기 서민들이 백일상을 그대로 지켰다고는 보기 어렵다.

고려는 물론이고 조선 초기만 하더라도 불교식 화장이 성행했다. 지배층의 경우에는 사찰에 빈소를 마련해 승려나 노비로 하여금 재齋를 올리게 했다. 유교식 상례로서의 삼년상이 하층민에 이르기까지 일반화된 것은 조선 후기 이후였다.

유교에서는 왜 삼년상을 지냈을까? 3년이 너무 길다는 생각은 하지 않았을까? 3년이 너무 길다는 것은 오늘날의 생각만은 아니었다. 공자의 제자인 재아宰我는 공자에게 3년이 너무 길다고 푸념하면서 1년으로 하면 어떠냐고 물은 적이 있다.

왜 3년인지 분명하게 말하기는 어렵다. 어떤 이는 공자의 말을 빌려서 자식이 태어난 지 3년이 되어야 부모의 품을 떠나듯이, 자식도 그 기간만큼 죽은 부모를 가슴에 품어야 떠나보낼 수 있기 때문이라고 했다. 또 어떤 이는 육신이 땅에 묻히어 3년이 지나야 온전히 흙으로 돌아갈 수 있기 때문이라고 했다. 또는 이렇게도 말할 수 있을 것이다. 3이라는 숫자는 동서양을 막론하고 신성성과 절대성을 가지며, 그 자체로서 완결됨을 의미하는 것이기 때문이라고.

양반의 삼년상은 단순히 기간만을 의미하지 않는다. 그것은 시묘살이와 관련되어 있다. 시묘살이란 장례를 치른 후 묘 옆에 여막을 지어 삼년상을 마칠 때까지 신주를 모시고 사는 것을 말한다. 시묘살이는 조선 양반이 모든 예의 규범으로 삼았던 『주자가례』나 조선의 학자가 편찬한 예서禮書에도 아예 언급이 없거나 반드시 지켜야 할

시묘살이 무덤 옆에는 여막이 있고, 무덤 앞에는 제물이 차려져 있다. 『주자가례』에는 시묘살이에 대한 언급이 없다. 중국에서는 무덤이 100여 리 이상 떨어진 곳에 있었기에 현실적으로 불가능했기 때문이다. 김준근 그림, 덴마크 국립박물관 소장.

필요가 없는 것으로 나온다. 그러나 현실에서는 시묘살이가 상당히 성행하여 부모에 대한 절대적 효의 실천으로 이해됐다. 효를 중요하게 생각했기 때문에 나라에서도 적극 권장했다. 그래서 이 기간에는 관직에도 나아갈 수 없었고, 고기를 먹거나 술을 마시는 것도 금지됐다. 그 외에도 많은 제약이 있었지만, 양반은 이를 당연한 것으로 받아들였다.

시묘살이라 하여 삼년상을 치르는 동안 여막에서만 지내는 것은 아니었다. 여막은 임시로 지은 초막이기에 추운 겨울이나 더운 여름에는 기거하기가 사실상 불가능했다. 대부분 여막을 지어놓고는 초

하루 보름에 왕래하는 정도가 전부였다.

상례 기간이라 하여 집안의 일상 대소사를 외면할 수도 없었다. 상중喪中만이 아니라 빈소가 차려진 동안에도 하루 종일 곡만 하지는 않았다. 조문객을 맞이하는 것은 물론이고, 인근의 사람들을 방문하거나 농사일을 감독하는 등 기본적인 일과 사회생활은 평상시와 똑같이 했다. 그리고 고기를 먹거나 술을 마시는 것도 전적으로 금지되지 않았다. 몸을 상하게 한다면 이 역시 불효가 된다. 어른이 억지로 술을 권한다면 그리고 체력이 약해졌다면 음주와 육식은 허용됐다. 고기뿐만 아니라 술도 체력적 혹은 정신적 보약으로 인식됐다. 술은 소소한 질병이나 추위를 이기는 묘약으로 여겨져 오늘날 커피 못지않게 흔하게 애용됐다.

어떤 형식이었든 삼년상은 조선 양반에게 중요한 예속이 됐다. 그러나 한편 삼년상은 학문의 실천이며, 지주로서 넉넉한 경제적 조건과 유한계급으로서 충분한 시간적 여유가 있었기에 가능한 일이었다. 더욱이 그것은 지배층으로서의 사회적 지위와 권위를 확보하는 수단이 되기도 했다. 조선 사회에서 효행은 사회적 명성을 얻게 해줄 뿐만 아니라, 정치적 출세의 길이기도 했다. 따라서 양반에게 삼년상은 부담이 아니라 특권이었다.

삼년상이 끝나면 신주는 일정 기간 사당에 모셔진다. 물론 그 기간은 신분에 따라 다르다. 그리고 이에 따라 제사의 기간도 달라진다. 천자天子는 7대代, 제후諸侯는 5대, 대부大夫는 3대, 선비인 사士는 2대, 보통 사람인 서인庶人은 1대에 한하는 것이 원칙이다. 즉 벼슬에 나아간 경우라도 3대 봉사였다. 그러나 후대에는 누구든 4대 봉사가 관습이 되고 말았다. 한편 시조나 성현 등 후손에게 큰 영향력을 미친 조상의 혼은 소멸하지 않는다고 생각하여 그에 대한 제사는 폐지하지 않고 계속했다. 명문 양반가에서는 별도의 사당에서 현조를 불천위 제사로 모셨다.

죽는 데는 왜 순서가 없나요

인간사의 모든 일은 질서가 있고 순서가 있다. 그렇다면 사람도 태어난 순서대로 죽어야 하지 않겠는가. 하지만 유독 죽음만은 그 순서가 없다. 태어나는 순서는 있는데, 왜 죽는 순서는 없는 것일까?

아주 먼 옛날 까마귀가 염라대왕의 명으로 저승사자 역할을 하고 있었다. 하루는 까마귀가 명부冥簿를 입에 물고 저승으로 가던 중에 아래를 내려다보니 마침 어느 마을에서 잔치가 벌어지고 있었다. 배도 출출하던 차에 까마귀는 잠시 본연의 임무를 잊은 채 마을로 내려가 정신없이 배를 채웠다. 어지간히 배가 부른 까마귀는 바삐 저승으로 날아갔다. 막 저승의 문턱을 넘으려는 순간에야 입에 물고 있던 명부가 없어졌음을 알아차렸다. 깜빡 잔칫집에 놓고 와버린 것이다. 까마귀는 먼 길을 다시 돌아갈 수도 없고, 그렇다고 명부에 적혀 있던 사람들의 이름도 기억할 수가 없었다. 하는 수 없이 그 자리에서 생각나는 아무 이름이나 적어서 염라대왕에게 제출할 수밖에 없었다. 그래서 정작 잡혀갈 순서가 되지 않은 엉뚱한 사람이 사자의 명부에 오르게 됐다.

이때부터 태어나는 차례는 있어도 죽는 순서는 없어졌다고 한다. 까마귀의 실수로 죽는 질서와 차례가 무너지게 된 것이다. 옛날엔 건망증이 심해진다고 하여 까마귀 고기는 금기시됐다. 그런 까닭에 까마귀는 인간의 포획에서 자유로워졌고, 가장 흔한 텃새가 됐다. 그러나 한때는 까마귀가 찾아보기 어려운 멸종 위기종이 됐다. '정력에 좋다'는 소문이 퍼지면서 까마귀의 불행이 시작된 것이다. 정력 앞에서 까마귀의 건망증은 아무 문제가 되지 않았다. 말하자면 정력과 건망증을 맞바꾼 셈이다.

멸종 위기에까지 내몰린 까마귀의 불행은 그놈의 정력 때문일까? 정력은 그저 명분일 뿐, 진정한 이유는 바로 그 '건망증' 때문일 것이다. 생각해보라. 총칼로 권력을 잡은 독재자, 그 독재자에 빌붙어 아부한 이른바 지식인, 부정과 비리를 행사할 수 있는 권력에 신명 잡혀 변절과 지역감정과 이념의 문제를 오늘 또 써먹고 싶어 하는 정치판의 그 많은 꾼들, 이런저런 사회 모리배, 역사의 진실을 잊고 싶어 하는 반민족 세력, 그들에게 건망증이란 얼마나 편리하고 유용한 것인가! 어제 저질렀던 행위를 까맣게 잊어버릴 수 있으니. 그래서 그들은 당당하게 말한다. "기억나지 않는다!" 온갖 꾼들과 모리배에겐 건망증이 바로 불사의 영약이었다. 그뿐인가. 건망증을 표시 안 나게 정력제로도 먹을 수 있으니! 어찌 알지 못했을까? 까마귀의 불행이 곧 우리의 불행이었던 것을!

후손의 책무

제사가 일상인 세상

양반의 일상생활에서 가장 중요한 일 중의 하나가 봉제사다. 제사
에는 일반적으로 기제사忌祭祀와 시제時祭, 절사節祀 등이 있다. 기제
사란 조상이 돌아가신 날 지내는 제사이고, 시제는 봄·여름·가을·
겨울 등 사철마다 지내는 제사다. 절사는 설·한식·단오·추석에 지
내는 명절 제사로, 이를 차례茶禮라고도 한다. 기제사와 절사가 사당
에서 지내는 제사인 데 반해, 시제는 묘소에서 지내는 묘제다. 이러
한 제사는 조선 전기와 후기에 따라 설행設行 여부와 경중이 조금씩
달랐다.

조선 전기에 제사는 대부분 3대 봉사를 했다. 그리고 명절 제사도
설·한식·단오·추석뿐만 아니라 3월 3일, 4월 8일, 6월 6일, 7월 7일,
9월 9일, 동짓날 등에도 사당에서 차례나 차사茶祀를 올렸다. 그 밖에
자신 또는 조상의 생일에 제사를 지내기도 했고, 초하루 보름에 행하

는 삭망례朔望禮 또는 새로운 산물이 생기면 사당의 제상에 올리는 천신례薦新禮도 있었다. 따라서 가문마다 1년 동안 행하는 제사는 대체로 30여 회가 넘었다. 실제로 16세기 말 유생 오희문은 임진왜란 당시 피난 중에도 30여 차례나 제사를 지냈다.

조선 전기의 제사에서 가장 주목되는 현상은 바로 윤회봉사輪回奉祀다. 중국의 『예서』에 따르면 제사는 종가에서만 지내야 했다. 그런데 조선에서는 17세기 중반까지만 해도 아들딸이 돌아가면서 지냈다. 윤행輪行하는 방법은 다양했다. 해마다 주관자를 바꾼다든가, 부모의 제사를 아들과 딸이 나눈다든가, 아니면 기제사는 아들, 명절 제사는 딸 등으로 분담할 수도 있었다. 물론 아들이 없으면 당연히 딸과 외손이 담당했다. 이를 외손봉사라 했다. 딸도 없으면 특정한 친척이나 노비에게 제사를 부탁했다.

이 시기 윤회와 외손봉사는 자녀균분상속제 아래 행해졌다. 부모의 재산이 아들과 딸에게 균분 상속됐듯이 사후 봉사에도 아들딸이 똑같은 권리와 의무를 가지는 것은 당연한 일이다. 그러나 점차 부모의 재산이 아들, 특히 장자 중심으로 상속되면서 제사 또한 아들과 장남의 의무가 됐다. 종법이 정착되면서 아들과 딸, 친손과 외손에 대한 인식이 달라져갔다. '내 자손'으로 인식되던 사위(딸)와 외손이 점차 '남의 아들과 손자'로 바뀌었다. 마찬가지로 '내 조상'으로 인식되던 외할아버지와 외할머니도 점차 '남의 조상'으로 인식됐다. 이러한 사정에서 17세기 중반 이후에는 적장자 중심의 상속 관행과 함께 제사 또한 장자의 몫으로 정착되어갔다.

또한 조선 후기의 제사는 이전까지 대체로 2대 혹은 3대 봉사에 그

쳤던 것에서 4대 봉사로 확대됐다. 그러나 설과 추석, 한식 등을 제외한 고유의 명절 제사는 더 이상 설행되지 않았다. 『주자가례』에 따라 고유의 제사가 크게 정리된 셈이다. 따라서 제사 횟수는 도리어 많이 줄어들었다.

조선 전·후기를 막론하고 일반 제사의 참석자는 대체로 10여 명을 넘지 않았던 것으로 보인다. 안동의 김령金坽(1577~1641)은 『계암일기溪巖日記』에서 제사에 참석하라는 권유를 '청객請客'으로 표현했다. 이것은 제사 참석자가 대부분 직계 자손이었음을 의미한다. 아마 누구랄 것도 없이 제사가 빈번했으니 남의 집 제사에까지 참석할 겨를이 없었는지도 모른다. 아무튼 조선시대 제사는 수십 명 이상의 제관이 모여서 성대하게 거행됐을 것이란 우리의 상상을 크게 벗어난다.

제사를 주관하는 사람은 당연히 가장이다. 그러나 삭망례는 물론이고 설 제사조차 어린 아들이 홀로 주관하기도 했고, 혹 유고有故가 있으면 기제사도 아들이 주관했다. 또한 출산이 있다든가, 질병이 있으면 그냥 건너뛰거나闕行 지방紙榜이나 신주만 모시는 권설權設이 행해지기도 했다.

대구에서 18세기 중·후반을 살았던 백불암 최흥원의 『역중일기』에는 최씨 집안에서 거행한 다양한 제사가 기록되어 있다. 말년의 최흥원은 대략 50여 회의 제사를 주관해야 했다. 최흥원은 제례에서 재계齋戒를 아주 중요하게 생각했다. 재계란 제사 3일 전부터 몸과 마음을 정결히 하는 것이다. 그래서 제사에 참석할 사람은 3일 전에 도착해서 재사齋舍 등에서 합숙해야 했다. 여기서는 담배를 피우거나 함부로 출입하는 것도 금했다. 이를 어긴 경우에는 제사 참례를 허락

감실 경상북도 안동 학봉 종택 사당 안 내부 모습이다. 감실은 주로 벽면에 마련된 작은 공간이다. 여기에 조상의 신주를 안치한다.

하지 않았다. 젊은이는 싫어했고 다양한 핑계로 참여하기를 꺼려했다. 이런 재계는 당시 양반 사회에서도 일반적인 것이 아니었다. 따라서 혼자만 고상해한다는 비난이 뒤따랐다. 최흥원은 이를 크게 걱정했다.

18세기 최씨 집안의 상례·제례가 『주자가례』에 근거하여 행해진 것만은 아니었다. 시묘살이도 그러했지만, 발인 전날 저녁 영결永訣을 고하는 조전祖奠 의식이나 삼년상을 마치는 저녁의 제사도 속례俗禮였다. 『주자가례』에서 금지한 기일 제사 후 술로 손님을 접대하거나 술과 떡을 보내는 것 역시 세속의 비난이나 풍속을 갑자기 바꾸기 어렵다는 이유로 끝내 그만두지 않았다. 여러 경우에서 가례와 속례를 절충할 수밖에 없었다.

이상과 같이 조선시대 양반가의 제사는 빈번했다기보다는 생활화되어 있었다고 하는 것이 더 타당하다. 제사, 곧 조상 숭배의 생활화는 새로운 산물이 생기거나 먼 길을 떠나기 전 또는 돌아온 후에 반드시 사당에 들러 배알하는 것 등에서도 확인할 수 있다.

제사의 폐단으로 흔히 지적되는 형식화와 허례화도 역시 조선 후기 늦은 시기부터 시작된 것으로 보인다. 제사가 효의 실천으로서 조상 숭배의 차원을 넘어 후손의 사회적 지위, 즉 가문의 우열을 구별하는 수단이 될 때, 제사는 불가피하게 형식이 되고 격식이 될 수밖에 없었다. 19세기 이후 향촌 사회에서는 가문을 단위로 하는 온갖 시비와 대립이 있었는데, 이것은 곧 양반의 지체와 위세 싸움이었다. 이제 제사를 통한 조상 숭배는 후손의 지체와 위세의 상징으로 활용되어갔다.

문집과 족보의 편찬

근세에 영남 인사가 움직였다 하면 사묘祠廟를 사사로이 건립하고 문집을 발간하는데, 이들은 모두 고을의 선배일 뿐 세상에 이름이 난 명사名士는 아니다. 그 계획은 후손들이 사대부의 명칭을 잃지 않으려는 것에서 나온 것이다. 스스로는 가세家勢가 가난하여 이미 조정에서 과거와 벼슬을 얻지 못하니 실로 일문의 종족을 보존하고 향리鄕里를 호령하기가 어려워 호적에서 평민 호와 구별되고자 하는 까닭이다. 이에 그 선조 중에서 조금이라도 성실誠慤하다고 일컬을 만한 사람을 골라 겨우 문자나 알고 평일에 시구詩句와 편지를 쓸 줄 알면 문집을 간행하여 이름하기를 모 선생 유고某先生遺稿라고 한다. 그리고 또 서로 더불어 이웃 고을의 선비를 불러 모아 선조가 독서하고 휴식하던 곳이라 하여 재물을 모아 집을 지음에 장인匠人을 모으고 민인民人을 함부로 사역해 얼마 안 되어 조성한다. 그 쉬움이 마치 손바닥을 뒤집는 것보다 쉽게 하니 서로 모방하여 마침내 모 성씨의 세덕사世德祠라 이름한다. 이렇게 하지 않는 고을이 거의 없다.[1]

앞의 인용문은 한 지식인이 19세기 영남 양반 사회의 한 단면을 폭로한 것이다. 영남의 선비가 하는 일이란 다름 아닌 사묘를 건립하고 문집을 발간하는 일뿐이라는 것이다. 이것이 왜 문제인가? 그럴 만한 이름난 선비가 아닌데도 그러하기 때문이다. 조금 성실한 조상 중에 그저 글줄이나 읽어 시나 편지를 쓸 정도만 되면 유고집을 발간한다고 야단이고, 또 이웃 고을 선비를 불러 모으고 농민을 함부로 부려서 사묘를 건립하고는 아무개 성씨의 세덕사라 한다는 것이다. 이렇게 하는 이유는 가세가 기울어 스스로의 힘으로는 벼슬길에 나아갈 수 없기 때문이다. 벼슬길에 나아가지 못하면 가문을 지키기가 어렵다. 자칫 농민과 마찬가지 신세가 될지 모른다. 그래서 조상의 권위에 의지하여 가문을 보존하고 사대부의 지위를 유지하고자 한다는 것이다.

다소 지나친 면이 없지 않지만, 19세기 영남 양반 사회의 한 단면인 것만은 틀림없어 보인다. 이렇듯 조선 후기 영남에서는 조상을 드러내기 위한 일에 아주 열심이었다. 그것은 시대가 내려올수록, 또

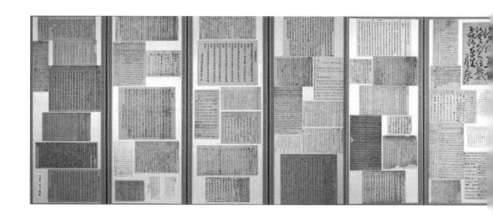

중앙 권력으로부터 멀어질수록 더욱 그러했다. 과거와 관직에서 멀어지면서 실추되는 양반으로서의 권위를 자신의 힘으로는 지켜낼 수 없었다. 의지할 곳은 오직 조상밖에 없었다. 조상을 받드는 일, 이를 이름 하여 '위선爲先 사업'이라 한다.

　문집을 발간하기 위해서는 그래도 글이 있어야 했다. 물론 주인공의 글은 한두 편에 불과하고 후대 사람들의 글로 채워진 문집도 없지 않다. 그래도 무어라도 있지 않으면 불가능하다. 이런 분위기 속에서 영남에서는 조상이 남긴 문자를 마치 조상을 대하듯 공경했다. 심지어 글씨를 연습하다 버려둔 종이조차 소중하게 보관했다. 그리고 자신도 열심히 기록했다. 시를 짓고, 편지를 쓰고, 일가친척과 친구의 죽음을 애도하고, 여행기를 쓰고, 시시콜콜한 매일의 일상이라도 기록했다. 이것이 다음 세대로 전해져 그들 또한 그렇게 했다. 새로운 세상에 대한 갈망으로 그 어느 때보다도 혼란스러웠던 19세기 말의 격동기에도, 일제강점기에도, 전쟁과 가난으로 지치고 힘든 일상 속에서도 조상의 문자는 목숨 못지않게 소중하게 전해졌다. 영남의 선

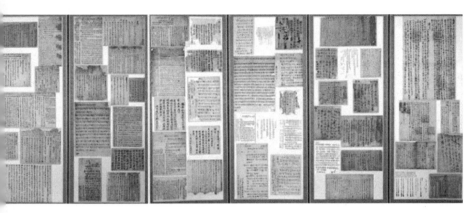

대기병 안동 의성김씨 청계 김진과 그의 다섯 아들 그리고 14대까지의 저명한 후손 94인 등 모두 100명의 유묵을 집성하여 만든 병풍이다. 김진의 불천위 제사, 곧 큰 제사에 사용된 병풍이란 뜻에서 대기병(大忌屏)이라고 했다. 글이 끊어지지 않음, 이것이 양반의 첫째 조건이다. 김복영 사진.

비 집안에서 글이란 명예였고, 자존심이었고, 나아가 목숨보다 귀중한 양반의 징표였다.

이렇듯 이름 없는 선비의 시시콜콜한 일상의 기록 덕분에 오늘날 우리는 아주 구체적이면서 생생하게 지난 시대와 소통할 수 있게 됐다. 이 책도 이 같은 기록에 크게 의지하고 있다.

앞의 인용문에서 언급한 세덕사란 이름난 조상의 위패를 모시고 제사를 올리는 건물이다. 사당에서는 불천위가 아닌 다음에야 4대가 지나면 신위를 철수해야 하고, 또 자손만이 제사를 받든다. 세덕사는 그래도 고을 선비의 이름으로 건립한 것이니 고을 선비가 제사를 올리는 셈이고, 아울러 영원히 모실 수 있다. 영원히 모실 수 있는 조상을 가졌다는 것은 혈통을 중시하는 사회에서는 큰 자부심이다. 이것으로 스스로 양반 가문임을 과시하고자 했다.

세덕사는 향현사鄕賢祠라고도 했다. 일종의 서원인 셈이다. 서원이라 이름하지 않은 것은 아무래도 격이 좀 떨어진다고 생각했고, 또 주위의 시선도 의식했기 때문이다. 따라서 이후 기회가 되면 서원으로 이름을 바꾸어 나갔다. 19세기 영남에는 이런저런 서원이 모두 합해 680여 개나 됐다. 이들 중 상당수는 바로 19세기에 들어와 건립된 세덕사(향현사)였다. 경상도가 70여 고을로 이루어져 있으니 고을마다 평균 10여 개에 가까운 서원이 있었던 셈이다. 경주와 안동에는 더욱 많아서 40~50개나 됐다. 그러니 영남 선비가 움직였다 하면 사묘를 건립한다는 표현이 큰 무리는 아닌 셈이다.

세덕사를 건립하기 위해서는 이웃 고을의 선비까지 동원해야 했지만, 아무래도 후손이 중심이 될 수밖에 없었다. 온 문중의 참여와 지원이 없으면 불가능했다. 거꾸로 온 문중을 결속하기 위한 좋은 방법이기도 했다. 세상이 문중 중심으로 돌아가는데, 누가 감히 거역할 수 있었겠는가.

세덕사 건립과 마찬가지로 후손을 결속하는 또 하나의 방법은 족보를 편찬하는 것이었다. 오늘날에는 족보 편찬이 큰 이권이지만, 옛날에는 돈이 많이 들었다. 문중을 중심으로 후손을 결속하고, 무엇보다도 고귀한 가문의 한 구성원이라는 것을 느끼고 확인할 방법으로는 족보 편찬만 한 것도 없었다. 훌륭한 조상 아래에 자신의 이름이 기록되기 때문이다. 돈이 좀 든다 하더라도 양반으로서 긍지와 품위를 지키기 위한 당연한 비용인 셈이니 아깝지 않을 수도 있었다.

오늘날과 같은 족보가 만들어진 것은 조선시대부터였다. 현존하는 가장 오래된 족보는 안동권씨의 『성화보』(1476)다. 족보 편찬이 보다 일반화된 것은 16~17세기를 지난 18세기 이후였고, 일제강점기에 가장 극성스러웠다. 양반이 없어질지도 모른다는 불안감이 족보 편찬을 더욱 재촉했을 것이고, 족보 없이 살아왔던 사람들은 그들도 양반이 될 좋은 기회라고 생각하여 족보 편찬에 매달렸음이 분명하다.

나라가 망하면 그 지배층도 따라 망하는 것이 역사의 법칙이다. 그러나 일본은 그것을 원하지 않았다. 그들은 조선의 진정한 발전을 원하지도, 그렇게 되도록 내버려두지도 않았다. 그러나 그들이 필요한 부분, 수탈과 약탈을 위해서는 철저히 뜯어고쳤다. 이로써 '근대화'가 됐다고 주장하는 사람도 있다. 아무튼 나라 잃은 일제강점기에 족보가 가장 많이 만들어졌다. 심지어 창씨개명을 축하하여 발간한 족보도 있다.

족보 편찬에 대한 열정은 오늘날에도 여전하다. 족보 편찬 사업은 우리 경제가 거덜 났던 IMF 체제에서도 건재했다. 족보를 편찬하는 이들은 이후에는 족보가 더 이상 만들어지지 않을 것이라고 생각한다. 세상이 어떻게 될지 모르기 때문이다. 후손이 근본도 모른다면 어떻게 될 것인가. 걱정이 태산 같다. 적어도 표면적으로는 위로 조상을 현양하고 아래로 근본도 모르는 '상것'으로부터 후손을 지켜야 한다는 사명감으로 그렇게 열심이다. 그러나 오늘날의 족보 편찬은 돈이 되는 사업이다. 족보에 수록될 후손 개개인들로부터 미리 수단가收單價를 받고, 예약된 책만 발간하니 재고도 없다. 10여 권이 넘는 대동보大同譜를 수만 질帙 발간한다면, 이보다 남는 장사는 없다.

불천위로 모시다

조선 후기에는 가문이니, 문중이니, 종중이니 하는 친족 조직이 발달했다. 이런 분위기에서 가문이나 문중은 서로 경쟁했다. 경쟁의 핵심에는 언제나 조상이 자리한다. 하회별신굿탈놀이에서도 양반과 선비가 서로 문하시중인 할배와 문상시대인 할배를 동원하여 지체 싸움을 벌인다. 그러다 보니 훌륭한 조상이 없는 가문은 언제나 불리할 수밖에 없었다.

조선 후기 양반 사회에서는 훌륭한 조상을 두지 못하면 가문의 결속력은 물론이고 문중의 형성조차도 쉽지 않았다. 따라서 그 핵심에 존재하는 종가와 종손의 존재도 미미해질 수밖에 없다. 말하자면 대표 선수가 힘을 쓰지 못하니 지손의 지위와 지체도 낮아질 수밖에 없었다. 그래서 종가 건물을 크게 짓고 종손에게 더 많은 토지와 제위답祭位畓을 주어 지위와 지체를 높이고자 했다.

종가는 제사를 받드는 건물인 종宗을 이어온 집이라 할 수 있다. 종에는 대종大宗과 소종小宗, 파종派宗 등이 있다. 대종을 잇는 집을 대종가, 파종을 잇는 집을 파종가라 했다. 이 가운데 소종은 5세가 지나면 제사를 받들지 않기 때문에 종가라고 하지 않고 그냥 큰집 정도로 호칭된다.

종가는 중국 종법 제도의 산물이다. 성씨 시조로부터 적장자로 내려온 경우를 대종이라 하고 그 집을 대종가라고 했다. 그러나 우리나라에는 대종가가 없다. 그도 그럴 것이 종법이 성씨를 사용한 지 1천여 년 뒤인 16세기 조선시대에 본격적으로 수용됐기 때문이다. 이전에는 장자가 가계를 이어야 한다는 생각도 없었다. 반대로 우리나라에는 중국에는 없는 파종이 있다. 시조의 후손 가운데 학문이나 관직 또는 나라에 대한 공훈 등으로 뛰어난 인물이 배출되면 별도의 종을 형성할 수 있었다. 이때 파종을 형성한 시조, 곧 파의 시조로부터 적장자로 내려온 집을 파종가라고 한다. 파종 또한 후대에 뛰어난 인물이 배출되면 또다시 분파가 형성된다.

종법은 중국 주나라의 산물이다. 제후의 적장자는 제후의 혈통을 계승하여 제후가 되고, 적장자 이외의 아들인 별자別子는 각기 새로운 종을 수립했다. 이들 별자는 또 자신의 적장자에게 그 지위를 물려주어 영원히 제사를 모실 수 있게 했다. 이를 대종이라 하고, 그 집을 대종가라 하며, 영원히 모시는 제사를 불천위 제사라 했다. 말하자면 대종가만이 불천위 제사를 모실 수 있었다. 그러나 별자의 차남 이하 아들은 소종을 이루어 그 후손은 5세까지만 제사를 지낼 수 있었다. 불천위 제사가 없으니 종가가 될 수도 없었다. 우리의 4대 봉사는 여기에 근거한 것이다.

이러한 중국의 종법 제도가 우리나라에 그대로 적용될 수는 없었다. 우리나라에는 중국과 같은 봉건제도도 없었고, 적장자를 우선하는 인식도 없었다. 도리어 아들과 딸이 동등하게 취급됨으로써 부계 혈통의 계승도 그렇게 뚜렷하지만은 않았다. 따라서 주나라의 별자에 해당하는 존재는 물론이고, 성관姓貫을 처음으로 취득한 시조의 적장자도 현실에서는 찾아내기 어려웠다.

우리나라는 같은 성관 내에서도 분파가 아주 많다. 파가 많으면 파종가도 많게 마련이다. 그러나 파가 형성됐다 해서 곧 파종가가 성립되는 것은 아니다. 종가란 불천위 조상을 모셔야 한다는 전제가 있기 때문이다. 물론 영남의 경우다.

그럼 불천위란 무엇인가? 우리가 흔히 말하는 4대 봉사란 고조까지만 제사를 지내는 것이다. 왜 고조까지인가? 그것이 예이고 법이기 때문이다. 물론 조선 초기에는 3대 봉사가 일반적이었다. 아무튼 4세가 지난 신위는 옮겨져 무덤 곁에 묻히게 된다. 이렇게 신위를 옮겨 더 이상 제사를 받들지 않는 것을 천위라 한다면, 불천위는 옮기지 않고 영원히 제사를 지내는 것이다. 불천위는 대체로 별도의 사당에 모셔진다.

누구를 불천위로 모시는가? 조선 초에는 공신이 된 자를 불천위로 모셨다. 그러나 조선 후기에 종법이 더욱 일반화되면서 국가의 인정 없이도 뛰어난 조상, 곧 현조를 불천위로 모셨다. 영남, 특히 안동이 그러했다. 안동에는 대략 50위의 불천위가 있다. 나라에서 인정한 것이 아니라, 유림이나 문중에서 세운 불천위다.

종가의 개념은 지역에 따라 조금씩 다르다. 영남, 특히 안동을 중심으로 한 경상도 북부 지역에서는 일반적으로 종가란 불천위 조상을 모셔야 한다고 생각했다. 따라서 종가로 존립하기 위해서는 불천위 조상을 만들어낼 수밖에 없었다. 조선 후기에는 벼슬길에서도 멀어졌으니 나라에서 불천위를 만들어줄 일은 없었다. 그것은 오직 후손의 능력이고 책무였다.

불천위 조상을 모시는 일은 그 후손만이 결정할 수 없었다. 향중에서 공인받는 절차를 거쳐야 했다. 처음에는 주로 관련 서원이나 문중에서 통문을 통해 발의하고 여론을 조성한다. 그러면 영남의 각 서

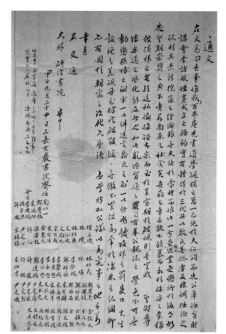

통문 갑자년 삼가(三嘉) 고암서원(古巖書院)에서 대구 연경서원(研經書院)으로 보낸 통문이다. 통문이란 유림 사회에서 공론(公論)을 모으기 위해 흔히 사용하던 일종의 통신문이다. (60.5×98cm). 경주최씨 백불암 종택 소장.

원이나 문중에서는 이에 호응하여 찬반의 의견을 회답答通하게 된다. 반대할 경우 적극적인 의사 표현보다는 대부분 무시하는 것으로 그 뜻을 표명했다. 따라서 얼마나 많은 또 얼마나 유력한 서원과 문중의 지지를 받느냐가 일의 성패를 좌우하지만, 그것은 대체로 그 후손이나 가문이 지역사회에서 가지는 지위와 직결됐다.

공론화 과정을 거치고 사당을 건립하면 신위를 모시는 봉안식奉安式을 거행하는데, 여기까지 엄청난 비용이 들게 마련이다. 오늘날에는 이것을 허례허식이고 낭비라고 생각할지 모른다. 그러나 당시에는 지체 높은 양반이 되기 위해 당연히 치러야 하는 과정이고, 지불해야 할 품위 유지비였다. 이를 감당할 능력이 없다면 지역사회에서 종가나 종손의 위상은 명문 반열에서 탈락할 수밖에 없었다. 현조의 존재 여부는 후손의 경제력에 비한다면 어디까지나 부차적인 문제일 수도 있었다. 다시 말하면 경제력을 가진 후손이라면 현조를 만들어 낼 수도 있었던 것이다. 명문으로 남을 것인가, 미미한 양반으로 살아갈 것인가는 당대인이 결정할 문제였다. 역사란 바로 그렇게 만들어지고, 만들어가는 과정이었다.

양반과 선비도 하늘로부터 떨어진 것이거나 원래부터 존재했던 것은 아니다. 그들의 지위와 특권도 마찬가지였다. 스스로가 지위와 특권을 부여했던 것이다. 그것은 멸망으로 치닫던 고려 말과 미숙한 새 나라 조선의 혼란스러운 시대적 상황을 가장 창조적으로 활용하고 이용할 수 있었던 사람들에 의해 만들어진 것이다. 시대를 이용하고 활용했다는 점에서는 오늘날의 투기꾼이나 모리배도 마찬가지다. 다만 투기꾼과 모리배는 그들의 역할이나 행동을 보다 많은 사람과 함께하지 못한다는 점에서 그리고 보다 많은 사람에게 새로운 세상에 대한 희망을 주지 못한다는 점에서 다를 뿐이다. 주지 못하고 줄 수 없었던 것이 아니라, 도리어 이익을 빼앗아 독차지하고 희망을 짓밟아 뭉개버렸으니 조금의 차이가 아니라 사실은 하늘과 땅만큼이나 다른 것이다. 투기꾼과 모리배 수준의 정치가나 권력자도 마찬가지다. 그들은 단지 절망과 증오의 대상일 뿐이다. 기회를 아무리 잘 이용해도 절망과 증오의 대상이 역사를 만들어갈 수는 없다. 그렇다면 그것이야말로 대재앙이다.

한국과 중국의
종족 사회

한국과 중국의 종족 사회,
그 같고 다름

수평적·개방적 사회와 수직적·폐쇄적 사회

중국의 송대 이후 명·청대와 조선 후기는 공히 종족 사회宗族社會라 불릴 만하다. 종족 사회란 대체로 종법을 근간으로 한 혈연집단이 촌락 또는 향촌 사회를 주도해가는 사회체제를 말한다. 특히 중국의 휘주徽州와 조선의 영남이 그러했다. 그러나 중국과 조선의 종족 사회는 이름은 같지만 여러 면에서 서로 다른 모습을 보인다.

중국의 종족 사회는 대개 족산族産, 족보, 사당을 특징으로 한다. 그리고 휘주의 종족 사회는 대체로 송대에 완성되는 휘주 지역의 개발과 함께 그 물적 토대를 마련했고, 명대 이래의 효치정책孝治政策의 추진과 제사예제祭祀禮制의 변화가 그 발전을 적극 추동했으며, 휘상徽商의 대규모 흥기로 다시 한 차례 새로운 확장을 시작하게 됐다. 즉 12세기 송대에 종족 사회가 형성되어 명·청대를 거치면서 크게 발전하고 확장됐다고 할 수 있다.

그러나 조선은 빨라도 16세기를 지나면서 비로소 종족 사회로 진입했고, 역시 18~19세기를 거쳐 20세기 초반에 이르기까지 발전과 확대를 지속했다. 조선이 16세기 이후에 종족 사회로 진입하게 된 것은 종법의 수용과 밀접한 관련이 있다. 종법은 16세기를 거치면서 점차 보편적 사회질서로 확대되어갔다. 종법을 수용한 것은 물론 지배층인 양반이었다. 이들이 16세기를 거치면서 종법을 수용하게 된 것은 다분히 지배 신분을 유지하고 확대하기 위한 일종의 생존 전략이었다.

종법의 핵심은 부계 혈통의 적장자가 가계를 계승하는 것이다. 앞에서도 언급했듯이 종법의 수용은 윤회봉사와 이를 전제로 한 자녀균분상속제의 폐기를 의미한다. 조선의 양반이 종법을 수용하게 된 배경은 토지와 노비를 두 축으로 한 경제적 기반 확대가 한계에 이르렀고, 반면에 양반 인구는 크게 증가했기 때문이다. 16세기 후반 이후 새로운 물적 토대가 확보되지 않은 상황에서 이제까지의 관행이던 자녀균분상속제는 비록 많은 재산이라도 자녀에게 균분됨으로써 양반층의 경제적 기반을 불가피하게 하향 평준화로 치닫게 했다. 이는 봉제사와 접빈객으로 표현되는 양반층의 유교 의례와 일상생활에 제약을 가할 수밖에 없게 했다.

종법의 수용과 더불어 전개된 조선의 종족 사회는 언뜻 보아 송·원대 이래의 중국의 종족 사회와 크게 다르지 않아 보인다. 그러나 조선과 중국의 종족 사회는 그 형식적·외형적 모습과 달리 그 내용에서는 아주 달랐다. 중국의 종족 사회는 종족 내부 또는 타 종족과의 상호 관계가 수평적·개방적이었지만, 조선의 종족 사회는 그 내

외부의 수직적·중층적 구조와 위계질서를 기반으로 한 폐쇄적 사회였다.

중국의 종족 사회가 수평적·개방적이었다는 것은 구성원 상호 간 또는 가족 간의 상하 관계나 차별이 형성되지 않았다는 점, 사당 건립과 참여, 종지宗支 간의 결합과 연합 등이 자유로웠다는 점에서 그러하다. 즉 재산은 아들에게 균분됐고, 제사권과 가계계승권도 종손이나 장자가 독점하지 않았다. 처 또한 여럿이었지만, 적서의 개념이 아예 없었다. 지손의 사당 건립은 자유로웠고, 일정한 기금을 납부하면 사당에 조상의 신주를 모실 수도 있었다. 말하자면 종족 구성원으로서 가지는 권리는 누구나 평등했고, 종족 활동에 제한을 가하는 아무런 위계질서도 존재하지 않았다.

그러나 조선은 종족 내부에서 적서 차별이 엄격했고, 장자와 차자, 나아가 종손과 지손의 지위나 경제적 기회도 평등하지 않았다. 적손의 서손에 대한 차별은 때로는 국가의 정책과도 무관하게 강화됐고, 이들에게는 가계계승권이 원천적으로 봉쇄되어 비록 적자의 형제가 없다 하더라도 서자가 가계를 계승하는 경우는 거의 없었다.

이러한 차별은 법제적으로나 사회·신분적으로도 양반과 중서층中庶層이라는 엄연히 서로 다른 계층으로 구분되기에 이르렀다. 따라서 서손은 적손과 같은 줄에 앉거나 서지 못했고, 어깨를 나란히 하여 걸을 수도 없었다. 이러한 서손에 대한 인격적 차별은 곧 경제적 차별로 이어졌다. 서손은 부모 또는 적자인 형제로부터 적자의 5분의 1 또는 그 이하의 재산을 분배받을 뿐이었다.

차자 또한 가계계승권을 갖지 못했으며, 재산 상속도 실질적으로

중국 사당 내부 중국 휘주 서체(西遞)마을에 있는 경애당(敬愛堂)이라는 사당의 내부다. 서체는 호씨(胡氏) 마을이다. 이 마을에는 26개의 사당이 있었다고 한다. 중국의 사당에는 대부분 시조나 뛰어난 조상 부부를 그린 초상화가 걸려 있다.

장자의 2분의 1 또는 그 이하로 만족해야만 했다. 비록 장자가 후사를 두지 못하고 일찍 사망했다 하더라도 결과는 마찬가지였다.

조선이라는 종족 사회에서 적장자로 계승되는 종손의 존재는 절대적이었고, 어떠한 경우에도 그것은 단절되지 않았다. 종손이 아들을 두지 못하면 당연히 양자를 들여 가계를 계승했다. 종족 사회 성립 이후 양자 제도는 아주 보편적인 것으로 확대되어, 종손뿐만 아니라 성인 남성이라면 누구에게나 적용됐다. 조상에 대한 제사권 및 종산과 종가 건물의 상속권은 종손의 고유 권한이었다. 문장門長, 곧 중국의 종장宗長이 없었던 것은 아니지만, 그것은 제도화되지 못했고, 그 역할 또한 대체로 종손을 자문하거나 대행하는 정도를 크게 넘어서

지 않았다.

그러면 중국과 조선의 종족 사회는 왜 이렇게 수평적 사회와 수직적 사회로 서로 다르게 발전했을까? 그것은 근본적으로 중국과 조선의 종족 사회가 유지되고 발전해 나간 물적 토대가 서로 달랐기 때문이다.

종족 사회의 형성 과정과 물적 토대
그리고 사회신분제도

중국, 특히 휘주에서 종족 사회는 양진兩晉, 당唐 말, 오대五代의 혼란과 송宋의 남천南遷 등 북방 명문 대성大姓의 집단적 남방 이주와 함께 성립되기 시작했다. 이들은 기존 지역 토착민과의 경쟁과 사회적 불안에 적절하게 대응하기 위해 종족의 집단화와 결속을 굳건히 하지 않을 수 없었다. 그리고 이를 위해서는 무엇보다도 급속히 인구를 늘려야 했다. 그리고 새로운 정착지를 개발해 종족 사회의 경제적 기반을 마련했다.

그러나 농업을 통한 경제적 기반은 곧 한계를 드러내지 않을 수 없었다. 그것은 휘주가 '산을 경계로 땅이 그 사이에 숨어 있는山限隔壤' 지형인 데다, 종족집단의 인구 증가가 도리어 위협이 됐기 때문이다. 이에 따라 '땅은 좁고 사람은 많은地狹人稠' 상황에 이르렀다.[1] 인구 증가는 이들을 더 이상 농업에만 의존할 수 없게 했다.

휘주의 종족 사회가 상업에서 물적 토대를 찾은 것은 단순한 인구 증가 때문만이 아니었다. 명대 중기를 거치면서 휘주의 종족 사회는 더욱 발전했다. 그리고 종족 사회의 발달은 족인에 대한 사회보장과 교육 등을 당연한 의무로 인식하게 했고, 이에 따른 족산의 확대 요구는 청장년층에게 외지로 나가 상업 활동을 할 것을 강요했다. 신안강新安江과 많은 지류로 구성된 자연·지리적 조건과 종족 사회의 배경 그리고 정주이학程朱理學으로 불리는 성리학의 윤리적 가치와 소양 등은 상업적 성공만이 아니라 이들을 휘상徽商이라는 독특한 존재로 성장하게 했다. 더욱이 휘상은 한 시기가 아니라 3~4세기에 걸쳐 지속적으로 그 명성과 지위를 유지해 나갔고, 이들의 성공과 발전은 곧 휘주 종족 사회의 발전과 확대를 가져왔다.

정주이학은 휘주의 이러한 자연적·인문적 환경 속에서 형성되고 발전했으며, 동시에 휘상과 종족 사회의 윤리 도덕적 가치와 사회적 규범을 규정糾正해 나갔다. 물론 정주이학은 휘상과 종족 사회의 지지와 보호를 받았다. 이러한 사정에서 휘주의 종족 사회와 휘상, 정주이학은 하나의 공동 운명체였다고 할 수 있다.

조선의 종족 사회도 성립과 발전 과정은 중국과 유사했다. 물론 그 시기와 규모의 차이는 인정해야 한다. 조선의 종족 사회를 주도한 향촌의 사족층은 대체로 14세기 이후 서서히 형성되어 역사의 전면에 그 두각을 드러내기 시작했다. 이들의 모체는 이족吏族 가계였지만, 이족이 주로 맡았던 지방 군현의 행정 실무가 아닌 성리학(정주이학)을 학문적 체계와 정치적 이데올로기로 삼아 성장해 나갔다. 이들의 선진 주자는 과거나 군공軍功 등을 통해 꾸준히 중앙 정계로 진출했다. 이러한 과정은 곧 이족에서 사족으로 신분이 바뀌어감을 의미하

휘주의 마을 중국 휘주 어느 마을의 전경이다. 산자락 아래 논밭이 신안강을 젖줄 삼아 펼쳐져
있다. 우리 농촌의 풍경과 크게 다르지 않아 보인다. 임세권 사진.

는 것이었다.

그러나 14세기 말 15세기 초반의 왕조 교체와 정치적 혼란에서 정
치적 입장을 달리했던 많은 이들이 낙향을 선택했다. 낙향은 본향에
만 국한된 것이 아니었다. 당시의 상속 제도나 사회적 관행에서 외향
이나 처향으로 이거하는 것이 도리어 일반적이었다.

사족은 이족에서 이탈하는 과정에서 그들의 오랜 거주지였고 생
존의 터전이었던 읍치 지역을 벗어나 새로운 경제적 기반을 마련해
야만 했다. 이들은 읍치 지역에서 멀리 떨어지거나 타읍의 외곽 지역
에 새로운 근거지를 마련해 나갔다. 이들 지역은 당시 거의 개발되지
않은 상태였다. 이들은 이런 지역을 개발해 경제적 기반을 확보하고,
성리학의 이해와 실천 그리고 과거를 통해 중앙 정계로 진출하여 16

신안강의 배 중국 휘주에는 신안강이 흐른다. 이 강은 멀리 흘러 절강성 서부에서 난강(蘭江)과 합류하여 전당강(錢塘江)이 되어 항주를 휘감아 동중국해에 이른다. 휘주의 상인은 이런 조각배를 타고 신안강을 따라 중국 전역으로 나아갈 수 있었다. 임세권 사진.

세기 중·후반에 이르러 마침내 국정을 주도하는 정치세력으로 발전했다.

향촌의 외곽 지대에 터전을 잡은 사족은 거주지 부근의 개발과 함께 인근의 농민과 그들의 토지를 매입하거나 농민의 자진 의탁 등 다양한 방법을 통해 많은 토지를 집적해 나갈 수 있었다. 이렇게 특정 지역을 중심으로 확보된 대토지는 농장이라 불렸다. 사족층이 읍치의 외곽 지역에 보다 쉽게 농장을 확보할 수 있었던 것은 지배 신분층으로서 개간권 확보는 물론 그들이 소유한 노비와 인근 농민을 이용하여 풍부한 노동력을 확보할 수 있었기 때문이다. 그리고 토지에 대한 사적 소유권의 확립과 국가의 가혹한 세금 등이 농민의 몰락을 재촉했다는 것도 큰 기회였다.

향촌의 사족층은 농장을 기반으로 하여 경제적으로 급속히 성장할 수 있었다. 이는 그들이 이앙법이라는 새로운 농법을 확보했고, 농장이 개설된 지역은 이앙법을 적용하기에 아주 적합했기 때문이다. 그들의 농장은 대체로 노비 노동에 기초하여 경영됐다. 따라서 많은 노비가 필요했다. 그러나 더 많은 노비는 주인집과 무관하게 존재하면서 다만 몸값인 신공身貢을 납부할 뿐이었다. 이러한 사정에서 노비는 토지와 함께 양반가의 중요한 경제적 기반이었다.

토지와 노비를 기초로 한 조선의 종족 사회는 16세기를 거치면서 성립됨과 동시에 한계에 봉착했다. 그것은 종법 자체의 수용이 경제적 하향 평준화를 최대한 억제하기 위해 시작됐기에 이미 예정된 과정이고 결과였다.

토지와 노비에 의존한 종족 사회의 물적 토대는 16세기를 지나면서 더 이상 확대될 수 없었다. 대량의 개간도 더는 가능하지 않았고, 노비의 저항도 점차 심각해졌다. 경제적 기반 확보와 높은 상관관계가 있던 향촌 사족층의 중앙 정계 진출 또한 큰 제약이 뒤따랐다. 이제 향촌 사족의 경제적 자원은 더 이상 증대될 수 없었다. 반대로 인구 증가는 계속됐다. 상업 활동이나 참여는 제도적으로나 사회적으로 억제됐다. 따라서 상업의 발전은 여전히 느렸을 뿐만 아니라, 그에 대한 사족층의 인식은 적대적이기까지 했다.

새로운 경제적 자원을 더 이상 확보할 수 없었던 조선의 종족 사회가 여전히 지배 신분층으로서 정치사회적 지위를 계속 유지하기 위해 선택한 전략은 분산과 균등이 아니라, 집중과 차등이었다. 이것은

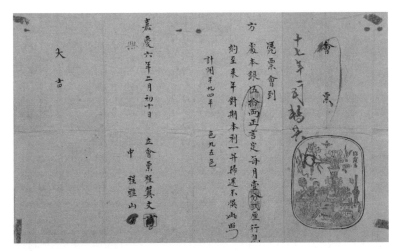

중국의 차용증서 1801년(가경 7) 정익문이 방(方)아무개로부터 은 50냥을 빌려, 매달 1푼 2리의 이자로, 다음 해 기한이 되면 원금과 이자 모두 상환하기로 한 차용증이다. (42×25cm). 중국 휘주문화박물관 소장.

양반사회 전반에서 암묵적인 동의가 있었다고 할 수 있다. 종손이나 장자에 대한 사회·경제상의 우월적 지위에 대해 지손이나 차자가 저항은 물론이고 불만을 제기한 경우도 거의 없었다는 점에서 그러하다. 도리어 종손이나 장자의 사회경제적 지위를 통해 자신의 사회·신분적 지위를 보장받고자 했다.

이렇게 집중과 차등을 전제로 했음에도 조선의 종족 사회는 18세기를 거쳐 19세기, 20세기 초반에 이르기까지 크게 확대되고 발전했다. 그러나 그 과정에서 문제가 없었던 것은 아니다. 가장 큰 문제는 한정된 자원의 집중과 차등으로 말미암아 많은 차자와 지손의 경제적 빈곤화가 심화됐다는 사실이다. 이들 빈곤한 종족 구성원에 대한 종중의 대책은 거의 없었다.

종손이 상당한 토지를 소유한 지주이고 또 문중에 재산이 있다 하더라도 그것이 종족 구성원의 빈곤을 해결해주지는 못했다. 빈궁한 종족 구성원의 구제보다는 종가의 유지나 조상을 위한 사업이 우선이었고, 그것이 사실상 목적이었다. 그런데도 조선의 종족 사회가 지속적으로 발전할 수 있었던 것은 경제적 빈궁보다도 더 큰 고통과 불안이 존재했기 때문이다.

조선 사회는 엄격한 신분제 사회였고, 이 신분에 기초하여 부세 제도가 운영됐다. 따라서 종족의 울타리를 벗어난다는 것은 곧 이런 기득권에 대한 포기였다. 양반 신분의 포기는 관권官權의 침학만이 아니라 여타 하층민의 멸시까지 감내해야만 하는 것이었다. 농업 이외에 다른 산업의 발전이 없었던 상황에서 빈곤은 불가피했고, 따라서 감내할 수밖에 없는 일이었다.

그러나 서얼에 대한 차별은 운명으로 받아들여지지 않았다. 서얼은 이미 조선 초기부터 정치적으로나 사회경제적으로 차별받고 있었다. 말하자면 한정된 정치적 특권과 경제적 기반으로부터 일차적으로 소외되어 있었다. 특히 조선 후기에 이르러 서얼은 여러 가지 방법을 동원해 이에 저항했다. 이에 따라 개별 가문이나 군현 단위에서는 적서 간의 크고 작은 문제가 늘 발생했고, 적서 차별에 대한 법적·제도적 개선을 위한 운동이 전국적으로 전개되기도 했다. 그 결과 법적·제도적 차원에서는 일정한 성과를 거두었지만, 특히 개별 가문 내에서는 서얼 차별이 조금도 해소되지 않았으며, 도리어 강화되기까지 했다.

이러한 상황에서 서얼 가계가 취할 수 있는 일반적인 방법은 거주지 촌락을 이탈하는 것이었다. 이들은 타처로 흘러들어가 출신을 숨기기도 했지만, 일부에서는 조상의 별장別業 지역을 기반으로 새로운 동성마을을 형성하기도 했다. 특히 후자의 경우 조업祖業 계승, 족보 편찬 등의 문제를 두고 적손과 끊임없이 대립하고 갈등하기도 했다. 적서 간 차별은 조선 종족 사회의 가장 큰 결점이었고, 발전을 저해하는 요인이었다. 그렇다고 하여 이러한 차별이 종족 사회를 부정하는 것은 결코 아니었다.

조선의 종족 사회가 기득권을 계속 유지하기 위해 선택한 집중과 차등은 그 자체로 많은 문제와 한계를 가질 수밖에 없었다. 그러나 이것은 국가 차원의 봉건적 신분제도 및 주도적 사상과 결합함으로써 도리어 큰 위력을 발휘할 수 있었다. 그리고 봉건적 체제를 안정적으로 유지하고 지속시키는 기초 역할까지도 수행할 수 있었다.

향촌의 종족집단이 국가권력으로부터 크게 소외되어 있었다 하더라도 종족집단의 이념과 가치체계는 국가의 주도적 사상으로 견지됐다는 점에서 조선의 종족 사회는 봉건적 체제하에서 그 자체의 한계와 모순에도 폐쇄적 체제를 유지하고 발전해 나갈 수 있었다.

한국의 종족 사회에 대한 오해와 이해

중국의 한 연구자는 중국 휘주와 한국 안동의 종족 사회를 비교하면서 차이점을 세 가지 들었다.[2] 중국과는 달리 안동의 종족 사회는 분가分家를 통한 아버지와 장자로 구축되는 대가족제도의 부재, 종족 사회의 구심점인 불천위 제사(중국의 사당)에 대한 국가권력의 간여로 말미암은 종족집단의 독립성 부족 그리고 무엇보다도 종족이 기반한 경제력이 미약했다는 것이다. 이 세 가지 때문에 안동의 종족 사회는 휘주의 종족 사회와 같은 확장력을 가질 수 없었다. 특히 경제력의 한계는 의심의 여지없이 안동 종족 사회의 확장과 문화 건설을 제한했고, 그 결과 사당이나 촌락 등의 종족 건축물은 매우 소박하여 휘주 지역과 같은 장관과 화려함이 없다고 했다.

그러나 이 같은 지적은 한국의 종족 사회에 대한 이해의 부족에서 오는 것이고, 그것은 또 외형적 관찰에 불과한 것이라 할 수 있다. 한국의 종족 사회에서 대가족제도가 현실에서 결여됐다는 것은 대체로 수긍이 간다. 그러나 형제가 동거하고 3대가 공거共居하는 대가족제도를 이상으로 삼았던 것은 중국과 다를 바가 없다. 중국 역시 현실에서는 대가족제도가 그렇게 전형적인 가족제도였다고는 할 수 없기 때문이다. 무엇보다도 한국의 문중은 현실의 가족과는 비록 다르다 하더라도 엄연한 대가족 체제를 유지하고 있었다. 즉 고조부를 정점으로 하는 당내堂內의 친족은 초상을 당했을 때 상복을 함께 입고, 개별 가문 단위의 제사에 참여하며, 기타 일상사를 함께하는 단위였다. 이것은 한정된 주거 공간에서 실현할 수 없었던 대가족적 유대 관계를 예제禮制와 일상생활을 통해 실천한 것이라 할 수 있다.

그리고 중국과 달리 한국의 불천위 제사가 국가의 간여로 말미암아 자율성이 결여됐다는 점은 전혀 사실과 다르다. 한국에서 개별 가문의 불천위 제사에 국가가 직접 간여하는 경우는 거의 없었다. 그런 점에서 안동의 불천위도 모두 사적私的인 것에 불과했다. 물론 흔히 말하는 안동의 50여 불천위는 군현 또는 이를 넘어서는 범위의 공론에 따라 형성된 것이다. 그렇다고 안동에 오직 50여 개의 종족만 있다는 것도 아니다. 50여 불천위라는 것은 이들 가문이거나 연구자 자신의 기준일 뿐이다.

불천위 제사의 유무를 곧 종족집단의 유무로 판단한다면 안동의 사회도 그러하지만 불천위 제사를 기준으로 삼지 않는 타 지역의 양반 가문은 종족 사회라 이름할 수 없게 된다. 안동에서도 50여 가문 외에 많은 양반 가문이 문중이나 가문 차원에서 불천위 제사를 모셨고, 비록 불천위 제사를 모시지 않는다고 하더라도 종가와 종손의 체제는 구축하고 있었다.

마지막으로 안동의 종족 사회가 가지는 경제력의 한계는 특히 중국의 휘주와 비교할 때 더욱 두드러진다. 토지 규모의 영세화, 노비 제도의 붕괴 등이 더욱 결정적으로 작용했다. 그러나 이 같은 경제력의 한계가 종족 사회의 문화 건설에 치명적 제약을 가한 것은 아니다. 중국 연구자의 지적과 같이 사당과 촌락의 규모와 화려함에서는 중국의 것과 비교가 되지 않는다 하더라도, 이것은 현재의 관점일 뿐이며, 문화적 가치관의 차이에서 오는 것이라 할 수 있다.

한국의 사당은 중국의 그것에 비해 규모가 아주 작다. 그러나 중국과 한국의 사당은 조상을 모시는 공간이라는 면에서는 동일하지만, 그 기능이 전혀 다르다. 중국의 사당은 조상을 제사 지내는 공간일 뿐만 아니라 종회宗會와 연희演戲가 개최되고, 종족의 상례와 혼례 등 일상 의례가 행해지는 곳이다. 그러나 한국의 사당은 오직 조상의 신주를 모시는 공간일 뿐이다. 불천위 제사를 포함한 다양한 제사는 개

중국의 여사당 중국 휘주에서 가문 여자들의 신주를 모시는 사당인 여사(女祠)의 하나다. 규모가 아주 크다. 휘주에서 남자들은 혼인과 더불어 장사를 하러 멀리 떠났다. 가정을 지키고 부모를 봉양하는 일은 바로 아내의 몫이었다. 그리하여 여자에게는 정절과 효도가 특별히 강조됐다.

별 종가나 가문의 대청에서 지낸다. 또 혼례와 상례는 널찍한 안채나 사랑채 앞마당에서 열린다.

　그뿐 아니라 종족의 입향조와 현조를 봉사奉祀하거나 강학하는 공간으로는 서원(특히 문중 서원)·사우祠宇·서당이 있고, 묘제를 설행하는 공간으로는 재사가 있으며, 독서와 한가롭게 휴식할 수 있는 곳으로는 정사와 누정이 있다. 이들 건축물은 각각 하나만이 아니라 복수로 존재했고, 특히 서원의 경우 높이를 예외로 한다면 중국의 사당 못지않은 규모를 자랑한다.

　이러한 문화시설의 대부분은 마을 내부에 있는 것이 아니라 마을 외부나 거주지에서 멀리 떨어진 곳에 있었다. 피상적 관찰로는 알아

옥연정사 옥연정사는 안동 하회마을 강 건너에 있다. 서애 류성룡이 조정에서 물러나 이곳에 머물면서 『징비록(懲毖錄)』을 저술했다.

채기가 쉽지 않다. 그리고 총체적 비교가 아니라 개별적 상호 비교로는 종족 사회를 제대로 이해하기 어렵다.

더구나 오늘날 관찰할 수 있는 한국의 종족마을은 이미 그 원형을 크게 상실한 상태다. 외부 관찰자는 종택이 그대로 유지되고 종손이 거주한다는 사실에서 그러한 변화를 전혀 눈치채지 못한다. 1960년대 이후 본격화한 산업화는 한국의 농촌을 황폐화했다. 종가를 포함한 한국의 농가는 중국 휘주의 건물과 달리 아주 쉽게 자연으로 환원하여 그 흔적조차 남기지 않았다. 한국의 종족 사회는 그 경제적 한계에도 불구하고 당시로서는 풍부한 문화유산을 보유하고 있었다는 점에서 중국 휘주의 종족 사회와 다를 바 없다.

따라서 한국과 중국 종족 사회의 차이점은 중국의 경우 수평적이고 평등한 사회였다면, 한국의 경우 수직적이고 차별적인 사회체제라는 점이다. 그리고 이 같은 차이점은 무엇보다도 두 지역의 종족 사회가 기반한 물적 토대와 사회신분제도의 차이에서 오는 것이라고 할 수 있다. 상업을 통해 새로운 부가 끊임없이 유입될 수 있었던 중국의 종족 사회와 달리, 한국의 종족 사회는 한정된 자원을 최대한 종족의 유지와 발전에 투자해야 했다. 그래서 균등이 아니라 집중을 통한 차등적 분배를 선택할 수밖에 없었다.

또한 중국의 사회 신분상 유업儒業과 상업商業의 결합이나 전환은 전혀 문제가 되지 않았고, 적서의 구분 자체가 없었으며, 큰 범위의 지배층 내부에서는 신분 차별이 엄격하지 않았다. 이와 달리 한국의 종족 사회는 상업에 적대적이었고, 적서의 차별이 엄격했으며, 상하의 신분 질서는 물론이고 지배 신분층 내부의 차별과 갈등도 심각했다.

중국의 종족 사회가 새로운 물적 토대의 확보를 통해 그것의 확장과 발전을 이룩했다면, 한국에서는 반대로 물적 토대의 한계가 심화됨으로써 종족 사회의 발전이 가능해졌다. 따라서 중국의 종족 사회는 확장되면 될수록 더욱더 수평적·개방적 사회로 발전할 수 있었다면, 한국의 종족 사회는 반대로 경제적 집중과 사회적 차별이 심화될 수밖에 없었다. 한국에서 종법 또는 조상 숭배는 종족 그 자체가 아니라 종손과 적손 중심의 가족질서, 곧 차등과 차별을 전제로 한 위계질서의 강화를 위한 명분이나 이데올로기로 기능했기 때문이다.

옛 문서를 통해 본
한국과 중국의 종족 사회

한국과 중국의 옛 문서 교류전

필자는 2011년부터 2012년까지 1년간 중국 휘주에 있는 황산대학교黃山大學校에서 교환교수로 있었다. 황산은 중국에서도 명산으로 이름난 곳이고, 한때 우리나라 사람이 가장 많이 찾는 관광지이기도 했다. 무엇보다 휘주는 주자와 정자程子의 고향으로 중국에서도 유교문화가 가장 전형적으로 발달하여 한국의 영남과 상당히 비슷한 분위기를 느낄 수 있는 곳이다. 또한 굉촌宏村(홍춘) · 서체西遞(시디) 등유네스코 세계문화유산에 등재된 이름난 옛 마을도 많다. 이뿐 아니다. 고문서가 중국에서는 유일하게 많이 남아 있는 곳이기도 하다.

중국에서 지내는 시간 대부분을 고문서를 뒤적이거나 옛 마을을 쏘다니며 보낼 수 있었던 것은 조선 후기를 연구하는 필자에게 더할수 없는 행운이었다. 그러던 중 한국과 중국의 고문서를 비교, 전시해보는 것이 어떻겠냐는 제의를 받았고, 이를 마다할 이유는 없었다.

그러나 이를 준비하는 과정에서 곧 난감한 문제에 봉착했다. 한국과 중국의 고문서가 너무 비슷하다는 것이었다. 무엇보다도 같은 한자로 기록됐고, 종이에 쓰였다는 점에서 그러했다. 더욱이 한국과 중국 모두 같은 연호를 사용했으니 중국의 관람자에게 한국의 역사적·문화적 정체성을 어떻게 보여줄 수 있을까 하는 고민이 생겼다. 가끔 한국을 그들의 제후국쯤으로 묘사한 중국 박물관의 안내판이나 설명서를 볼 때마다 불쾌했던 마음이 걱정을 부추겼다. 얄팍한 애국심이 작동하지 않았다면 그것은 거짓말이다.

　고민 끝에 규모의 경쟁을 하기로 했다. 물론 한글로 쓰인 고문서를 최대한 활용하자는 생각도 했지만, 그것은 그리 많지 않았을 뿐만 아니라 볼품도 없었다. 규모의 경쟁, 이것은 묘책이 아니라 가장 낮은 수준의 방책이었다. 말하자면 궁여지책일 뿐이었다.

　'한중 고문서 교류전韓中古文書交流展'은 2012년 8월에서 2013년 1월까지 중국의 휘주 황산시 휘주문화박물관과 한국의 국립안동대학교 박물관에서 개최됐다. 이를 위해 필자가 견문한 중국의 고문서는 휘주문화박물관과 황산대학교 휘주문화연구소에 소장된 자료였다. 물론 이는 방대한 휘주 지역 고문서의 극히 일부에 불과하다. 명·청대에 휘주 지역은 중국에서도 유교 문화가 가장 발달한 대표적인 지역일 뿐만 아니라, 중국의 고문서라고 하면 휘주 문서를 일컬을 정도로 많은 고문서를 소장하고 있다. 이런 점에서 휘주 지역은 한국의 영남 또는 안동과 비교되기도 한다.

　중국에서 열린 교류전 내내 필자를 당혹스럽게 한 것은 역시나 한국이나 중국의 고문서가 외형적으로 구분되지 않는다는 관람자의 평가였다. 같은 문자로 작성됐고, 중국 황제의 연호로 표기됐으니 그들의 반응은 예견된 것이었다. 당혹스럽기는 중국인도 마찬가지였다. 크다는 탄성과 함께 "한국도 우리와 똑같네"라고 쑥덕거리며 신기해하는 듯한 모습이 역력했다. 중국과는 다른 한국의 문화를 보여줄 생각이었지만, 결과적으로는 같음을 폭로한 꼴이 되고 말았다.

이런 당혹감과 달리 개인적으로는 비록 '말 달리며 산천을 구경하는走馬看山' 격이었지만, 중국 고문서 원본을 두루 살필 수 있는 행운을 누릴 수도 있었고, 다른 한편에서는 중국의 고문서를 통해 한국의 고문서를 새롭게 이해해볼 수 있는 시간도 가질 수 있었다.

물론 중국의 고문서라고 해도 한국의 연구자에게 전혀 생소한 것만은 아니었다. 영인 자료를 통해 그 구체적인 내용을 확인할 수도 있었고, 부분적으로는 비록 개별 고문서에 대한 비교 검토의 성과가 없는 것도 아니었다. 그러나 그것은 영인본이거나 극히 단편적이고 개별적인 자료에 국한되어 있었다.

고문서는 그것이 담고 있는 내용만이 전부가 아니라, 그 형식과 형태 등을 통해서도 생산되고 유통되던 시대와 지역의 문화를 읽을 수 있다. 그러기 위해서는 영인본이 아니라 원본 그 자체로 보아야 한다.

필자는 다양하고도 풍부한 중국 고문서 원본을 열람하면서 단순한 견문만이 아니라 조선시대를 이해하기 위해서는 보다 폭넓은 비교 연구가 필요하다는 생각을 더욱 절실히 하게 됐다. 이 글은 이러한 경험과 느낌을 토대로 쓰인 일종의 중국 고문서에 대한 견문기요, 외형적 관찰기라고 할 수 있다.

규모의 경쟁, 그 궁색함

고문서는 내용이나 형식 면에서 아주 다양하다. 연구자는 정리나 연구를 위해 이를 체계적으로 분류한다. 이 문서 체계를 통해 한국과 중국을 비교해보면, 두 나라의 사회를 엿볼 수 있다. 우선 중국의 문서 체계에서 보이는 부역賦役 문서나 상업 문서 그리고 회사會社 문서, 민간 문화 문서 등은 한국의 분류 체계에서는 아예 설정되지 않았거나 크게 주목되지 않는다. 이것이 한국에서는 부세나 상업 그리고 문화가 없었다는 뜻이 아니다. 현존하는 문서의 존재가 분류 체계의 항목으로 등장할 수 있을 만큼 많지 않다는 것이다.

이렇듯 분류 체계를 통해 볼 때 두드러지는 점은 중국의 문서 대부분은 사회경제사와 관련된 것이고, 그 내용은 아주 구체적이고 사실적이라는 것이다. 반면에 한국의 고문서 가운데 가장 흔하게 볼 수 있는 자료는 교령류教令類와 간찰簡札 그리고 만사輓詞나 제문祭文 등이다. 대부분의 이들 문서가 전체의 80~90퍼센트를 차지한다. 이것은 자료집이 아닌 현존 고문서 그 자체로서 말이다. 한국의 자료집 대부분은 이런 간찰이나 만사·제문 등을 수록하지 않는다. 자료로서 중요도가 떨어지기 때문이다.

교령류란 관리 임명장이나 과거 합격증 등을 말한다. 한국의 고문서 소장 가문에서 가장 소중하게 여기는 문서다. 그 가문의 정치사회적 지위를 과시할 수 있는 근거가 되기 때문이다. 간찰은 주로 조선의 양반층이 개인 간 정보를 교환하거나 소통하는 도구로서 가장 일반적이고도 널리 이용됐지만, 그 내용은 안부와 문안이 대부분이

제문 제문(祭文)은 주로 죽은 사람을 추도하거나 추모하기 위해 작성한 글이다. 제문은 서두와 결문에 일정한 서식이 있고, 내용은 제사의 성격에 따라 달라진다. 대부분 의례적인 말로 이루어지지만, 간혹 문학성을 가진 제문도 없지 않다. (47×35.5cm). 개인 소장.

다. 이에 비해 중국의 간찰은 그리 많지는 않지만, 타향에 나간 상인이 세상이나 시국時局의 변화와 물가 변동, 경영 방법 등에 대해 현실적이고도 구체적인 내용을 담았다는 점에서 한국의 간찰과는 상당히 다르다. 만사나 제문은 죽은 이를 애도하거나 추모하는 글로서 간혹 그 일생을 회고하기도 하지만, 그 근본은 추앙이다. 죽음 앞에서 개인 삶의 진면목이 나열될 일은 없다. 간찰과 만사·제문은 의례적인 글이다. 따라서 대부분 구체성을 가지지 못한다.

종합적으로 정리하면, 중국의 고문서가 주로 사회경제사적 내용을 구체적으로 담았다면, 한국의 고문서는 형식적이고 의례적인 내용이 그 양적 우위를 차지하고 있다. 그러면 한국과 중국은 왜 이렇게 서로 다른 모습을 보이는 것일까?

한국과 중국의 고문서 생산은 그들의 삶, 곧 가치관이나 생활태도와 직결된다. 휘주 사람의 가치 판단과 선택의 출발점이 '생계유지'였다면, 한국 특히 영남 사람은 '명분 유지'에 더 많은 관심을 두었던 것이다. 즉, 휘주에서는 생계유지를 위해 사회경제적 문서를 생산하고 또 유통했다면, 영남에서는 명분 유지를 위해 많은 간찰과 만사·제문을 남겼다고 할 수 있다.

고문서의 분류 체계나 내용으로 한국과 중국의 역사를 비교할 수도 있지만, 문서의 규모를 통해서도 비교가 가능하다. 우선 가장 먼저 거론할 수 있는 문제는 중국에 비해 한국 고문서의 규격이 엄청 크다는 것이다. 이것은 고문서뿐만 아니라 간행된 서책도 마찬가지다. 교지류敎旨類나 과지科紙가 그렇고, 특히 청원서나 소송 문서가 그러하다. 모두가 국가 또는 관官과 관계있는 문서다.

교지류는 임명장이고, 과지는 과거 답안지다. 한국의 교지류는 대체로 전지全紙(70×140센티미터) 한 장을 기본 단위로 했고, 과지는 여러 장을 붙여 크기를 조절했다. 지질 또한 중국의 것과는 비교가 되지 않게 좋다. 특히 과지는 최상급인 도지搗紙(한지를 여러 겹 포개어 다듬이로 두드려 만든 종이)를 주로 사용해 좀체 접히지도 않는다. 교지류가 왕의 권위를 상징하는 측면에서 그러했다면, 과지는 합격에 대비하여 그 영광을 자손만대로 전하고자 하는 욕망을 담았기 때문일 것이다. 물론 중국의 교지는 큼직한 현판으로 제작되어 종족의 사당에 내걸린다. 이는 중국에서도 과거 급제가 종족의 성쇠와 직결된 것임

중국의 관리 임명 문서 1898년 (광서 24) 청나라 이부(吏部)에서 휴녕현 거인 정은찬을 국사관(國史館)의 등록판대신(騰錄辦大臣)으로 선발하면서 발급한 증명서로, 일종의 교지다. (48.5×58cm). 중국 휘주문화박물관 소장.

을 잘 보여준다.

소송 문서나 청원서는 백성이 지방 수령이나 감사에게 특정 사건에 대해 그들의 입장을 전달하는 문서다. 백성이라고는 했지만, 평민·천민이 아니라 상층 지배층의 전유물이나 마찬가지다. 그리고 개인인 경우도 있지만, 조직이나 단체 등 집단이 주체인 경우가 대부분이다. 상층 지배층의 일원이 그것도 집단적으로 소송을 제기하고 청원한다면, 그것은 큰 압력이 될 수밖에 없다.

게다가 제출하는 문서의 규모가 엄청 크다면 그것은 또 다른 의미를 가진다. 소송과 청원은 그들의 주장과 입장을 관철하는 것을 목적으로 한다. 그 목적을 달성하기 위해서는 진정성이나 논리도 필요하지만, 외형의 규모가 가지는 권위도 무시할 수 없다. 2~3미터에 달하는, 심지어 100미터가 넘는 청원서를 펼쳐놓으면 크기에서 오는

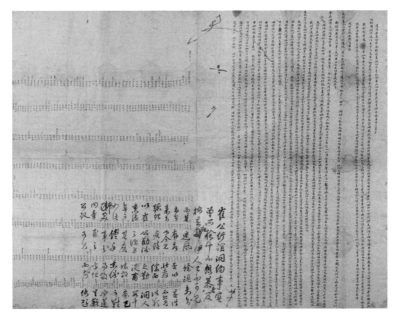

상서 1806년(순조 6) 안동 유학 김종운(金鍾運) 등 경상도 유생 600여 명이 백불암 최흥원의 부인동약(夫仁洞約)을 훼파하려는 얼족(孽族) 아무개를 성토하면서 동약이 계속 실시될 수 있도록 조치를 취해달라고 경상 감사에게 청원하는 엄청 큰 문서다. (214.5×184cm). 경주최씨 백불암 종택 소장.

압력과 권위를 어렵지 않게 느끼게 될 것이다.

가령 1830년 경상도 유생들이 백불암 최흥원의 시호를 청원한 상서上書는 1.3×2.4미터에 이르고, 1884년 복제 개혁에 반대하여 올리려고 했던 만인소의 길이는 100미터가 넘는다. 반면에 중국의 고문서는 대부분 40~50센티미터를 넘지 않았다.

한국의 고문서가 이렇듯 거대한 규모를 자랑한다고 하여 내용이 그에 걸맞게 풍부한 것은 아니다. 그것은 규격에 비례하여 글자가 아주 컸으며, 특히 만인소에는 만 명의 이름을 하나하나 줄을 바꾸어

나열했기 때문이다. 반면에 중국의 고문서에 쓰인 글자는 대부분 읽는 데 그리 불편함이 없는 정도의 크기다. 이로써 작은 용지로도 충분한 내용을 담을 수 있었던 것이다.

고문서의 형태적 차이는 용지와 글자의 크고 작음만이 아니다. 성책成冊이냐 권券이냐 하는 문제도 있다. 성책이란 책으로 묶은 문서이고, 권이란 두루마리다. 중국에는 성책이 많고, 한국에는 극히 일부를 제외하면 대부분 전지 크기의 낱장이나 두루마리로 존재한다. 가령 한국의 호구단자나 분재기 등은 아무리 길어도 결코 성책의 형태로 만들지 않았다. 그러나 이에 해당하는 중국의 친공책親供冊이나 분가分家 문서는 대부분 성책의 형태를 띤다. 성책이 보관이나 활용 면에서 훨씬 편리했음은 물론이다.

문서는 동일한 형식과 내용을 반복하기도 한다. 가령 토지를 사고파는 문서는 날짜와 매도인·매수인, 면적, 가격 등을 제외하면 나머지 내용은 모두 동일하게 반복된다. 계약서나 세금고지서, 납세증명서 등도 마찬가지다. 그렇다면 이를 하나의 틀로 만들어 인쇄를 하면 누구나 쉽게 작성할 수 있다. 즉 이름과 숫자만 비워진 공간에 채워 넣으면 된다. 오늘날 동·면사무소나 학교 등에서 사용되는 문서는 모두 이런 형식이다. 편리할 뿐만 아니라 글자를 제대로 익히지 못한 사람이라도 쉽게 이용할 수 있다. 중국 고문서의 상당수는 이런 식이었지만, 한국의 고문서는 모든 것을 그때마다 일일이 손으로 작성해야만 했다. 이런 경우 번거롭기도 했지만, 남의 손을 빌려야 하는 민중에게는 고역일 수밖에 없었다. 이로써 문자를 아는 양반은 하층민을 주눅 들게 했고, 향리는 온갖 부정과 농간을 부릴 수 있었다.

한국의 고문서를 통해 본 사회가 신분 차별이 강하고 권위적이라면, 중국 사회는 실용적·합리적이었다. 결코 자랑스러울 수 없는 우리의 자화상일 따름이다.

옛 문서를 통해 본 한국과 중국의 종족 사회

한국의 영남 지역이나 중국의 휘주 지역에는 아주 많은 고문서가 소장되어 있다. 그 수는 각기 약 20만~30만 건에 이를 것으로 추산된다. 중국 휘주는 말할 것도 없고, 영남 지역 또한 한국에서 비교할 수 없을 정도로 많은 고문서를 생산해왔기 때문이다.

그렇다면 영남과 휘주에서는 왜 이렇게 많은 고문서를 생산했을까? 이미 언급했듯이 고문서는 그것을 필요로 했던 시대의 산물이다. 중국과 한국에서 고문서가 가장 많이 생산됐던 16~20세기 초에는 다름 아닌 종족 사회가 크게 발달하던 시기였고, 휘주와 영남은 그 가운데서도 가장 전형적인 지역이었다. 다시 말해 다량의 고문서가 생산되고 유통됐던 것은 종족 사회의 성장을 배경으로 한다.

한국의 영남이나 중국 휘주의 종족 사회에 고문서가 많다는 것은 생산이 많았기 때문이기도 하지만, 그에 못지않게 보존도 잘 되어왔음을 의미한다. 자료의 보존은 소장자나 가문의 의식적인 노력의 산물이라는 사실을 염두에 두어야 한다. 그것도 10, 20년이 아니라 적어도 100여 년 이상 수백 년 동안 그러했다면, 그 자체가 문화이고 가치관의 산물이라고 할 수 있다.

중국의 관용 물자 면세증 1887
년(광서 13) 청나라 흠명독리(欽
命督理) 월(粤) 세관 세무는 양
광(兩廣)전보국의 화물이 북해
신관을 나갈 수 있도록 이 관용
(官用) 물자 면세증을 발급했다.
인쇄된 문서에 날짜와 간단한
내용만을 기록하면 됐다. (31×
28.5cm). 중국 휘주문화박물관
소장.

　문서가 많이 생산됐다는 것은 무엇보다도 그 사회가 문서를 생산
할 수 있는 문화적·지적 능력을 보유하고 있었음을 의미한다. 휘주
와 영남은 유교 문화의 중심 지역이다. 유교는 고도의 논리성과 학
문적 체계성을 가지고 있다. 이것을 담당하는 주체는 말할 것도 없이
지배층이자 지식인 집단이었다. 이들은 현실의 필요뿐만 아니라 그
들의 가치나 이상, 생각이나 이념을 문자로 표현하고 교환할 수 있는
능력을 갖추고 있었고, 또 그렇게 할 것을 암묵적으로 강요받고 있었
다. 유교와 유교 지식인이 가지는 이 같은 가치관과 분위기는 문자가
아니라 침묵과 수행으로 깨달음에 이르고 이를 마음으로 전달하고자
했던 불교와 비교해볼 때 더욱 분명해진다. 아무튼 휘주와 영남에 고
문서가 많다는 것은 이 두 지역이 유교 문화의 중심지라는 점과 무관
할 수 없다.

　많은 문서의 생산은 그것을 생산해낼 수 있는 주체적 능력을 보여

패방 패방(牌坊)은 패루(牌樓)라고도 하는데, 문짝이 없는 문으로 중국 특유의 건물 양식이다. 휘주 지역에서 가장 흔하게 볼 수 있다. 원래는 사람들을 통제하기 위해 마을이나 거리 입구에 세웠다고 한다. 명이나 청대에 이르러서는 국가나 사회에 큰 공을 세운 사람, 부모에게 효도하고 남편에게 정절을 지킨 여성, 과거에 급제하여 높은 벼슬에 오른 사람 등을 기리는 기념물로 세워졌다.

줌과 더불어 그 사회가 경제적 혹은 문화적으로 역동적 사회였음을 알려준다. 중국 휘주와 한국 영남에서 가장 많은 문서를 생산한 시기는 명 중기 이후와 청대 그리고 조선 후기다. 이 시기에 두 지역은 종족 사회가 발전하고 확장되거나 강화됐다. 따라서 종족 사회의 발전이나 확장을 가능케 했던 배경이 경제적 성장이나 문화적 성숙이라는 점에서 그 역동성이 크게 돋보이는 시기였음이 분명하다.

한국 영남과 중국 휘주 지역은 공히 종족 사회로서의 공통점을 강하게 지니고 있다. 종족 사회란 부계 혈연과 집거集居 형태의 촌락 생활을 중심으로 전개된다. 그래서 조상과 종족을 상징하는 건물이나 조형물(중국의 종사宗祠와 지사支祠, 한국의 종가·서원·재실·묘비 등), 족보·족산 등을 중심으로 한 종족마을이 전형적으로 발전하게 된다. 이 점에서도 두 지역의 종족 사회는 아주 유사하다. 그러나 중국과 한국의 종족 사회는 그 외형과 달리 여러 면에서 서로 다른 특징을 보인다.

중국 휘주와 한국 영남이 둘 다 종족 사회로 성장하고 발전했다는 점에서 역동성을 가진 사회였다는 공통점이 있다 하더라도, 그것은 서로 다른 방향으로 전개됐다. 명·청대 휘주의 종족 사회가 휘상의 성장을 바탕으로 발전과 확장을 거듭했다면, 영남의 종족 사회는 그와 반대로 경제적 성장과 확대가 한계에 직면할 즈음 성립되어갔다는 점에서 그러하다.

중국의 종족 사회는 경제, 특히 상업 발달과 불가분의 관계가 있다. 상업 발달은 이와 관련된 다양한 조직 및 단체의 설립과 함께 계약문서와 경영 자료를 대량으로 생산해냈다. 상업적 부富가 종족 사회로 유입됨에 따라 종족 사회는 사당 건립과 족산 확대, 족보 발간 등과 함께 향약 실시나 부세 납부, 소송 문제 처리 등 국가가 위임한 사무를 수행하는 자치적 기능 또한 더욱 확대되어갔다. 이러한 역동적 과정에서 많은 고문서 자료를 생산하게 된 것이다.

16세기 중·후반 이래 조선 사회는 점차 경제적 성장과 확대가 한계점에 다다랐다. 이것은 자연적인 인구 증가 속에서 경제적으로 영세화零細化되고 있음을 의미한다. 이에 조선의 양반 사대부는 차등을 통한 집중화 전략으로 대응했다. 즉 상속 관행을 자녀균분상속에서 적장자 중심 상속으로 전환함으로써 영세화에 대응해 나갔다. 상속의 차등과 집중은 곧 많은 종족 구성원의 경제적 몰락을 의미했다. 이와 반대로 양반이 아닌 서얼이나 향리 등의 성장이 두드러지면서 사회 전반적 신분 질서가 해이해져갔다. 절대다수의 양반은 관직에서 소외되고 경제적으로 빈곤해지면서 서얼과 향리만도 못하고 상민과도 다를 것이 없다는 자조적 탄식이 나오는 형편이 됐다.

그렇다고 양반이 신분을 포기할 수는 없었다. 신분제 사회에서 양반이라는 명분은 생존보다 중요한 문제였다. 그래서 조선의 양반은 굶어죽는 상황에서도 상업 활동에 종사할 수가 없었다. 권력도 돈도 없다면, 그러면 무엇으로 여타의 신분층과 차별화할 것인가? 그 유일한 방법은 독서와 자신의 생각이나 일상생활에 필요한 모든 문제를 문자로 표현하고 기록하는 것이었다. 이런 사정에서 몰락한 양반은 독서와 문자 생활에 더욱 집착했고, 그것은 그들이 가진 특권이며, 할 수 있는 유일한 일이었다.

게다가 독서와 문자 생활은 양반끼리 소통하고 관계를 돈독하게 하는 중요한 도구이기도 했다. 간찰, 만·제문, 시문, 기記·서序·발문 등을 주고받음으로써 양반은 한편에서는 경쟁을, 다른 한편에서는 공동체적 유대와 결속을 강화해 나갈 수 있었다.

이렇듯 한국의 종족 사회는 경제적 기반의 한계에 직면하여 형성됐다. 그리고 역설적이게도 그것의 심화와 더불어 종족 사회는 더욱 발전하고, 강화되어갔다. 이러한 환경에서 더 많은 문서가 생산되고 유통되면서 양반 문화는 또 다른 면에서 전성기를 맞게 됐다.

영남의 문자 기록은 많기도 하지만 그 나름의 특징적인 모습도 가지고 있다. 그중 하나는 의례적인 글이 많다는 것이다. 의례적인 글이란 간찰이나 기·서·발문, 만·제문, 시문 등 의례 생활과 관련한 글을 말한다. 영남에서는 개인과 가문, 종족 등 상호 간에 글을 주고 받는 것이 아주 빈번하고도 중요했다. 시문에 화답하지 못하면 위신이 크게 손상됐다. 친인척은 물론이고 오랫동안 세의世誼를 나누어왔거나 학문적 연원 관계를 맺고 있는 여러 가문의 상례·장례에 직접 쓴 만사나 제문으로 조문하지 못하면 남에게 글을 빌리기라도 해야 했다. 이것이 양반으로서 가져야 할 최소한의 도리이고 의무라고 생각했다. 그러나 양반이 남에게 글을 빌린다는 것은 체면이 크게 깎이는 일이 아닐 수 없었다. 이래저래 의례적인 글은 넘쳐났다.

의례적인 글이 넘쳐나는 것과 달리 세상을 경영하는經世的 글은 거의 없다는 것이 영남 문자 기록의 또 하나의 특징이다. 유교적 지식인은 그들이 배우고 익힌 것의 이상理想을 정치를 통해 구현하고 실천하는 존재다. 이들은 비록 현실에서 국정 운영에 참여하지 못한다 하더라도 독서하고 이상을 더욱 구체화함으로써 미래를 대비하는 예비 권력자이기도 했다. 더욱이 세상이 혼란스럽거나 제도적·사회적 모순이 심화되면 세상을 바로잡을 개혁 방안을 모색하는 것도 그들의 역할이고 임무였다.

경세적 글이 없다는 것은 영남의 유교 지식인이 정치집단이나 세력으로서의 역할을 사실상 포기했음을 의미한다. 그렇다면 정작 기회가 주어지더라도 그것을 감당할 능력을 가지지 못하게 된다. 영남의 유학자는 17세기 이후 국정 운영에서 점차 소외됐다. 권력에서 소외됐다는 것은 새로운 문물이나 정보로부터의 단절을 의미한다. 이것은 그들의 학문 또한 고루함을 면하지 못하게 했다. 불행하게도 조선 후기 영남 유학자의 현실은 이러했다. 그저 향촌의 지식인으로서 자득적自得的인 현실에 만족하고 안주했다. 현실을 타개하거나 세상을 구하고자 하는 열정과 집념은 찾아보기 어려웠다.

그런 삶이나마 그들 나름의 노력은 필요했다. 없는 살림에도 규모 있게 살려면 고려해야 할 일이 많게 마련이다. 길흉사에 누구의 도움을 받았는지, 누구와 어떠한 관계에 있는지를 기억하고 파악해내는 일은 양반의 일상에서 아주 중요한 문제였다. 부조는 때와 격식에 맞게 해야 하고, 대대로 계속되어온 세의世誼도 놓치지 말아야 했다. 그렇지 않으면 어려움을 당해 더욱 쓸쓸해질 수밖에 없다. 살림도 없고 사람도 없다면, 마을의 하층민조차 우러러볼 일이 없다. 멀리 있는 권력이 아니라 가까이 늘 행하는 일상이 더없이 중요했던 것이 이들의 생활이었다. 개인의 삶뿐만 아니라 향촌과 종족의 크고 작은 조직에서도 마찬가지였다. 그래서 이런 소소한 일상도 기록해야 했다.

이런 점에서 구체성을 지닌 생활 기록이 많아지게 됐다는 것은 그나마 다행이다. 이런 글로는 일기와 잡기류 그리고 치부책, 전여기傳與記, 부조기扶助記, 시말기始末記, 전말기顚末記, 시도기時到記, 행임록行任錄, 집사록執事錄 등이 있다. 특히 일기류는 당시 생활을 알 수 있게 해준다. 치부책이나 전여기 등은 단편적인 것이 아니라 수십 년간 계속 누적됨으로써 변함없는 일상의 유의미한 변화를 관찰할 수 있게 해준다. 이런 자료를 통해 우리는 종족 사회의 운영과 양반의 일상생활사에 보다 용이하게 접근할 수 있고, 그 내용 또한 풍부해질 수 있다. 이 책의 여러 글도 여기에 크게 의존한 것이다.

미주

제1부 경제

경제생활, 먹고사는 문제

* 정진영, 「19세기 후반~20세기 전반 재촌 양반 지주가의 농업경영 2: 경상도 단성 김인섭 가의 병작지 경영을 중심으로」, 『역사와 경제』 67, 부산경남역사연구회, 2008; 정진영, 「19세기 중반~20세기 초반 재촌 양반 지주가의 농업경영: 경상도 단성 김인섭 가의 가작지 경영을 중심으로」, 『대동문화연구』 62, 성균관대학교 대동문화연구원, 2008 등을 참고할 수 있다.

1. 김건태, 『조선시대 양반가의 농업경영』, 역사비평사, 2004.
2. 김용만, 『조선시대 사노비연구』, 집문당, 1997.
3. 정진영, 「19세기 물레방아의 건립 과정과 그 주체」, 『고문서 연구』 23, 한국고문서학회, 2003.
4. 『영남고문서집성』 3, 「소지(所志)」(계해/신유/계해 2월) 등, 영남대학교 민족문화연구소, 1992.

수시로 찾아드는 흉년

* 정진영, 「함께하는 삶, 부포 사람들의 상부상조」, 『안동 부포마을』, 예문서원, 2012; 정진영, 「부자들의 빈곤 2: 18세기 중반 영남 한 향촌 양반 지주가의 경제생활」, 『대구사학』 129, 대구사학회, 2017 등을 참고할 수 있다.

1. 권방(權訪), 『학림집(學林集)』 권2, 「시(詩)」 '민한, 차동파한후운(憫旱, 次東坡旱後韻)'.
2. 우홍적(禹洪迪), 『월주실기(月洲實記)』(김현영, 『조선시대의 양반과 향촌 사회』, 집문당, 1999 참조).
3. 우홍적, 『월주실기』(김현영, 『조선시대의 양반과 향촌 사회』, 집문당, 1999 참조).
4. 정진영, 「16세기 안동지방의 동계」, 『교남사학』 창간호, 영남대학교 국사학과, 1985.

부자들의 빈곤

＊ 정진영, 「조선시대 향촌 양반들의 경제생활: 간찰과 일기를 통해 본 일반적 고찰」, 『고문서연구』 50, 한국고문서학회, 2017; 정진영, 「부자들의 빈곤 2: 18세기 중반 영남 한 향촌 양반 지주가의 경제생활」, 『대구사학』 129, 대구사학회, 2017 등을 참고할 수 있다.

1. 이영훈, 「고문서를 통해 본 조선시대 노비의 경제적 성격」, 『한국사학』 9, 한국 정신문화연구원, 1987.
2. 김건태, 「이황의 가산경영과 치산이재」, 『퇴계학보』 130, 퇴계학연구원, 2011.
3. 『성종실록』 권262, 성종 23년 2월 20일(신유).
4. 『퇴계선생언행록』 권2, (검약, 이덕홍).
5. 이황, 『도산전서』 권4, 「기준(寄寯)」(갑인).
6. 이황, 『도산전서』 권4, 「기자준(寄子寯)」(계축).
7. 이원렬, 「퇴계의 경제의식에 대한 일고찰」, 『한국의 철학』 26, 경북대학교 퇴계 연구소, 1998.
8. 문옥표, 『조선양반의 생활세계』, 백산서당, 2004.
9. 변태섭, 『한국사통론』(4정판), 삼영사, 2011.

한 몰락 양반가의 자수성가

＊ 정진영, 「19~20세기 전반 한 몰락 양반가의 중소지주로의 성장 과정: 경상도 단성현 김인섭 가의 경우」, 『대동문화연구』 52, 성균관대학교 대동문화연구원, 2005; 정진영, 「19세기 중반~20세기 초반 재촌 양반 지주가의 농업경영: 경상도 단성 김인섭 가의 가작지 경영을 중심으로」, 『대동문화연구』 62, 2008; 정진영, 「19세기 후반~20세기 전반 재촌 양반 지주가의 농업경영 2: 경상도 단성 김인섭 가의 병작지 경영을 중심으로」, 『역사와 경제』 67, 부경역사연구회, 2008 등을 참고할 수 있다.

1. 『일성록(日省錄)』, 영조 52년 병신(1776) 1월 10일(임오).
2. 『일성록(日省錄)』, 정조 19년 을묘(1795) 윤2월 19일(신축).

사족과 농민, 상호 의존적 호혜 관계

＊ 정진영, 「사족과 농민: 대립과 갈등 그리고 상호 의존적 호혜관계」, 『조선시대사학보』 73, 조선시대사학회, 2015; 정진영, 「마을의 탄생 그리고 미래: 우리는 어

디에 어떻게 살고 있는가?」, 『한국학과 인문학』, 오래된 생각, 2015 등을 참고할
수 있다.

1. 범중엄(范仲淹), 「악양루기(岳陽樓記)」, 『고문진보(古文眞寶)』 하.

2. 정사성(鄭士誠), 『지헌집(芝軒集)』 권3, 「향약(鄕約)」.

3. 김용섭, 『한국근대농업사연구』, 일조각, 1978.

4. 제임스 스콧, 김동춘 역, 『농민의 도덕경제』, 아카넷, 2004.

양반의 손과 발, 노비

＊ 정진영, 「조선 후기 호적자료를 통해 본 사노비의 존재양태: 대구 경주최씨가
를 중심으로」, 『지방사와 지방문화』 11-1, 한국역사문화학회, 2008; 정진영, 「18세
기 일기자료를 통해 본 사노비의 존재형태: 백불암 최흥원의 『역중일기』를 중심으
로」, 『고문서연구』 53, 한국고문서학회, 2018 등을 참고할 수 있다.

1. 김용만, 『조선시대 사노비연구』, 집문당, 1997.

2. 김성우, 『조선 중기 국가와 사족』, 역사비평사, 2001.

3. 김학배(金學培), 『금옹집(錦翁集)』 권3, 「동거잡의(同居雜儀)」.

4. 이수환, 『조선 후기 서원연구』, 일조각, 2001.

5. 『(도남서원) 전답안(田畓案)』, 「사경질 유래등록(私耕秩 流來謄錄)」, 경자년.

제2부 향촌 생활

재지사족, 향촌의 지배자가 되다

＊ 정진영, 「조선시대 성리학적 향촌자치제의 전개와 추이」, 『한국유학사상대계』
4, 한국국학진흥원, 2008; 정진영, 「재지사족, 향촌의 지배자가 되다」, 『조선시대
사 2: 인간과 사회』, 한국역사연구회, 2015 등을 참고할 수 있다.

1. 『명종실록』 권22, 명종 12년 5월 7일(기미).

동성마을, 양반들의 마을살이

＊ 정진영, 「조선 후기 동성마을의 형성과 사회적 기능」, 『한국사론』 21, 국사편찬
위원회, 1991; 정진영, 「조선 후기 동성촌락의 형성과 발달」, 『역사비평』 28, 역사
비평사, 1995 등을 참고할 수 있다.

1. 젠쇼 에이스케(善生永助), 『조선의 취락(朝鮮の聚落)』 후편, 1935.

유교적 향촌공동체
＊ 정진영, 「조선의 유교적 향촌공동체」, 『500년 공동체를 움직인 유교의 힘』, 한국국학진흥원, 2013; 정진영, 「향약, 퇴계가 꿈꾼 이상사회」, 『안동학연구』 12, 한국국학진흥원, 2013 등을 참고할 수 있다.

양반, 산을 독점하다
1. 『세종실록』 권18, 세종 4년 11월 10일(계해).
2. 『경국대전』, 「공전(工典)」, '시장(柴場)'.
3. 순천장씨의 고문서는 경덕사(景德祠)에 보관되어오다가 현재는 의성 조문국박물관에 기탁되어 있다. 소장 자료 79건 가운데 거의 대부분이 산송 관련 자료다.
4. 『명종실록』 권22, 명종 12년 5월 7일(기미).

시끄러운 향촌 사회
＊ 정진영, 「조선 후기 향촌 양반사회의 지속성과 변화상 1: 안동 향안의 작성과정을 중심으로」, 『대동문화연구』 35, 성균관대학교 대동문화연구원, 1999; 정진영, 「조선 후기 향촌 양반사회의 지속성과 변화상 2: 안동 향안의 입록인물 검토」, 『대동문화연구』 38, 성균관대학교 대동문화연구원, 2001 등을 참고할 수 있다.
1. 『영가지(永嘉誌)』 권5, 「신정10조(新定十條)」.
2. 정사성(鄭士誠), 『지헌집(芝軒集)』 권3, 「향약」.
3. 『영조실록』 권119, 영조 48년 12월 28일(무자).
4. 정진영, 「18세기 서원 건립을 둘러싼 향촌 사회의 갈등관계: 영조 14년(1738) 안동 김상헌서원 건립문제를 중심으로」, 『조선시대사학보』 72, 조선시대사학회, 2015.
5. 정진영, 「『경자향변일기(庚子鄕變日記)』 해설」, 『민족문화논총』 9, 영남대학교 민족문화연구소, 1988.

전염병에서 살아남기
＊ 정진영, 「조선시대 지방양반들의 일상생활」, 『고문화』 53, 한국대학박물관협회, 1999를 참고할 수 있다.

1. 이기순, 「조선 후기 고령신씨 혼인·출산과 수명」, 『한국사학보』 10, 한국사학회, 2001.

제3부 가정생활과 의례

가족과 가족 구성

1. 정진영, 「대구지역 한 양반가의 호적자료 검토: 호(戶)의 이거(移居)와 혈연결합을 중심으로」, 『사학연구』, 한국사학회, 2010.

사대부 집안 여성의 삶

1. 『태종실록』 권27, 태종 14년 1월 4일(기묘).

2. 『세종실록』 권67, 세종 17년 3월 4일(병자).

3. 『성종실록』 권82, 성종 8년 7월 17일(임오).

4. 『세종실록』 권53, 세종 13년 7월 21일(계미). 6월 25일(정사)에도 비슷한 논의가 있었다. 그러나 허락되지는 않았다.

혼례, 남자가 장가가다

＊ 정진영, 『혼인, 세상을 바꾸다』, 한국학중앙연구원, 2015; 정진영, 「대구지역한 양반가의 일기자료를 통해 본 18세기 혼인풍속: 백불암 최흥원의 『역중일기』(1735~1786)를 중심으로」, 『고문서연구』 54, 한국고문서학회, 2019 등을 참고할수 있다.

1. 『성종실록』 권241, 성종 21년 6월 27일(무신).

2. 조강희, 『영남지방 양반 가문의 혼인 관계』, 경인문화사, 2006.

상례와 장례, 죽음을 모시다

＊ 정진영, 「왜, 삼년상인가」, 『(향토문화의 사랑방) 안동』, 통권 67, 2000; 정진영, 「18세기 대구지역 한 양반가의 일상의례, 상례와 제례: 백불암 최흥원의 『역중일기』(1735~1786)를 중심으로」, 『민족문화논총』 73, 영남대학교 민족문화연구소, 2019 등을 참고할 수 있다.

1. 이익, 『성호사설』 권25, 「경사문(經史門)」, '귀신·혼백(鬼神·魂魄)'.

2. 정종수, 「전통상례와 효사상」, 『한국민속의 탐구』, 국립민속박물관, 2001.

후손의 책무
1. 이우성 편, 『지수점필(智水拈筆)』 권6, 「영남문집(嶺南文集)」.

제4부 한국과 중국의 종족 사회

한국과 중국의 종족 사회, 그 같고 다름
* 정진영, 「고문서를 통해 본 영남과 휘주의 종족 사회: 대구 경주최씨 백불암 종택 소장 고문서를 중심으로」, 『중국 휘주와 한국 영남의 고문서』, 국립안동대학교 박물관, 2011를 참조할 수 있다.
1. 랴오뻔(廖奔), 「고휘주지구족거고촌락고찰보고(古徽州地區族居古村落考察報告)」, 『휘학(徽學)』 2, 안휘대학휘학출판부(安徽大學徽學出版部), 2002.
2. 후쫑셩(胡中生), 「송대 이후 휘주 종족의 확장과 영향: 안동 종족과의 비교를 겸하여」, 『안동학연구』 4, 한국국학진흥원, 2005.

옛 문서를 통해 본 한국과 중국의 종족 사회
* 정진영, 「한중고문서의 외형적 비교 고찰: 영남과 휘주를 중심으로」, 『고문서연구』 45, 한국고문서학회, 2014를 참조할 수 있다.

참고문헌

단행본

정진영,『조선 후기 재지사족의 촌락지배와 그 해체 과정』, 영남대학교 대학원 국
　　사학과 박사학위논문, 1992.

_____,『조선시대 향촌 사회사』, 한길사, 1998.

_____ 외 편,『영남향약자료집성』, 영남대학교 민족문화연구소, 1986.

_____ 외,『경북의병사』, 경상북도 · 영남대학교, 1990.

_____ 외,『조선 후기 향약 연구』, 대우재단학술총서, 민음사, 1990.

_____ 외,『경북의 향교』, 경상북도 · 영남대학교, 1991.

_____ 외,『1894년 농민전쟁연구』1, 한국역사연구회 · 역사비평사, 1991.

_____ 외,『생활문화와 옛 문서』, 국립민속박물관, 1991.

_____ 외,『원경산의 전통문화』, 경북 경산시전통문화발간위원회, 1994.

_____ 외,『조선시기 사회사연구법』, 한국정신문화연구원, 1994.

_____ 외,『순천시사』, 전남 순천시사편찬위원회, 1996.

_____ 외,『1894년 농민전쟁연구』5, 한국역사연구회 · 역사비평사, 1996.

_____ 외,『조선시대 사람들은 어떻게 살았을까』, 한국역사연구회 · 청년사, 1996.

_____ 외,『한말 영남유학계의 동향』, 영남대학교 민족문화연구소, 1997.

_____ 외,『안동문화의 수수께끼』, 지식산업사, 1997.

_____ 외,『한국사 31 : 조선 중기의 사회와 문화』, 국사편찬위원회, 1998.

_____ 외,『한국의 문화유산』, 부산대학교 한국민족문화연구소, 1998.

_____ 외,『우리 역사의 7가지 풍경』, 역사비평사, 1999.

_____ 외,『한국민속의 이해』, 국립민속박물관, 1999.

_____ 외,『경상도 700년사』, 경상북도 경상도 700년사 발간위원회, 1999.

_____ 외,『내앞(川前) 500년』, 청계선생탄신500주년기념논문집, 2000.

_____ 외,『안동금계마을』, 국립안동대학교 안동문화연구소, 2000.

_____ 외,『안동양반의 생활문화』, 국립안동대학교 민속학연구소, 2000.

_____ 외,『한국지방사 연구의 현황과 과제』, 한국사연구회총서 1, 경인문화사, 2000.

_____ 외,『조선은 지방을 어떻게 지배했나』, 대우학술총서 477, 아카넷, 2000.

_____ 외,『퇴계학과 남명학』, 지식산업사, 2001.

_____,『우리 전통문화의 이해』, 중문, 2002.

_____,『우리 역사와 현실』, 중문, 2003.

_____ 외,『단성호적대장연구』, 성균관대학교 대동문화연구원, 2003.

_____ 외,『고려시대의 안동』, 국립안동대학교 안동문화연구소, 2006.

_____,『흔들리는 세상』(조선시대 24), 웅진씽크빅, 2006.

_____ 외,『안동양반 그 겉과 속』, 성심, 2006.

_____ 외,『지방사연구입문』, 민속원, 2006.

_____ 외,『안동 무실마을: 문헌의 향기로 남다』, 국립안동대학교 안동문화연구소, 2006.

_____ 외,『질문하는 한국사』, 서해문집, 2008.

_____ 외,『한국유학사상대계 4 : 사회사상편』, 한국국학진흥원, 2008.

_____ 외,『문경 산북의 마을들』, 국립안동대학교 안동문화연구소, 2009.

_____ 외,『경북의 민속문화』1, 국립민속박물관, 2009.

_____ 외,『과거, 몸을 일으켜 이름을 떨치다』, 소수박물관(영주), 2010.

_____ 외,『안동 근현대사』1, 국립안동대학교 안동문화연구소, 2010.

_____ 외,『안동 근현대사』3, 국립안동대학교 안동문화연구소, 2010.

_____ 외,『안동 원촌마을: 선비들의 이상향』, 국립안동대학교 안동문화연구소, 2011.

_____ 외,『안동 부포마을: 물 위로 되살려낸 천년의 영화』, 국립안동대학교 안동문화연구소, 2012.

_____ 외,『대소헌 조종도의 행적과 사상』, 경상대학교 남명학연구원, 2013.

_____ 외,『500년 공동체를 움직인 유교의 힘』, 한국국학진흥원, 2013.

_____ 외, *Everyday Life In Joseon-Era Korea*, Leiden(Boston), 2014.

鄭震英 外,『契約と紛爭の比較史料學: 中近世期の社會秩序と文書』, 吉川弘文館(東京), 2014.

정진영 외,『도산서원을 통해 본 조선 후기 사회사』, 한국국학진흥원, 2014.

_____ 외,『전주정신과 동학농민혁명』, 동학농민기념사업회, 2014.

_____ 외,『창구객일 연구: 밀암 이재의 유배시종일록을 통해 본 17세기 조선』, 서울대학교 출판문화원, 2014.

_____ 외,『조선시대사 2 : 인간과 사회』, 한국역사연구회, 2015.

_____ 외, 『한국학과 인문학』, 오래된 생각, 2015.

_____, 『혼인, 세상을 바꾸다』, 한국학중앙연구원 출판부, 2015.

_____ 외, 『한국문화와 유물유적』, 한국방송통신대학교 출판문화원, 2017.

논문

정진영, 「임술민란의 성격」, 석사학위논문, 영남대학교 대학원 국사학과, 1981.

_____, 「조선 후기 향약의 일고찰: 부인동 동약을 중심으로」, 『민족문화논총』 2·3, 영남대학교 민족문화연구소, 1982. 12.

_____, 「조선 전기 안동부 재지사족의 향촌지배」, 『대구사학』 27, 대구사학회, 1985. 6.

_____, 「16세기 안동지방의 동계」, 『교남사학』 창간호, 영남대학교 국사학과, 1985. 12.

_____, 「16세기 향촌 문제와 재지사족의 대응」, 『민족문화론총』 7, 영남대학교 민족문화연구소, 1986. 9.

_____, 「임란 전후 상주지방 사족의 동향」, 『민족문화론총』 7, 영남대학교 민족문화연구소, 1987. 8.

_____, 「『경자향변일기(庚子鄕變日記)』 해설」, 『민족문화논총』 9, 영남대학교 민족문화연구소, 1988.

_____, 「예안역동서원의 연구」, 『안동문화연구』 3, 안동문화연구회, 1989. 2.

_____, 「18, 19세기 사족의 촌락지배와 그 해체 과정」, 『조선 후기 향약 연구』, 민음사, 1990.

_____, 「안동지역 임란 의병의 활동」, 『안동문화연구』 4, 국립안동대학교 안동문화연구소, 1990. 1.

_____, 「16, 17세기 재지사족의 향촌지배와 그 성격」, 『역사와 현실』 3, 한국역사연구회, 1990. 12.

_____, 「조선 후기 예안향교: 교안과 전답안의 분석」, 『안동문화연구』 5, 안동문화연구회, 1991. 5.

_____, 「19세기 향촌 사회 지배구조와 대립관계」, 『1894년 농민전쟁연구』 1, 한국역사연구회, 1991. 7.

_____, 「대소헌 조종도와 존재 곽준의 의병활동」, 『남명학연구』 2, 경상대학교 남명학연구원, 1992. 12.

_____, 「조선 후기 동성마을의 형성과 사회적 기능」, 『한국사론』 21, 국사편찬위원회, 1991. 12.

_____, 「영남 향약의 형성과 변천」, 『한국향토사연구』 4, 전국향토사연구회, 1992. 12.

_____, 「학봉 김성일과 임진왜란」, 『안동문화연구』 7, 안동문화연구회, 1993. 10.

_____, 「조선 후기 촌락의 구조와 분동」, 『국사관논총』 47, 국사편찬위원회, 1993. 12.

_____, 「실학파의 사회개혁사상」, 『담수』 23, 재단법인 박약회, 1994. 10.

_____, 「조선 후기 양사재의 성격」, 『정신문화연구』 7권 4호, 한국정신문화연구원, 1994. 12.

_____, 「조선 후기 경주지역 재지사족의 향촌 지배」, 『민족문화논총』 15, 영남대학교 민족문화연구소, 1994. 12.

_____, 「조선 후기 국가의 촌락지배와 그 한계」, 『교남사학』 6, 영남대학교 국사학과, 1994. 12.

_____, 「동학농민전쟁과 안동」, 『안동문화』 15, 국립안동대학교 안동문화연구소, 1994. 12.

_____, 「조선 후기 동성촌락의 형성과 발달」, 『역사비평』 28, 역사비평사, 1995. 3.

_____, 「농민전쟁기 향촌 지배층의 대응」, 『1894년 농민전쟁연구』 5, 한국역사연구회, 1996.

_____, 「족보에도 가짜가 있나요」, 『조선시대 사람들은 어떻게 살았을까』, 한국역사연구회, 1996.

_____, "Construction et developpement du village homo-patronymique dans la deuxieme moitie de l'epoque Choson", _Revue de Coree 28-2_, Leiden(Boston), 1996. 12.

_____, 「안동에는 왜 양반이 많은가?」, 『안동문화의 수수께끼』, 지식산업사, 1997.

_____, 「19세기 후반 영남유림의 정치적 동향: 만인소를 중심으로」, 『지역과 역사』 4, 부경역사연구회, 1997. 12.

_____, 「한국의 문화유산」, 부산대학교 한국민족문화연구소, 1998.

_____, 「영남지역 지방사연구의 현황과 과제」, 『지방사와 지방문화』 1, 한국역사문화학회, 1998. 11.

_____, 「(임란 후) 사족의 향촌 지배 조직 정비」, 『한국사 31: 조선 중기의 사회와

문화』, 국사편찬위원회, 1998. 12.

_____, 「19세기 조선의 향촌 사회(고석규, 1998, 서울대출판부)」(서평), 『역사학보』 161, 역사학회, 1999. 3.

_____, 「조선시대 지방 양반들의 일상생활」, 『고문화』 53, 한국대학박물관협회, 1999. 6.

_____, 「남명 조식의 현실 인식과 대응」, 『한국의 철학』 27, 경북대학교 퇴계학연구원, 1999. 12.

_____, 「조선 후기 향촌 양반사회의 지속성과 변화상 1: 안동 향안의 작성과정을 중심으로」, 『대동문화연구』 35, 성균관대학교 대동문화연구원, 1999. 12.

_____, 「안동 양반의 성격과 활동」, 『안동양반의 생활문화』, 국립안동대학교 민속학연구소, 2000.

_____, 「국가의 지방지배와 새로운 세력」, 『조선은 지방을 어떻게 지배했는가』, 아카넷, 2000. 4.

_____, 「독서와 교육을 통해 본 19세기 지방지식인의 삶」, 『선생님 · 학생 · 교과서』, 국립민속박물관, 2000. 7.

_____, 「18세기 호적대장 '호구(戶口)' 기록의 검토」, 『한국중세사논총』, 이수건교수정년퇴임기념사업회, 2000. 8.

_____, 「안동 금계마을의 형성과 변천」, 『안동금계마을』, 국립안동대학교 안동문화연구소, 2000. 10.

_____, 「조선 후기 내앞 김문의 정치 · 사회 활동」, 『청계탄신기념논총』, 청계선생탄신500주년기념사업회, 2000. 11.

_____, 「한국의 성과 본관」, 『역사비평』 53, 역사비평사, 2000. 12.

_____, 「18세기 호적대장 '호(戶)'와 그 경제적 기반」, 『역사와 현실』 39, 한국역사연구회, 2001. 3.

_____, 「조선 후기 향촌 양반사회의 지속성과 변화상 2: 안동 향안의 입록인물 검토」, 『대동문화연구』 38, 성균관대학교 대동문화연구원, 2001. 6.

_____, 「백불암 최흥원의 학문과 향약」, 『한국의 철학』 29, 경북대학교 퇴계연구소, 2001. 6.

_____, 「조선 후기 호적대장 '호구' 기록의 검토」, 『대동문화연구』 39, 성균관대학교 대동문화연구원, 2001. 12.

_____, 「조선 후기 호적 '호'의 편제와 성격」, 『대동문화연구』 40, 성균관대학교 대

동문화연구원, 2002. 6.

_____, 「조선 후기 호적 '호'의 편제양상」, 『역사와 현실』 45, 한국역사연구회, 2002. 9.

_____, 「조선 후기 향촌지배정책연구(오영교)」(서평), 『한국사연구』 119, 한국사연구회, 2002. 12.

_____, 「고문서 정리카드와 서술규칙」, 『고문서연구』 22, 한국고문서연구회, 2003. 2.

_____, 「향촌 사회에서 본 조선 후기 신분과 신분변화」, 『역사와 현실』 48, 한국역사연구회, 2003. 6.

_____, 「조선 후기 호적 '호'의 새로운 이해와 그 전망」, 『대동문화연구』 42, 성균관대학교 대동문화연구원, 2003. 6.

_____, 「19세기 물레방아의 건립 과정과 그 주체」, 『고문서연구』 23, 한국고문서학회, 2003. 8.

_____, 「조선 후기 호적자료의 노비 기재와 그 존재양상」, 『고문서연구』 25, 한국고문서학회, 2004. 8.

_____, 「송암 김면의 임란 의병 활동과 관련 자료의 검토」, 『대구사학』 78, 대구사학회, 2005. 2.

_____, 「19~20세기 전반 한 몰락 양반가의 중소 지주로의 성장 과정: 경상도 단성현 김인섭가의 경우」, 『대동문화연구』 52, 성균관대학교 대동문화연구원, 2005. 12.

_____, 「경상도 임란 의병의 활동 배경과 의의」, 『지역과 역사』 18, 부경역사연구회, 2006. 4.

_____, 「고려 말 조선 전기 안동 재지사족의 성장과정」, 『고려시대의 안동』, 국립안동대학교 안동문화연구소, 2006. 10.

_____, 「촌락문서의 연구 현황과 과제」, 『영남학』 10, 경북대학교 영남문화연구원, 2006. 12.

_____, 「역사인구학 자료로서의 호적대장 이용을 위한 기초 연구: 대구부호적대장과 촌락문서의 비교 검토」, 『대동문화연구』 59, 성균관대학교 대동문화연구원, 2007. 9.

_____, 「혼인을 통해 본 영남의 양반사회(조강희, 『영남지방 양반 가문의 혼인 관계』, 경인문화사, 2006)」(서평), 『지방사와 지방문화』 10-2, 한국역사문화학회, 2007. 11.

_____, 「전주류씨와 무실마을」, 『안동 무실마을』, 국립안동대학교 안동문화연구소, 2008. 2.

_____, 「성씨와 촌락」, 『지방사연구 입문』, 민속원, 2008. 2.

_____, 「조선 후기 호적자료를 통해 본 사노비의 존재양태: 대구 경주최씨가를 중심으로」, 『지방사와 지방문화』 11-1, 한국역사문화학회, 2008. 5.

_____, 「19세기 중반~20세기 초반 재촌 양반지주가의 농업경영: 경상도 단성 김인섭 가의 가작지 경영을 중심으로」, 『대동문화연구』 62, 성균관대학교 대동문화연구원, 2008. 6.

_____, 「19세기 후반~20세기 전반 재촌 양반지주가의 농업경영 2: 경상도 단성 김인섭 가의 병작지 경영을 중심으로」, 『역사와 경제』 67, 부산경남역사연구회, 2008. 6.

_____, 「조선시대 성리학적 향촌자치제의 전개와 추이」, 『한국유학사상대계』 4, 한국국학진흥원, 2008. 12.

_____, 「이해준 『조선 후기 문중서원 연구』(2008, 경인문화사)」(서평), 『역사민속학』 29, 한국역사민속학회, 2009. 3.

_____, 「문경 산북의 마을 형성과정과 세거성씨, 자치조직」, 『문경 산북의 마을들』, 국립안동대학교 안동문화연구소, 2009. 11.

_____, 「고문서 자료 정리의 성과와 활용방안」, 『서지학보』 34, 한국서지학회, 2009. 12.

_____, 「대구지역 한 양반가의 호적자료 검토: 호(戶)의 이거와 혈연결합을 중심으로」, 『사학연구』 98, 한국사학회, 2010. 6.

_____, 「조선시대 양반들의 과거공부」, 『과거, 몸을 일으켜 이름을 떨치다!』, 소수서원박물관(영주), 2010. 11.

_____, 「개항기·대한제국기 안동의 사회경제」, 『안동 근현대사』 1, 국립안동대학교 안동문화연구소, 2010. 12.

_____, 「위정척사와 만인소, 동학의 확산」, 『안동 근현대사』 1, 국립안동대학교 안동문화연구소, 2010. 12.

_____, 「19세기 후반 정치동향과 안동」, 『안동 근현대사』 1, 국립안동대학교 안동문화연구소, 2010. 12.

_____, 「안동의 성씨와 동성마을」, 『안동 근현대사』 3, 국립안동대학교 안동문화연구소, 2010. 12.

_____, 「안동 원촌마을과 진성이씨」, 『안동 원촌마을』, 국립안동대학교 안동문화연구소, 2011. 12.

_____, 「함께하는 삶, 부포사람들의 상부상조」, 『안동 부포마을』, 국립안동대학교 안동문화연구소, 2012. 2.

_____, 「조선시대 향촌 제 조직과 규약의 '계약'적 성격」, 『고문서연구』 42, 한국고문서학회, 2013. 2.

_____, 「농법으로 조선시기 '영남의 부침'을 읽다(김성우, 『조선시대 경상도의 권력 중심 이동: 영남농법과 한국형 지역개발』, 태학사, 2012)」(서평), 『지방사와 지방문화』 16, 한국역사문화학회, 2013. 5.

_____, 「『서당의 사회사: 서당으로 읽는 조선 교육의 흐름』(정순우, 2013, 태학사)」(서평), 『역사학보』 218, 역사학회, 2013. 6.

_____, 「섬, 풍요의 공간: 19세기 중반 한 유배객의 임자도 생활」, 『고문서연구』 43, 한국고문서학회, 2013. 8.

_____, 「섬, 소통의 공간: 김령의 『간정일록』(1862~1863년)을 통해 본 19세기 섬의 형상」, 『역사와 경제』 88, 부산경남역사연구회, 2013. 9.

_____, 「조선의 유교적 향촌공동체」, 『500년 공동체를 움직인 유교의 힘』, 한국국학진흥원, 2013. 12.

_____, 「향약, 퇴계가 꿈꾼 이상사회」, 『안동학연구』 12, 한국국학진흥원, 2013. 12.

_____, 「한중고문서의 외형적 비교 고찰: 영남과 휘주를 중심으로」, 『고문서연구』 45, 한국고문서학회, 2014. 8.

_____, 「도산서원, 또 하나의 하늘: 양반이 아닌 사람들에게 도산서원이란 무엇인가?」, 『도산서원을 통해 본 조선 후기 사회사』, 새물결, 2014. 12.

_____, 「'동학농민혁명＝전주정신' 정립을 위한 제언: '한국정신문화의 수도 안동'의 사례를 중심으로」, 『전주정신과 동학농민혁명』, 동학농민혁명기념사업회, 2014. 12.

_____, 「『창구객일』을 통해 본 갈암의 유배와 밀암의 시종생활」, 『창구객일(蒼狗客日)연구』, 서울대학교 출판문화원, 2014. 12.

_____, 「마을의 탄생, 그리고 미래: 우리는 어디에 어떻게 살고 있는가?」, 『한국학과 인문학』, 오래된 생각, 2015. 2.

_____, 「18세기 서원 건립을 둘러싼 향촌 사회의 갈등 관계: 영조 14년(1738) 안동 김상헌서원 건립문제를 중심으로」, 『조선시대사학보』 72, 조선시대사학

회, 2015. 3.

_____, 「사족과 농민: 대립과 갈등, 그리고 상호 의존적 호혜관계」, 『조선시대사학보』 73, 조선시대사학회, 2015. 6.

_____, 「재지사족, 향촌의 지배자가 되다」, 『조선시대사 2: 인간과 사회』, 한국역사연구회, 2015.

_____, 「해기옹 김령, 19세기 한 향촌지식의 삶」, 『한국인물사연구』 24, 한국인물사연구회, 2015. 9.

_____, 「조선시대 영남 재지사족의 연구성과와 새로운 전망(장동표, 『조선시대 영남재지사족 연구』, 2015)」(서평), 『지방사와 지방문화』 18, 한국역사문화학회, 2015. 11.

_____, 「18세기 영남 노론의 존재 형태: 영조 14년(1738) 안동 김상헌서원 건립과 훼파를 통해 본 새로운 세력에 대한 검토」, 『한국사연구』 171, 한국사연구회, 2015. 12.

_____, 「간찰, 윤색되지 않은 삶의 보고서: 안동 내앞 의성김씨 청계종택 소장 간찰자료」, 『안동 의성김씨 천전파 종택 간찰』, 한국국학진흥원, 2016.

_____, 「조선시대 향촌 양반들의 경제생활: 간찰과 일기를 통해 본 일반적 고찰」, 『고문서연구』 50, 한국고문서학회, 2017. 2.

_____, 「조선 후기 간찰 자료의 존재 형태: 문집 '서'와의 비교를 중심으로」, 『역사와 경계』 102, 부산경남역사연구회, 2017. 2.

_____, 「부자들의 빈곤 2: 18세기 중반 영남 한 향촌 양반지주가의 경제생활」, 『대구사학』 129, 대구사학회, 2017. 11.

_____, 「18세기 일기자료를 통해 본 사노비의 존재 형태: 백불암 최흥원의 『역중일기』를 중심으로」, 『고문서연구』 53, 한국고문서연구회, 2018. 8.

_____, 「대구지역 한 양반가의 일기자료를 통해 본 18세기 혼인풍속: 백불암 최흥원의 『역중일기』(1735~1786)를 중심으로」, 『고문서연구』 54, 한국고문서학회, 2019. 2.

_____, 「18~19세기 대구지역 토지거래와 지가변동: 경주최씨가의 전답 매매자료 분석」, 『조선시대사학보』 89, 조선시대사학회, 2019. 6.

_____, 「18세기 대구지역 한 양반가의 일상의례, 상례와 제례: 백불암 최흥원의 『역중일기』(1735~1786)를 중심으로」, 『민족문화논총』 73, 영남대학교 민족문화연구소, 2019. 12.

_____, 「대구지역 미가와 그 추이: 1743~1905」, 『역사와 경계』 114, 부산경남역
　　사연구회, 2020.

_____, 「19세기 대구지역 한 양반 가문의 추수기 분석: 경주최씨가 소장자료 소개
　　를 겸하여」, 『지방사와 지방문화』 24-1, 한국역사문화학회, 2021. 5.

기타

정진영, 「임진왜란과 남명조식 제자의 의병활동」, 『영대문화』 17, 영남대학교 영대
　　문화편집위원회, 1984.

_____, 「일송 김동삼 선생의 삶과 그 의미」, 『(향토문화의 사랑방) 안동』 통권 5,
　　안동문화 사랑방, 1989. 봄.

_____, 「(안동의 인물) 초랭이」, 『(향토문화의 사랑방) 안동』 통권 6, 안동문화 사
　　랑방, 1989. 여름.

_____, 「의병장 신돌석」, 『(향토문화의 사랑방) 안동』 통권 7, 안동문화 사랑방,
　　1989. 가을.

_____, 「학봉 김성일과 임진왜란」, 『(향토문화의 사랑방) 안동』 통권 23, 안동문화
　　사랑방, 1992. 11·12.

_____, 「안동에는 왜 갑오년의 동학농민전쟁이 없었는가」, 『(향토문화의 사랑방)
　　안동』 통권 35, 안동문화 사랑방, 1994. 11·12.

_____, 「독도문제, 어떻게 볼 것인가」, 『(향토문화의 사랑방) 안동』 통권 44, 안동
　　문화 사랑방, 1996. 5·6.

_____, 「성씨와 족보」, 『한국의 문화유산』, 부산대학교 한국민족문화연구소, 1998.

_____, 「흥선대원군과 영남」, 『(향토문화의 사랑방) 안동』 통권 56, 안동문화 사랑
　　방, 1998. 5·6.

_____, 「골라 쓴 성씨, 바꿔 쓴 본관」, 『(향토문화의 사랑방) 안동』 통권 61, 안동문
　　화 사랑방, 1999. 3·4.

_____, 「족보, 믿을 수 있나」, 『(향토문화의 사랑방) 안동』 통권 62, 안동문화 사랑
　　방, 1999. 5·6.

_____, 「김씨, 이씨 왜 모여서 사는가」, 『(향토문화의 사랑방) 안동』 통권 63, 안동
　　문화 사랑방, 1999. 7·8.

_____, 「왜, 삼년상인가」, 『(향토문화의 사랑방) 안동』 통권 64, 안동문화 사랑방,
　　1999. 9·10.

_____, 「남자가 장가를 가다」, 『(향토문화의 사랑방) 안동』 통권 65, 안동문화 사랑방, 1999. 11·12.

_____, 「여자들은 문밖출입을 삼가라」, 『(향토문화의 사랑방) 안동』 통권 66, 안동문화 사랑방, 2000. 1·2.

_____, 「왜 '이 양반, 저 양반'인가」, 『(향토문화의 사랑방) 안동』 통권 67, 안동문화 사랑방, 2000. 3·4.

_____, 「동해, 조선해 그리고 일본해」, 『(향토문화의 사랑방) 안동』 통권 87, 안동문화 사랑방, 2003. 7·8.

_____, 「교지, 가문의 영광」, 『(향토문화의 사랑방) 안동』 통권 90, 안동문화 사랑방, 2004. 1·2.

_____, 「과지와 홍패, 백패」, 『(향토문화의 사랑방) 안동』, 통권 91, 안동문화 사랑방, 2004. 3·4.

_____, 「호구단자와 준호구」, 『(향토문화의 사랑방) 안동』 통권 92, 안동문화 사랑방, 2004. 5·6.

_____, 「분재기, 재산을 상속하는 문서」, 『(향토문화의 사랑방) 안동』 통권 93, 안동문화 사랑방, 2004. 7·8.

_____, 「사고파는 문서, 매매문기」, 『(향토문화의 사랑방) 안동』 통권 94, 안동문화 사랑방, 2004. 9·10.

_____, 「양반의 명부, 향안」, 『(향토문화의 사랑방) 안동』 통권 95, 안동문화 사랑방, 2004. 11·12.

_____, 「왜, 김씨 이씨가 많은가: 우리 성과 본관의 역사」, 『내일을 여는 역사』 22, 재단법인 역사와 책임, 2005.

_____, 「소지(所志): 억울하면 소송을 하라」, 『(향토문화의 사랑방) 안동』 통권 96, 안동문화 사랑방, 2005. 1·2.

_____, 「통문(通文), 뜻을 전하고 공론을 모으다」, 『(향토문화의 사랑방) 안동』 통권 97, 안동문화 사랑방, 2005. 3·4.

_____, 「향교의 고문서들」, 『(향토문화의 사랑방) 안동』 통권 98, 안동문화 사랑방, 2005. 5·6.

_____, 「만인소, 영남 유생들의 집단적 정치 참여」, 『(향토문화의 사랑방) 안동』 통권 100, 안동문화 사랑방, 2005. 9·10

찾아보기

가

가격(家格) 23, 232

가뭄 33~37, 40, 60, 76

가작(家作) 19, 20, 28

갑오개혁(甲午改革) 108, 233

개간(開墾) 19, 26, 51, 77~79, 132, 278

개고기 186, 187

『경국대전(經國大典)』 97, 157, 163

경재소(京在所) 118, 119, 121, 146

경주최씨(慶州崔氏) 42, 51, 53, 61, 153, 193, 267, 294

『계암일기(溪巖日記)』 256

고리대(高利貸) 29, 87

고문서(古文書) 110, 287~292, 294~297, 299

공노비(公奴婢) 108

공출(供出) 23

과거(科擧) 29, 45, 56, 58, 65, 67, 70, 71, 74, 86, 112, 131, 143, 173, 202, 232, 239, 258, 260, 275, 276, 290, 292, 298

과전법(科田法) 157

괴질(怪疾) 183, 190, 192

군역(軍役) 96, 97, 105, 110, 195

군포계(軍布契) 44

굴총(掘塚) 161

권방(權訪) 37

권행(權幸) 162

규장각(奎章閣) 130, 206

근검절약(勤儉節約) 79, 80

기묘사화(己卯士禍) 120, 148

기우제(祈雨祭) 35, 36, 60

김기(金圻) 149

김령(金坽) 31, 32, 69, 70, 74, 78, 256

김상헌 서원(金尙憲書院) 181

김성일(金誠一) 54, 223~225

김인섭(金麟燮) 32, 69~80

김종직(金宗直) 50, 51, 53

김진(金璡) 51, 261

나

남귀여가혼(男歸女家婚) 151, 219

남녀차별(男女差別) 218, 222

남녀평등(男女平等) 203

남인(南人) 42, 69, 106, 181, 182

납공노비(納貢奴婢) 102~107

내외법(內外法) 217, 218

노론(老論) 42, 69, 137, 150, 181, 182, 207

노예(奴隷) 109, 110

논농사 22, 24, 34, 39, 76, 133

놀부 67, 75, 80, 89

농노(農奴) 109, 110

농민항쟁(農民抗爭) 94

농장(農庄) 19, 116

누정(樓亭) 29, 138, 284

다

『단계일기(端磎日記)』 74, 75

단양우씨(丹陽禹氏) 38

담배 193, 256

대가족제도(大家族制度) 281, 282

대동법(大同法) 31

대종가(大宗家) 264, 265

도망노비(逃亡奴婢) 106, 107

도산서원(陶山書院) 102

도지(賭地) 28, 88, 292

도지제(賭地制) 87, 88

도학정치(道學政治) 124, 147

동계(洞契) 43, 44, 46, 88, 92, 126, 128

동성마을 25, 30, 57, 58, 129, 131~140, 152, 153, 155, 209, 231, 281

동성촌락(同姓村落) 139 ⇨ 동성마을

동약(洞約) 43, 44, 47, 126, 153, 294

『동의보감(東醫寶鑑)』 183

동족부락(同族部落) 134, 135

동학농민군(東學農民軍) 168

동학농민전쟁(東學農民戰爭) 155, 234

두병(痘病) 189 ⇨ 천연두

디딜방아 31

라

류치명(柳致明) 69

마

마마 188 ⇨ 천연두

만인소(萬人疏) 294

면세결(免稅結) 36, 37

면임(面任) 166, 167

목화(木花) 39, 79

몰락 양반(沒落兩班) 27, 55~57, 68, 81, 152, 153

무단토호(武斷土豪) 117, 125, 139

무오사화(戊午士禍) 147

무전농민(無田農民) 87

문벌(門閥) 42, 138, 172, 176, 180

문중답(門中畓) 28

문집(文集) 54, 55, 180, 232, 258~260

물레방아 29, 31, 32, 77~79

민란(民亂) 87, 89

민본(民本) 83

민촌(民村) 91, 130, 131, 155, 188

㉫

박영효(朴泳孝) 233

박제가(朴齊家) 187

박지원(朴趾源) 65, 67

반상(班常) 84, 86

반촌(班村) 91, 92, 130, 131, 188, 208

밭농사 23, 24, 39, 132, 133

병작(竝作) 20, 21, 28, 72, 79, 126

병작제(竝作制) 20

보(洑) 24

보리 문둥이 22

보리밥 22, 58

보리죽 23

보릿고개 23, 39, 40

본향(本鄕) 112, 276

봉제사(奉祭祀) 29, 38, 60, 75, 254, 271

부농(富農) 56, 81

부재지주(不在地主) 89, 90

불천위(不遷位) 261, 264, 266, 282, 283

불천위제사(不遷位祭祀) 61, 252, 265, 282, 283

빈곤(貧困) 50, 52, 53, 58~60, 62, 63, 138, 152, 191, 279, 280, 300

㉯

사노비(私奴婢) 96, 108, 110

사당(祠堂) 29, 48, 208, 232, 251, 252, 254, 255, 258, 261, 266, 267, 270, 272, 282~284, 292, 299

사대(事大) 222

사림파(士林派) 50, 99, 113~117, 119~121, 124, 146~148, 150

사주단자(四柱單子) 67, 237

산송(山訟) 161, 164~168

삼종지도(三從之道) 199, 240

상놈(쌍놈) 30, 67, 68, 86, 137

상례(喪禮) 45, 46, 75, 84, 91, 126, 165, 243, 246~249, 251, 257, 283, 284, 301

상민(常民) 28, 46, 47, 56, 148, 149, 187, 195, 199, 205, 210, 300

상부상조(相扶相助) 43, 44, 46, 47, 94, 126, 127

상산김씨(商山金氏) 68

상업 활동(商業活動) 29, 30, 275, 278, 300

상품화폐경제(商品貨幣經濟) 31

생원(生員) 38

서민지주(庶民地主) 89

서얼차대법(庶孽差待法) 221

석전제(釋奠祭) 124, 181

성리학(性理學) 82, 86, 115, 124, 131, 143, 144, 147, 275, 276

성책(成冊) 295

『성호사설(星湖僿說)』 244

『성화보(成化譜)』 262

세덕사(世德祠) 259, 261, 262

세족(世族) 172, 176

세종(世宗) 146, 169, 219~221, 229

소박 200, 205

소지(所志) 165

『소학(小學)』 147, 214, 215, 217, 218, 225

『속대전(續大典)』 164

속오군(束伍軍) 105

솔거노비(率居奴婢) 102, 103, 110

수철점(水鐵店) 32

수해(水害) 40, 60

순천장씨(順天張氏) 166

스콧, 제임스(Scott, James C.) 90, 91

시묘살이 249, 250, 257

신공(身貢) 29, 104, 106, 107, 278

신통(新通) 177, 178

신행(新行) 238

신향(新鄕) 179

실학자(實學者) 56

심지원(沈之源) 162

⑨

안동권씨(安東權氏) 162, 262

안동김씨(安東金氏) 70, 181

압량위천(壓良爲賤) 99

앙역노비(仰役奴婢) 102, 103, 105~107

「양반전(兩班傳)」 64, 65, 67

양소천다(良少賤多) 98

양인(良人) 18, 19, 81, 85, 87, 96~100, 105, 106, 116, 126, 175

양천교혼(良賤交婚) 19, 99, 105

어염(魚鹽) 30

『여씨향약(呂氏鄕約)』 120, 147, 148

여역(癘疫) 189

『역중일기(曆中日記)』 58, 59, 256

연자방아 31

열녀(烈女) 165, 215, 239, 241, 242

옥산서원(玉山書院) 32

외거노비(外居奴婢) 103, 104, 110

외손봉사(外孫奉祀) 27, 231, 255

외촌(外村) 112, 113, 129

『용재총화(慵齋叢話)』 244

우홍적(禹洪迪) 38, 41, 42

유상(儒商) 29, 30

유육(儒肉) 187 ⇨ 개고기

유향소(留鄕所) 114, 115, 118~124, 128, 144~146, 149, 154, 172

유희춘(柳希春) 201

윤관(尹瓘) 162

윤선도(尹善道) 51

윤회봉사(輪回奉祀) 255, 271

음사(淫祀) 48

읍치(邑治) 19, 112, 113, 116, 129~133, 276, 277

의병(義兵) 48, 94, 121

의성김씨(義城金氏) 51, 53, 123, 261

이담명(李聃命) 30

이덕홍(李德弘) 54

이문건(李文楗) 201

이성잡거촌(異姓雜居村) 135

이시애(李施愛)의 난 146

이앙법(移秧法) 22~24, 26, 278

이언적(李彦迪) 32

이여송(李如松) 171

이이(李珥) 115, 149

이익(李瀷) 244

이족(吏族) 112, 275, 276

이혼(離婚) 200, 205

이황(李滉) 46, 51, 53~55, 101, 115,
  149

『일성록(日省錄)』 67

임격정(林巨正) 117, 170

임술농민항쟁(壬戌農民抗爭) 161

입향조(入鄕祖) 135, 230, 284

㉲

자녀균분상속(子女均分相續) 19, 163,
  299

자득(自得) 196

자연재해(自然災害) 34, 36, 38, 45, 47,
  59, 60, 94, 126, 187

작개제(作介制) 20, 21

작인(作人) 18, 20, 28, 80, 81, 88, 89

잔반(殘班) 55~57

장례(葬禮) 45, 46, 53, 75, 84, 91, 94,
  126, 161, 165, 243, 246~249, 301

장시(場市) 30, 76, 108

재계(齋戒) 58, 61, 256, 257

재지사족(在地士族) 50, 55, 112~119,
  121, 122, 124~128, 131~133

재혼(再婚) 200, 205, 220, 221

적손(嫡孫) 32, 138, 176, 177, 181,
  272, 281, 286

적자(嫡子) 204, 206, 207, 272

적장자(嫡長子) 27, 138, 150~152,
  179, 255, 264, 265, 271, 273, 299

전시과(田柴科) 157

전염병(傳染病) 38, 183, 188, 189,
  190, 191

접빈객(接賓客) 29, 38, 60, 75, 271

정미 작업(精米作業) 31

정신대(挺身隊) 234

정주이학(程朱理學) 275

제문(祭文) 290~292, 300, 301

제위전(祭位田) 28

조상숭배(祖上崇拜) 161, 258, 286

조혼(早婚) 233, 234

족계(族契) 43, 46, 88, 126, 128, 139

족보(族譜) 29, 194, 195, 232, 239,
  258, 262, 263, 270, 281, 297, 299

족산(族産) 270, 275, 298, 299

종가형 지주(宗家形 地主) 27, 152

종계(宗契) 43

종모법(從母法) 97

종법(宗法) 27, 149~151, 153, 161,
  163, 179, 219, 255, 265, 266, 270,

271, 278, 286

종천법(從賤法) 97, 99

종통(宗統) 180

좌수(座首) 122, 172~174, 176

주자(朱子) 30, 83, 147, 163, 214, 275, 287

『주자가례(朱子家禮)』 163, 249, 250, 256, 257

『주자증손여씨향약(朱子增損呂氏鄕約)』 120, 124, 147, 148

중서층(中庶層) 272

중소 지주(中小地主) 42, 50~53, 55, 58, 68, 71, 72, 76, 78, 79, 143, 144

중종반정(中宗反正) 120

지대(地代) 21, 87~91, 94, 112, 116, 277

지방자치(地方自治) 120

직파법(直播法) 22

진사(進士) 38, 51

질병(疾病) 38, 45~47, 94, 126, 183, 186, 188, 191~194, 199, 217, 251, 256

집강소(執綱所) 155

차

차례(茶禮) 254, 255

찰방(察訪) 41, 69

창씨개명(創氏改名) 263

천방(川防) 24, 36, 76, 133

천연두(天然痘) 183, 188, 189, 191, 192

초근목피(草根木皮) 42

최흥원(崔興遠) 47, 51, 56, 58~61, 256, 257, 294

치마양반 233

친영례(親迎禮) 219, 220, 229, 231, 238

칠거지악(七去之惡) 199~201, 204

타

타작제(打作制) 87, 88

토성(土姓) 118, 230

통문(通文) 77, 182, 266, 267

투장(偸葬) 161, 165, 168

파

페스트(흑사병) 191

평민(平民) 131, 258, 293

풍년(豊年) 34, 59, 88

풍수지리설(風水地理說) 161, 163, 171

피병(避病) 188~191

하

향규(鄕規) 115, 122~124, 126, 149, 172

향리(鄕吏) 48, 118, 122, 125,

130~133, 142~144, 147, 154, 166, 172, 175, 176, 258, 295, 300

향사당(鄕射堂) 145

향사례(鄕射禮) 114, 145, 148

향선생(鄕先生) 175

향안(鄕案) 68, 85, 115, 121~124, 128, 149, 172~179, 206, 207, 232

향약(鄕約) 43~46, 114, 115, 121, 122, 124, 126, 147~149, 154, 299

향음주례(鄕飮酒禮) 114, 145, 148

향전(鄕戰) 179, 181, 182

향청(鄕廳) 145, 154, 174

향촌지주(鄕村地主) 89

향현사(鄕賢祠) 262

향회(鄕會) 122, 154, 173, 187

「허생전(許生傳)」 65, 66

허전(許傳) 69, 75

허통(許通) 138

현조(顯祖) 159, 252, 266, 268, 284

호세(戶稅) 104

호적(戶籍) 60, 106, 107, 195, 209, 210, 258

호적대장(戶籍大帳) 100, 104, 107, 110

혼담(婚談) 231, 232, 235, 237

혼례(婚禮) 228, 229, 231~233, 237, 238, 240, 283, 284

혼인(婚姻) 18, 46, 59, 67, 73, 85, 91, 94, 99, 105, 116, 146, 151, 152, 173, 175, 179, 195, 196, 198~200, 204, 207, 209, 216, 218~220, 225, 228, 229, 231~238, 240

홍수(洪水) 33, 34, 36

홍패(紅牌) 67, 137

환곡(還穀) 38, 40, 41, 42, 62, 64, 66, 69

훈구 세력(勳舊勢力) 99, 114, 117, 146, 150 ⇨ 훈구파

훈구파(勳舊派) 113, 116, 117, 120, 121, 147, 150

훈척(勳戚) 116, 118, 120, 146~148

휘상(徽商) 270, 275, 298

휘주(徽州) 30, 270, 274, 275, 281~283, 285, 287, 288, 292, 296~298

휘주이학(徽州理學) 30

흥부 28, 56, 59, 66

조선시대 양반과 선비 2

삶 그리고 이상

지은이 정진영
펴낸이 윤양미

펴낸곳 도서출판 산처럼
등 록 2002년 1월 10일 제1-2979
주 소 서울시 종로구 사직로8길 34 경희궁의 아침 3단지 오피스텔 412호
전 화 02) 725-7414
팩 스 02) 725-7404
E-mail sanbooks@hanmail.net
홈페이지 www.sanbooks.com

제1판 제1쇄 2024년 4월 25일
제1판 제2쇄 2024년 6월 10일

값 20,000원

* 잘못된 책은 바꾸어드립니다.

ISBN 979-11-91400-16-8 94910
ISBN 979-11-91400-14-4 94910(세트)